中國佛教典籍選刊

宗鏡録校注

十

〔五代〕延壽 集
富世平 校注

中華書局

宗鏡録卷第九十三

慧日永明寺主智覺禪師延壽集

夫宗鏡録是實相法門，若信，得何福？若毁，得何罪？

答：此一心實相之門，般若甚深之旨，於難信之中，或有信者，法利無盡，唯佛能知。若有毁者，謗般若罪，過莫大焉。現世受殃，生身陷獄。何以受報如此廣大？以般若是一切世、出世間凡、聖之母，猶如大地，無物不從地生，或若謗之，則謗一切佛地三寶功德。如十法界中一切衆生，若昇若沉，若愚若智，無不皆從般若中來。若不得般若威光，實無一塵可立。如般若經云：欲尊貴自在，乃至欲得菩提，當學般若〔一〕。又云：若欲得六根完具，當學般若。乃至鬼畜，亦要完具，以此鬼畜皆從學般若來〔二〕。故知不信宗鏡，無有是處。

校　注

〔一〕大般若波羅蜜多經卷三七九：「是時菩薩摩訶薩修行般若波羅蜜多方便善巧，若諸有情有慳貪者，方便拔濟，令離慳貪，是諸有情離慳貪已，教修布施波羅蜜多，是諸有情由布施故，得大財位，富貴自在。

復從是處方便拔濟，教修浄戒波羅蜜多，是諸有情由浄戒故，得生善趣，尊貴自在。復從是處方便拔濟，教修安忍波羅蜜多，是諸有情由安忍故，速能獲得無生法忍。復從是處方便拔濟，教修精進波羅蜜多，是諸有情由精進故，乃至無上正等菩提，於諸善法，不復退轉。」

〔二〕詳見摩訶般若波羅蜜經卷一。

如諸法無行經云：「尒時，文殊師利言：『世尊，師子吼鼓音王如來滅度之後，尒時有菩薩比丘，名曰喜根，時爲法師，質直端正，不壞威儀，不捨世法。尒時衆生，普皆利根，樂聞深論。其喜根法師於衆人前不稱讚，少欲知足，細行獨處，但教衆人諸法實相，所謂一切法性即是貪欲之性，貪欲性即是諸法性，瞋恚性即是諸法性，愚癡性即是諸法性。其喜根法師以是方便教化衆生，衆生所行，皆是一相，各不相是非，所行之道，心無瞋癡。以無瞋癡因緣故，逮得法忍，於佛法中決定不壞。

『世尊，尒時復有比丘法師行菩薩道，名曰勝意。其勝意比丘護持禁戒，得四禪、四無色定，行十二頭陁。世尊，是勝意比丘有諸弟子，其心輕動，樂見他過。世尊，後於一時，勝意菩薩入聚落乞食，悮至喜根弟子家，見舍主居士子，即到其所，敷座而坐，爲居士子稱讚少欲知足細行，説無利語過，讚嘆遠衆樂獨行者。又於居士子前，復説喜根法師過失：「是比丘不實，以邪見道教化衆生，是雜行者，説婬欲無障礙、瞋恚無障礙、愚癡無障礙、一切諸法皆無障礙。」是居士子利根，得無生法忍，即語勝意比丘：「大德，汝知貪欲爲是何法？」勝意言：「居士，我知貪欲是煩惱。」居士子言：「大德，是煩惱爲在内、在外耶？」勝意比丘言：「不在内，不在外。」「大德，若貪欲不在内、不在外、不在東西南北四維上下十方，即是無生。若無生者，云何説若垢若淨？」

『尒時，勝意比丘瞋恚不喜，從座起去，作如是言：「是喜根比丘以妄語法多惑衆人。」是人以不學入音聲法門故，聞佛音聲則喜，聞外道音聲則瞋；於梵行音聲則喜，於非梵行音聲則瞋。以不學入音聲法門故，乃至〔一〕尒時，喜根菩薩於衆僧前説是諸偈云：「貪欲是涅槃，恚、癡亦如是，如此三事中，有無量佛道。若有人分別，貪欲、瞋恚、癡，是人去佛遠，譬如天與地。菩提與貪欲，是一而非二，皆入一法門，平等無有異。凡夫聞怖畏，去佛道甚遠，貪欲不生滅，不能令心惱。若人有我心，及有得見者，是人爲貪欲，將入於地獄。貪欲之實性，即是佛法性，佛法之實性，亦是貪欲性，是二法一相，所謂是無相，若能如是知，則爲世間導。若有人分別，是持戒毁戒，以持戒誑故，輕篾於他人，是人無菩提，亦無有佛法，但自安住立，有所得見中。若住空閑處，自貴而賤人，尚不得生天，何況於菩提？皆由著空閑，住於邪見故。邪見與菩提，皆等無有異，但以名字數，語言故别異，若人通達此，則爲近菩提。分别煩惱垢，即是著浄見，無菩提佛法，住有得見中。若貪著佛法，是則遠佛法，貪無礙法故，則還受苦惱。若人無分别，貪欲、瞋恚、癡，入三毒性故，則爲見菩提，是人近佛道，疾得無生忍。若見有爲法，與無爲法異，是人終不得，解於有爲法，若知二性同，必爲人中尊。佛不見菩提，亦不見佛法，不著諸法故，降魔成佛道。若欲度衆生，勿分别其性，一切諸衆生，皆同於涅槃，若能如是見，是則得成佛。其心不閑静，而現閑静相，是於天人中，則爲是大賊，是人無菩提，亦無有佛法。若作如是願：『我當得作佛。』如是之凡夫，無明力所牽。佛法湛清浄，其喻如虚空，此中無可取，亦無有可捨。佛不得佛道，亦不度衆生，凡夫强分别，作佛度衆生，是人於佛法，則爲甚大遠。若見衆生苦，則是受苦者，衆生無衆生，而説有衆生，住衆生相中，則無有菩提。若人見衆生，是畢竟解脱，無有婬、恚、癡，知是爲世將。若人見衆生，不見非衆生，不得佛法實，佛同衆生性，若能如是知，則爲世間將。」乃至説是諸偈法時，三萬諸天子得無生法忍，萬八千人漏盡解脱。即時地裂，勝意比丘墮大地獄。以是業障罪因緣故，百千億那由他劫於大地獄受諸苦毒；從地獄出，七十四萬世常被誹謗；若干百千劫，乃至不聞佛之名字；自是已後，還得值佛，出家學道而無志樂，於六十二萬世常返道入俗。亦以業障餘罪故，於若干百千世，諸根闇鈍。

『世尊，尒時喜根法師，於今東方過十萬億佛土，有國名寶莊嚴，於中得阿耨多羅三藐三菩提，号曰勝光明威德王如來、應供、正徧知，今現在彼。其勝意比丘，今我身是。世尊，我未入如是法相門時，受如是苦、分别苦、顛倒苦。是故若發菩薩心者、若發小乘心者，不欲起如是業障罪、不欲受如是苦惱者，不應拒逆佛法，無有處所可生瞋癡。』「佛告文殊師利：『汝聞是諸偈，得何等利？』『世尊，我畢是業障罪已，聞是偈因緣故，所在生處，利根智慧，得深法忍，巧説深法。』『文殊師利，爲誰力故，能憶如是無量阿僧祇劫罪業因緣？』『世尊，諸菩薩有所念、有所説、有所思惟，皆是佛之神力。所以者何？一切諸法，皆從佛出。』」〔二〕

校　注

〔一〕乃至：表示引文中間有删略。下一「乃至」同。

〔二〕見諸法無行經卷下。

故知若不信宗鏡中所説實相之理，則如勝意比丘，没魂受裂地之大苦；若有信如是説，則如文殊師利，智慧演深法之妙辯。信毁交報，因果無差，普勸後賢，應深信受。若信般若福，廣具前文。今述謗方等罪，略引誠證。如大般若經中，廣説謗法之罪，謂此方墮阿鼻地獄。此土劫壞，罪猶未畢，移置他方阿鼻地獄中。他方復經劫壞，罪亦未盡，復移他方。如是巡歷十方，十方各經劫盡，還生此土阿鼻地獄中。千佛出世，救之猶難。若欲説其所受之身，聞者當吐熱血而死，故善現請説所受之身，佛竟不説〔一〕。乃至華嚴地獄天子〔二〕，法華不輕四衆〔三〕，皆是不信，悉墮阿鼻。若有聞者，應須驚懼，以爲鑒誡，普曉群蒙。

校注

〔一〕「如大般若經中」至此，出澄觀述大方廣佛華嚴經隨疏演義鈔卷一一。「大般若經中，廣説謗法之罪」者，詳見大般若波羅密多經卷一八一等。

〔二〕地獄天子：於前生見聞華嚴正法而毁謗故，墮生地獄的衆生。釋迦菩薩在兜率天宫，足下放光照十方世界，由曾見聞華嚴而得蒙此光照，直脱地獄，生兜率天，聞天鼓所説法音，於此天身中至第十地者。詳見實叉難陀譯大方廣佛華嚴經卷四八如來隨好光明功德品。

〔三〕詳見妙法蓮華經卷六常不輕菩薩品。

次明信、毁現受報者。

第一、明信者。唐釋慧瑨，姓董氏，住襄陽，少出家，聽三論〔一〕。初住光福寺，居山頂，引汲爲勞，明欲往他寺，夜見神人，身長一丈，衣以紫袍，頂禮瑨曰：「請住於此，常講大乘經，勿以小乘爲慮。其小乘者，如高山無水，不能利人。大乘經者，猶如大海，自止此山，多佛出世。一人讀誦説大乘，能令所住珍寶光明，眷屬榮勝。若有小乘，前事並失。唯願弘持，勿孤所望。法師須水，此易得耳，來月八日，定當得之。自往劍南慈母山大泉，請一龍王去也。」言已不現。恰至來月七日夜，大風卒起，從西南來，雷震雨霔，唯見清泉，香而且美，合衆幸〔二〕。及亡，龍泉漸便乾竭〔三〕。信之爲益，其類是焉。

校注

〔一〕三論：指中論、十二門論和百論。吉藏三論玄義：「何故常稱三論耶？答：略有八義：一者、一一論各具三義，一破邪，二顯正，三言教，以同具此三義故，合名三論。二者、三論具合方備三義，中論明所顯之理，百論破於邪執，十二門名爲言教，以三義相成故，名爲三論。三者、中論爲廣論，百論爲次論，十二門爲略論，三部具上、中、下三品故，名三論。四者、一切經論凡有三種，一但偈論，即是中論；二但長行論，所謂百論；三亦長行亦偈論，即十二門論。以三部互相開避而共相成。五者、此之三部，同是大乘通論，故名三論。六者、此三部同顯不二實相，故名三論。七者、同是四依菩薩所造。八者、同是像末所作，但欲綱維大法也。」

〔二〕「幸」，續高僧傳、法苑珠林等作「同幸」。

〔三〕按，以上慧瓚事，詳見續高僧傳卷一五唐襄州光福寺釋慧瓚傳。亦見法苑珠林卷六三祈雨篇感應緣「唐沙門慧瓚山隱無水感神請居得水」。

第二、明毁者。佛藏經云：於未來世，當有比丘不修身、戒、心、慧，是人輕笑如來所説畢竟空法〔一〕。又云：若有聞空即當驚畏，是人可愍，直至地獄無有救者〔二〕。

校注

〔一〕佛藏經卷下淨見品：「於未來世，當有比丘不修身、不修戒、不修心、不修慧，是人輕笑如來所説、如來所行。如來常於第一義空，恭敬供養常樂是行，是諸比丘輕笑如來所行真際畢竟空法。」

〔二〕佛藏經卷上念佛品：「若有人受如是教已，聞空無所得法即時驚畏，是人可愍，無有救者、無有依者，直趣地獄。何以故？舍利弗，於佛教中驚疑畏者，是人則爲具足惡道。」

唐釋慧眺，姓莊氏，少出家，以小乘爲業，住襄陽報善寺。哲公〔一〕座〔二〕下龍泉開講三論，心生不忍，曰：「三論明空，講者著空。」發言訖，舌出三尺，眼、耳、鼻並皆流血，七日不語。有伏律師聞其拔舌，告曰〔三〕：「汝太癡也！一言毁謗，罪過五逆！可信大乘，方得免耳。」乃令燒香發願，懺悔前言，舌還收入。遂往哲公所，誓心斂迹，唯聽大乘。後往〔四〕香山神足寺，足不跨閾，常習大乘。時講華嚴等經，用申懺謝。常於衆中，陳其前失。獨處一房，常坐常念。貞觀十一年四月三日，在寺後松林坐禪，見有三人來，形貌奇異，禮拜，請受菩薩戒訖，曰：「禪師大利根，若不改心信大乘者，千佛出世，猶在地獄。」〔五〕

校注

〔一〕哲公：釋慧哲，俗姓趙，襄陽人，時人呼爲「象王哲」。傳見續高僧傳卷九隋襄州龍泉寺釋慧哲傳。

〔二〕「座」，續高僧傳作「在」。續高僧傳卷一五唐襄州神足寺釋慧眺傳：「（慧眺）開皇末年，還住鄉壤之報善寺。承象王哲公在下龍泉講開三論，心生不忍。」

〔三〕「曰」，原作「已」，據嘉興藏、清藏本改。

〔四〕「往」，清藏本作「住」。按，續高僧傳作「往」。

〔五〕按，以上慧眺事，詳見續高僧傳卷一五唐襄州神足寺釋慧眺傳。

又，昔有人謗大乘，臨終出現牛聲〔一〕。則知華報〔二〕昭然，果報寧失？

校注

〔一〕元康撰肇論疏卷上物不遷論：「近有無識之徒，自相朋附，或身参法侶，翻謗大乘；或形厠俗流，反宗小教，上誹高德。苟布負俗之名，下贊庸流，將謂契真之實，自忘顔厚，豈識羞慚！經云：『譬如癡賊，棄捨金寳，擔負瓦礫。』此之謂矣。然信毁禍福，素有誠言。及至臨終，果招其咎，舌出長餘一尺，氣奔經乎數晨。既出牛聲，不知豹變，無間極苦，夫復何疑？後之學者，幸知前事也。」

〔二〕華報：衆生善惡業因正得果報（正報）之前所兼得者。華開在結果之前，故「華報」者，相對後得之「果報」而言。如人爲獲果實而植樹，正得果實（果報），兼可得華（即華報）。

已上皆是障深不信，或智淺謬傳，依文起見，悉成謗法。如文殊師利巡行經云：「文殊師利言：大德舍利弗，若人説言：『過去、未來、現在如來有依、不依。』如是之人，則謗如來。何以故？真如無念，亦無所念，真如不退，真如無相。」

今宗鏡大意，所録之文，或祖或教，但有一字一句，若理若事，若智若行，皆悉迴向，指歸真如一心。何者？心之實性，名曰真如。「性」以不改爲義，「真」以無僞得名，「如」則不變不異。以此心性，周徧圓融，横該十方，豎徹三際，至一切時處，未嘗間斷，凡有一毫善根，悉皆迴向。念念合真如之體，體無不寂；一一順真如之用，用何有窮？所以但契一如，自含衆德。如華嚴經中，真如相迴向有一百句，一一句中，無不同指，皆爲成就一心妙門。

如經云：「佛子，此菩薩摩訶薩正念明了，其心堅住，遠離迷惑，專意修行，深心不動，成不壞業，趣一切智，終不退轉，志求大乘，勇猛無畏，植諸德本，普安世間，生勝善根，修白净法，大悲增長，心寶成就。

「乃至〔一〕譬如真如，徧一切處，無有邊際。善根迴向，亦復如是，徧一切處，無有邊際。

「譬如真如，真實爲性。善根迴向，亦復如是，了一切法，真實爲性。

「譬如真如，恒守本性，無有改變。善根迴向，亦復如是，守其本性，始終不改。

「譬如真如，以一切法無性爲性。善根迴向，亦復如是，了一切法無性爲性。

「譬如真如，無相爲相。善根迴向，亦復如是，了一切法無相爲相。

「譬如真如，若有得者，終無退轉。善根迴向，亦復如是，若有得者，於諸佛法永不退轉。

「譬如真如，一切諸佛之所行處。善根迴向，亦復如是，一切如來所行之處。

「譬如真如，離境界相而爲境界。善根迴向，亦復如是，離境界相，而爲三世一切諸佛圓滿境界。

「譬如真如，能有安立。善根迴向，亦復如是，悉能安立一切衆生。

「譬如真如，性常隨順。善根迴向，亦復如是，盡未來劫，隨順不斷。

「譬如真如，無能測量。善根迴向，亦復如是，等虚空界，盡衆生心，無能測量。

「譬如真如，充滿一切。善根迴向，亦復如是，一刹那中普周法界。

「譬如真如，常住無盡。善根迴向，亦復如是，究竟無盡。

「譬如真如，無有比對。善根迴向，亦復如是，普能圓滿一切佛法，無有比對。

「譬如真如，體性堅固。善根迴向，亦復如是，體性堅固，非諸惑惱之所能沮。

「譬如真如，不可破壞。善根迴向，亦復如是，一切衆生不能損壞。

「譬如真如，照明爲體。善根迴向，亦復如是，以普照明而爲其性。

「譬如真如，無所不在。善根迴向，亦復如是，於一切處悉無不在。

「譬如真如，徧一切時。善根迴向，亦復如是，徧一切時。

「譬如真如，性常清淨。善根迴向，亦復如是，住於世間而體清淨。

「譬如真如，於法無礙。善根迴向，亦復如是，周行一切而無所礙。

「譬如真如，爲衆法眼。善根迴向，亦復如是，能爲一切衆生作眼。

「譬如真如，性無勞倦。善根迴向，亦復如是，修行一切菩薩諸行，恒無勞倦。

「譬如真如，體性甚深。善根迴向，亦復如是，其性甚深。

「譬如真如，無有一物。善根迴向，亦復如是，了知其性，無有一物。

「譬如真如，性非出現。善根迴向，亦復如是，其體微妙，難可得見。

「譬如真如，離衆垢翳。善根迴向，亦復如是，慧眼清淨，離諸癡翳。

「譬如真如，性無與等。善根迴向，亦復如是，成就一切諸菩薩行，最上無等。

「譬如真如，體性寂静。善根迴向，亦復如是，善能隨順寂静之法。

「譬如真如，無有根本。善根迴向，亦復如是，能入一切無根本法。

「譬如真如，體性無邊。善根迴向，亦復如是，淨諸衆生，其數無邊。

「譬如真如，體性無著。善根迴向，亦復如是，畢竟遠離一切諸著。

「譬如真如，無有障礙。善根迴向，亦復如是，除滅一切世間障礙。
「譬如真如，非世所行。善根迴向，亦復如是，非諸世間之所能行。
「譬如真如，體性無住。善根迴向，亦復如是，一切生死皆非所住。
「譬如真如，性無所作。善根迴向，亦復如是，一切所作悉皆捨離。
「譬如真如，體性安住。善根迴向，亦復如是，安住真實。
「譬如真如，與一切法而共相應。善根迴向，亦復如是，與諸菩薩聽聞修習而共相應。
「譬如真如，一切法中性常平等。善根迴向，亦復如是，於諸世間修平等行。
「譬如真如，不離諸法。善根迴向，亦復如是，盡未來際不捨世間。
「譬如真如，一切法中畢竟無盡。善根迴向，亦復如是，於諸衆生迴向無盡。
「譬如真如，與一切法無有相違。善根迴向，亦復如是，不違三世一切佛法。
「譬如真如，普攝諸法。善根迴向，亦復如是，盡攝一切衆生善根。
「譬如真如，與一切法同其體性。善根迴向，亦復如是，與三世佛同一體性。
「譬如真如，與一切法不相捨離。善根迴向，亦復如是，攝持一切世出世法。
「譬如真如，無能映蔽。善根迴向，亦復如是，一切世間無能映蔽。
「譬如真如，不可動摇。善根迴向，亦復如是，一切魔業無能動摇。

「譬如真如，性無垢濁。善根迴向，亦復如是，修菩薩行，無有垢濁。

「譬如真如，無有變易。善根迴向，亦復如是，愍念衆生，心無變易。

「譬如真如，不可窮盡。善根迴向，亦復如是，非諸世法所能窮盡。

「譬如真如，性常覺悟。善根迴向，亦復如是，普能覺悟一切諸法。

「譬如真如，不可失壞。善根迴向，亦復如是，於諸衆生起勝志願，永不失壞。

「譬如真如，能大照明。善根迴向，亦復如是，以大智光照諸世間。

「譬如真如，不可言説。善根迴向，亦復如是，一切言語所不可説。

「譬如真如，持諸世間。善根迴向，亦復如是，能持一切菩薩諸行。

「譬如真如，隨世言説。善根迴向，亦復如是，隨順一切智慧言説。

「譬如真如，徧一切法。善根迴向，亦復如是，徧於十方一切佛刹現大神通，成等正覺。

「譬如真如，無有分別。善根迴向，亦復如是，於諸世間無所分別。

「譬如真如，徧一切身。善根迴向，亦復如是，徧十方刹無量身中。

「譬如真如，體性無生。善根迴向，亦復如是，方便示生而無所生。

「譬如真如，無所不在。善根迴向，亦復如是，十方三世諸佛土中，普現神通而無不在。

「譬如真如，徧在於夜。善根迴向，亦復如是，於一切夜放大光明，施作佛事。

「譬如真如，徧在於晝。善根迴向，亦復如是，悉令一切在晝衆生，見佛神變，演不退輪，離垢清淨，無空過者。

「譬如真如，徧在半月及以一月。善根迴向，亦復如是，於諸世間次第時節，得善方便，於一念中知一切時。

「譬如真如，徧在年歲。善根迴向，亦復如是，住無量劫，明了成熟一切諸根，皆令圓滿。

「譬如真如，徧成壞劫。善根迴向，亦復如是，住一切劫清淨無染，教化衆生，咸令清淨。

「譬如真如，盡未來際。善根迴向，亦復如是，盡未來際，修諸菩薩清淨妙行，成滿大願，無有退轉。

「譬如真如，徧住三世。善根迴向，亦復如是，令諸衆生於一剎那見三世佛，未曾一念而有捨離。

「譬如真如，徧一切處。善根迴向，亦復如是，超出三界，周行一切，悉得自在。

「譬如真如，住有無法。善根迴向，亦復如是，了達一切有無之法，畢竟清淨。

「譬如真如，體性清淨。善根迴向，亦復如是，能以方便集助道法，淨治一切諸菩薩行。

「譬如真如，體性明潔。善根迴向，亦復如是，令諸菩薩悉得三昧明潔之心。

「譬如真如，體性無垢。善根迴向，亦復如是，遠離諸垢，滿足一切諸清淨意。

「譬如真如，無我、我所。善根迴向，亦復如是，以無我、我所清淨之心，充滿十方諸佛國土。

「譬如真如，體性平等。善根迴向，亦復如是，獲得平等一切智智，照了諸法，離諸癡翳。

「譬如真如，超諸數量。善根迴向，亦復如是，與超數量一切智乘大力法藏而同止住，興徧十方一切世界廣大法雲。

「譬如真如，平等安住。善根迴向，亦復如是，發生一切諸菩薩行，平等住於一切智道。

「譬如真如，徧住一切諸衆生界。善根迴向，亦復如是，滿足無礙一切種智，於衆生界，悉現在前。

「譬如真如，無有分别，普住一切音聲智中。善根迴向，亦復如是，具足一切諸言音智，能普示現種種言音，開示衆生。

「譬如真如，永離世間。善根迴向，亦復如是，普使衆生永出世間。

「譬如真如，體性廣大。善根迴向，亦復如是，悉能受持去、來、今世廣大佛法，恒不忘失，勤修一切菩薩諸行。

「譬如真如，無有間息。善根迴向，亦復如是，爲欲安處一切衆生於大智地，於一切劫修菩薩行，無有間息。

「譬如真如，體性寬廣，徧一切法。善根迴向，亦復如是，浄念無礙，普攝一切寬廣法門。

「譬如真如，徧攝群品。善根迴向，亦復如是，證得無量品類之智，修諸菩薩真實妙行。

「譬如真如，無所取著。善根迴向，亦復如是，於一切法皆無所取，除滅一切世間取著，普令清浄。

「譬如真如，體性不動。善根迴向，亦復如是，安住普賢圓滿行願，畢竟不動。

「譬如真如，是佛境界。善根迴向，亦復如是，令諸衆生滿足一切大智境界，滅煩惱境，悉令清浄。

「譬如真如，無能制伏。善根迴向，亦復如是，不爲一切衆魔事業、外道邪論之所制伏。

「譬如真如，非是可修，非不可修。善根迴向，亦復如是，捨離一切妄想取著，於修、不修，無有分别。

「譬如真如，無有退捨。善根迴向，亦復如是，常見諸佛發菩提心，大誓莊嚴，永無退捨。

「譬如真如，普攝一切世間言音。善根迴向，亦復如是，能得一切差别言音神通智慧，普發一切種種言詞。

「譬如真如，於一切法無所希求。善根迴向，亦復如是，令諸衆生乘普賢乘而出離，於一切法無所貪求。

「譬如真如，住一切地。善根迴向，亦復如是，令一切衆生捨世間地，住智慧地，以普賢行而自莊嚴。

「譬如真如，無有斷絶。善根迴向，亦復如是，於一切法得無所畏，隨其類音處處演説，無有斷絶。

「譬如真如，捨離諸漏。善根迴向，亦復如是，令一切衆生成就法智，了達於法，圓滿菩提無漏功德。

「譬如真如，無有少法而能壞亂，令其少分非是覺悟。善根迴向，亦復如是，普令開悟一切諸法，其心無量，徧周法界。

「譬如真如，過去非始，未來非末，現在非異。善根迴向，亦復如是，爲一切衆生新新恒起菩提心願，普使清浄，永離生死。

「譬如真如，於三世〔二〕中無所分別。善根迴向，亦復如是，現在念念心常覺悟，過去、未來皆悉清淨。

「譬如真如，成就一切諸佛菩薩。善根迴向，亦復如是，發起一切大願方便，成就諸佛廣大智慧。

「譬如真如，究竟清淨，不與一切諸煩惱俱。善根迴向，亦復如是，能滅一切衆生煩惱，圓滿一切清淨智慧。」〔三〕

校注

〔一〕乃至：表示引文中間有删略。

〔二〕「世」，原作「界」，據諸校本及大方廣佛華嚴經改。

〔三〕見實叉難陀譯大方廣佛華嚴經卷三〇。

釋曰：是知百句之内，一一義中，無一字而不約心明，無一行而不隨性起。可謂真該行末，無一一行而非真；行徹真原，無一一真而非行。如是則理事周備，心境融通，匪著有以凝空，免滯真而染俗，能令頓生正信，步步成菩薩之因門；直顯圓修，念念滿諸佛之果海。所以具録百句廣大全文，究竟證明宗鏡妙旨。

今則普勸十方學士、一切後賢，但願道富人貧，情疎德厚，以法爲侶，以智爲先，用慈修身，開物是務；爲法施主，匪悋家風；無問不從，有疑咸決。則履佛行處，免負本心，妙行恒新，至道如在。所以證道歌云：「窮釋子，口稱貧，實是身貧道不貧。貧則身常披縷褐，道則心藏無價珍。無價珍，用無盡，利物應時〔一〕終不悋。三身四智體中圓，八解六通心地印。」〔二〕

斯則以法界爲身，虚空爲量，情亡取捨，見泯自他。以物心爲心，何門不順？以彼意爲意，何法能違？入宗鏡中，法尔如是。故書云：以兆人之耳聽，以四海之目視，以己身知人身，以己心知人心〔三〕。「聖人無常心，以百姓爲心。」〔四〕又云：攝己從他，萬事消和；攝他從己，諸事競起〔五〕。則内外指歸，證明無盡。

校注

〔一〕「時」，嘉興藏、清藏本及永嘉證道歌作「機」。按，冥樞會要、景德傳燈録等作「時」。

〔二〕見永嘉證道歌。

〔三〕老子第四十七章：「不出户，知天下。」河上公章句：「聖人不出户以知天下者，以己身知人身，以己家知人家，所以見天下也。」又，淮南子主術訓：「人主者，以天下之目視，以天下之耳聽，以天下之智慮，以天下之力争。是故號令能下究，而臣情得上聞。」

〔四〕出老子第四十九章。

〔五〕按，歷代法寶記：「和上向諸弟子説：攝己從他，萬事皆和；攝他從己，萬事競起。」則此説出保唐無住。無住，俗姓李，鳳翔郿縣人。

問：信受毀謗此宗鏡法，罪福何重？

答：此乃群賢之父，諸佛之母，萬善由生，信謗豈不獲報〔一〕重耶？所以法華經云：「又如大梵天王，一切衆生之父。此經亦復如是，一切聖賢，學、無學及發菩薩心者之父。」〔二〕起信鈔云：「若謗此法，以深自害，亦害他人，斷絶一切三寶之種，一切如來皆依此法得涅槃故，一切菩薩因之修行得入佛智故。」〔三〕

校注

〔一〕「報」，底本空缺，據嘉興藏、清藏本補。

〔二〕見妙法蓮華經卷六藥王菩薩本事品。

〔三〕真諦譯大乘起信論：「是故衆生但應仰信，不應誹謗，以深自害，亦害他人，斷絶一切三寶之種，以一切如來皆依此法得涅槃故，一切菩薩因之修行入佛智故。」此起信鈔者，當即傳奥大乘起信論隨疏記，參見本書卷六注。

音義

蔑，莫結反，無也。　璿，似緣反。　汲，居立反，引也。　恰，苦洽反，用心也。　跨，苦化反，越也。　震，章刃反，動也，起也。　霔，之句反，霖霔也。　眺，他弔反，視也。　閫，苦本反，門限也。　沮，七余反。　悋，良刃反。

戊申歲分司大藏都監開板

宗鏡録卷第九十四

慧日永明寺主智覺禪師延壽集

引證章第三

夫所目宗鏡，大旨焕然。前雖問答決疑，猶慮難信。上根纔覽，頓入揔持之門；中、下雖觀，猶墮狐〔一〕疑之地。今重爲信力未深、纖疑不斷者，更引大乘經一百二十本、諸祖語一百二十本、賢聖集六十本，都三百本之微言，揔一佛乘之真訓，可謂舉一字而攝無邊教海，立一理而收無盡真詮。一一標宗，同龍宮之徧覽；重重引證，若鷲嶺之親聞。普令眠雲立雪之人，坐參知識；遂使究理探玄之者，盡入圓宗。尋古佛之叢林，如臨皎日；履祖師之閫域，猶瞰浄天。大覺昭然，即肉眼而圓通佛眼；疑情豁尔，當凡心而顯現真心。可謂現知，指法界於掌内；便同親證，探妙旨於懷中。

校注

〔一〕「狐」，諸校本作「謗」。

大般若經云：「一切〔一〕如來，同在一處，自性清淨無漏界攝。」〔二〕又云：「三世〔三〕諸佛，住十方界，爲諸有情宣説正法，無不皆用本性空爲佛眼。」「離本性空，無别方便。」〔四〕

釋曰：「本性空」者，即是自性清淨心。「本性」即自性，「空」即清淨義。此心則凡、聖本有，今古常然，衆生不知，諸佛因兹指授；含靈現具，祖師爲此相傳：故云離此别無方便。

校注

〔一〕「一切」，經中作「三世」。
〔二〕見大般若波羅密多經卷五七三。
〔三〕「三世」，經中作「過去未來現在」。
〔四〕見大般若波羅密多經卷四七四。

大方廣佛華嚴經頌云：「言詞所説法，小智妄分别，是故生障礙，不了於自心。不能了自心，云何知正道？彼由顛倒想，增長一切惡。」〔一〕

校注

〔一〕見實叉難陀譯大方廣佛華嚴經卷一六。

大涅槃經云：「信於二諦一乘之道，更無異趣，爲是〔一〕衆生速得解脱。」〔二〕又云：「道者，雖無色像可見、稱量可知，而實有用。善男子，如衆生心，雖非是色，非長、非短，非麁、非細，非縛、非解，非是見法，而亦是有。」〔三〕

校注

〔一〕「是」，經中作「諸」。
〔二〕見大般涅槃經卷二六，南本見卷二四。
〔三〕見大般涅槃經卷一七，南本見卷一五。

寶積經云：「一切法虚妄如夢，以唯念故。」〔一〕又云：「自爲洲渚、自爲歸處，法爲洲渚、法爲歸處，無别洲渚、無别歸處。」〔二〕

釋曰：起信論云：「所言法者，即衆生心。」〔三〕故知所向皆心，豈有歸處？住自境界，無别方所。

校注

〔一〕見大寶積經卷二八。
〔二〕見大寶積經卷五七。

〔三〕見真諦譯大乘起信論。

法華經偈云：「又復不行，上中下法，有爲無爲，實不實法，亦不分别，是男是女。不得諸法，不知不見，是則名爲，菩薩行處。一切諸法，空無所有，無有常住，亦無起滅，是名智者，所親近處。顛倒分别，諸法有無，是實非實，是生非生，在於閑處，修攝其心，安住不動，如須弥山。觀一切法，皆無所有，猶如虚空，無有堅固，不生不出，不動不退，常住一相，是名近處。」〔一〕

釋曰：若入一心一相之門，尚無常住之法，豈有起滅之緣？自然不動如山，心安如海，可謂菩薩行處，諸佛所居矣。故華嚴經頌云：「法性如虚空，諸佛於中住。」〔二〕

校注

〔一〕見妙法蓮華經卷五安樂行品。

〔二〕見實叉難陀譯大方廣佛華嚴經卷六。

大集經云：「云何菩薩修心念處？觀是心性，不見内入心，不見外入心，不見内外入心，不見陰中心，不見界中心。既不見已，作是思惟：『如是心緣，爲異？不異？若心異緣，則一時中應有二心。若心即緣，不應復能觀於自心，猶如指端不能自觸，心亦如是。』作是觀已，見心無住，無常變異，所緣處滅。」〔一〕又云：「不見一法、一法相貌、一法光明，若如是見，是名佛法之正見。」

校注

〔一〕見大方等大集經卷二五。下一處引文同。

圓覺經云：「一時，婆伽婆入於神通大光明藏，三昧正受，一切如來光嚴住持，是諸衆生清淨覺地。身心寂滅，平等本際，圓滿十方，不二隨順，於不二境，現諸淨土。」又云：「善男子，一切衆生種種幻化，皆生如來圓覺妙心。猶如空華，從空而有，幻華雖滅，空性不壞。衆生幻心，還依幻滅，諸幻盡滅，覺心不動。依幻說覺，亦名爲幻。若說有覺，猶未離幻。說無覺者，亦復如是，是故幻滅，名爲不動。善男子，一切菩薩及末世衆生，應當遠離一切幻化虛妄境界，由堅執持遠離心故。心如幻者，亦復遠離。遠離爲幻，亦復遠離。離遠離幻，亦復遠離。得無所離，即除諸幻。譬如鑽火，兩木相因，火出木盡，灰飛煙滅。以幻修幻，亦復如是，諸幻雖盡，不入斷滅。善男子，知幻即離，不作方便；離幻即覺，亦無漸次。一切菩薩及末世衆生，依此修行，如是乃能永離諸幻。」

釋曰：「知幻即離，不作方便」者，以幻無定相，自性常離，離即空也。即一切凡聖垢淨萬法，皆同幻如空故，何用更作方便而求離？「離幻即覺，亦無漸次」者，當離之時，全成大覺，即離即覺，平等一照，既無前後，豈有漸次耶？

密嚴經偈云：「一切諸世間，譬如熱時炎，以諸不實相，無而妄分別。覺因所覺生，所覺依能覺，離一則無二，譬如光共影。無心亦無境，量及所量事，但依於一心，如是而分別。能知所知法，唯依心妄計，若了所知無，能知則非有。心爲法自性，及人之所渴，入於八地中，而彼得清淨。九地行禪定，十地大開覺，法水灌其頂，而成世所尊。法身無有盡，是佛之境界，究竟如虛空，心識亦如是。」〔一〕

又云：「尔時，金剛藏菩薩告諸大衆：仁者，阿賴耶識從無始來爲戲論熏習，諸業所繫，輪迴不已，如海因風起諸識浪，恒生恒滅，不斷不常。而諸衆生不自覺知，隨於自識，現衆境界。若自了知，如火焚薪，即皆息滅，入無漏位，名爲聖人。」〔二〕

校　注

〔一〕見大乘密嚴經卷上妙身生品。

〔二〕見大乘密嚴經卷下阿賴耶微密品。

楞伽經云：「第一義諦者，但唯是心，種種外相，悉皆無有。彼愚夫執著惡見，欺誑自他，不能明見一切諸法如實住處。大慧，一切諸法如實者，謂能了達唯心所現。」〔一〕

校注

〔一〕見大乘入楞伽經卷三。

首楞嚴經云：「佛告文殊及諸大衆：『十方如來及大菩薩，於其自住三摩地中，見與見緣，并所想相，如虚空華，本無所有。此見及緣，元是菩提妙淨明體，云何於中有是非是？文殊，吾今問汝，如汝文殊，更有文殊是文殊者？爲無文殊？』『如是，世尊，我真文殊，無是文殊。何以故？若有是者，則二文殊。然我今日，非無文殊，於中實無是、非二相。』佛言：『此見妙明與諸空塵，亦復如是，本是妙明無上菩提淨圓真心，妄爲色空及與聞見，如第二月，誰爲是月？又誰非月？文殊，但一月真，中間自無是月非月。是以汝今觀見與塵，種種發明，名爲妄想，不能於中出是非是。由是精真妙覺明性故，能令汝出指非指。』」〔一〕

校注

〔一〕見大佛頂如來密因修證了義諸菩薩萬行首楞嚴經卷二。

四十二章經云："「出家沙門者，斷欲去愛，識自心原，達佛本理，悟無爲法，内無所得，外無所求，心不繫道，亦不結業，無念無作，非修非證，不歷諸位而自崇最，名之曰道。」〔一〕又，「佛言：覩天地念非常，覩世界念非常，覩靈覺即菩提。如是心識，得道疾矣」〔二〕。

校注

〔一〕按，此説見宋真宗注四十二章經。

〔二〕高麗藏本四十二章經："「佛言：覩天地念非常，覩山川念非常，覩万物形體豐熾念非常。執心如此，得道疾矣。」宋真宗注本同。按，此處所引，同寶林傳引。

金剛三昧經云："「佛言：『如是衆生之心，實無別境。何以故？心本浄故，理無穢故。以染塵故，名爲三界。三界之心，名爲別境。是境虚妄，從心化生。心若無妄，即無別境。』大力菩薩言：『心若在浄，諸境不生。此心浄時，應無三界。』佛言：『如是，菩薩，心不生境，境不生心。何以故？所見諸境，唯所見心，心不幻化，則無所見。』」〔一〕

校注

〔一〕見金剛三昧經入實際品。

大方廣入如來智德不思議經云：「皆悉了達諸法實相，自性平等，猶如虛空。」〔一〕又云：「於一法中了一切法，無分別智常現在前。」〔二〕

釋曰：「一法」者，即是自心。此心爲諸法平等之性，於自心性中了一切法有何分別。

不增不減經云：「甚深義者，即第一義諦。第一義諦者，即衆生界。衆生界者，即如來藏。如來藏者，即法身。」

釋曰：夫心者，爲諸法揔持之門，作萬有真實之性，故稱第一義諦。雜雜心念，故号衆生。是心之界，即衆生界。從真如性起，名曰如來。無所缺減，乃目爲藏。能積聚恒沙功德，故名法身。是以仁王經云：「最初一念，具足八萬四千波羅蜜。」〔一〕

校注

〔一〕見仁王護國般若波羅蜜多經卷上觀如來品。

集福德三昧經云：「如瑠璃寶器，隨所在處，不失其性。如是，若有菩薩住是三昧，雖在家，當說是人名爲出家，能不失是法界體性。」〔二〕

釋曰：是以悟心方能得道，見性是名出家。若見性，則在家出家；若不見性，則出家

在家。故阿難未見性前，自懺悔言：「我身雖出家，心不入道。」〔二〕

校注

〔一〕見鳩摩羅什譯集一切福德三昧經卷下。

〔二〕見大佛頂如來密因修證了義諸菩薩萬行首楞嚴經卷一。

佛地經云：「當知清浄法界者，譬如虚空，雖徧諸色種種相中，而不可説有種種相，體唯一味。如是如來清浄法界，雖復徧至種種種類所知境界，而不可説有種種相，體唯一味。」

釋曰：清浄法界者，即一心無雜之法界。以法爲界，豈有邊畔？則一切色中，皆有虚空性。況一切法中，皆有安樂性，以隱覆此性故，隨所知境，應其情量，現種種境界。若以空明，即有空現。若以色明，即有色現。但隨處發明，即隨處現。所現種種，皆妄心生，相不可得，唯一味真心，湛然不動。

不空羂索經云：「持真言者，以心置心，觀自心〔一〕心，作於一切諸佛如來，廣大出生殊勝尊妙。」〔二〕

校　注

〔一〕「心」，諸校本作「之」。按，經中作「心」。

〔二〕見不空羂索神變真言經卷八三三昧耶像品。

菩薩地經云：迷聖道者，不知理道從自心生，唯常苦身以求解脱，如犬逐塊，不知尋本〔一〕。所以大莊嚴論釋云：譬如師子打射時，而彼師子，尋逐人來。譬如癡犬，被人打擲，便逐瓦石，不知尋本。言師子者，喻智慧人，解求其本，而滅煩惱。然癡犬者，即是外道，五熱炙身〔二〕，不識心本〔三〕。

校　注

〔一〕見法苑珠林卷七九十惡篇邪見部引證部。按，此非經文，而是法苑珠林引菩薩地經文（出菩薩善戒經卷九畢竟地形品）後編撰者道世的話。延壽不察，誤爲菩薩地經文而轉引。

〔二〕五熱炙身：外道苦行之一，即身體曝曬於烈日之下，又於四邊燃火炙烤。澄觀撰大方廣佛華嚴經疏卷五七：「四面火聚者，更加頭上有日，即五熱炙身。」

〔三〕「菩薩地經云」至此，見法苑珠林卷七九十惡篇邪見部引證部。按，「大莊嚴論釋云」者，大莊嚴論經卷二：「心如城主，城主瞋恚，乃欲求城，無所增益。譬如師子，有人或以，弓箭瓦石，而打射之。而彼師子，逐逮彼人。譬如癡犬，有人打擲，便逐瓦石，不知尋本。言師子者，喻智慧人，能求其本，而滅煩惱。

言癡犬者，即是外道，五熱炙身，不識心本。」又，大莊嚴論經中爲「偈言」，故以整齊四言斷句。

法集經云：「能知一切唯是一心，名爲心自在。於其掌中，出諸珍寶，亦以虛空而爲庫藏，名爲物自在。一切身、口、意業，以智爲本，名智自在。」〔一〕又云：「觀世音白佛言：菩薩若受持一法，一切諸佛法自然如在掌中。何者是一法？所謂大悲。」〔二〕

釋曰：此是同體大悲，此悲性徧一切衆生界，故能一雨普潤，蘭艾齊榮；一念咸收，邪正俱濟。

校注

〔一〕見法集經卷三。

〔二〕見法集經卷六。

大灌頂經云：「禪思比丘，無他想念，唯守一法，然後見真。」〔一〕

釋曰：一法爲宗，諸塵無寄，他緣自絶，妙性顯然，志當歸一，而何智不明？尋流得源，而何疑不釋？撮要之旨，斯莫大焉。

校注

〔一〕見灌頂七萬二千神王護比丘呪經卷一。

寶雲經云：「一切諸法，心爲上首。若知於心，則能得知一切諸法。」〔一〕

校注

〔一〕見大乘寶雲經卷五安樂行品。

般舟三昧經偈云：諸佛從心得解脱，心者無垢名清淨，五道鮮潔不受染，有解此者成大道〔一〕。

釋曰：五道由心，心體常淨，雖徧五道，不受彼色，則淪五趣而不墜，居一相而非昇，展法界而不周，入微塵而非縮。以真如一心，本性清淨，無增減故，以此一法能收一切。似濫觴一滴之水，與四海水潤性無差；如芥子孔中之空，等十方空包容匪别。故云：天得一以清，地得一以寧，萬物得一以生，今〔二〕得一而道成〔三〕。又云：「聖人抱一爲天下式。」〔四〕即此宗鏡作禪門之法式也。

蓮華藏世界海，爲千百億釋迦牟尼佛説心地法門；或見法身，同於虚空，無有分別，無相無礙，徧同法界；或見此處山林地土沙礫〔三〕，或見七寶〔四〕；或見此處乃是三世諸佛所行之處；或見此處即是不思議諸佛境界真實之法。」〔五〕

釋曰：故知佛無定形，隨識而自分麁妙；境無異相，因心而空見短長。可謂現證法門，理歸宗鏡。

校注

〔一〕「若減一劫，若無量劫」，像法決疑經作「或見如來住無量劫」。

〔二〕「坐」，原無，據像法決疑經補。

〔三〕「山林地土沙礫」，像法決疑經作「沙羅林地悉是土沙草木石壁」。

〔四〕「七寶」，像法決疑經作「此處金銀七寶清浄莊嚴」。

〔五〕按，開元釋教録卷一八別録中僞妄亂真録第七著録有像法決疑經一卷、新像法決疑經一卷。今大正藏第八五册收像法決疑經一卷中有此説。

如來興顯經偈云：「諸佛所行性，一切諸衆生，皆在心性中，相可相同相。」〔一〕

校注

〔一〕見鳩摩羅什譯十住經卷四法雲地。其中「心性」作「是性」。按，開元釋教録卷二竺法護譯經中著録如來興顯經四卷，子注云：「一名興顯如幻經。元康元年十二月二十五日出，是華嚴經如來性起品及十忍品異譯。」此經大正藏第一〇册收，未見此偈。又，開元釋教録卷四鳩摩羅什譯經中著録十住經四卷，子注云：「或五卷，是華嚴十地品異譯，什與佛陀耶舍共出。」

現寶藏經云：「菩薩問文殊師利：『以何緣故，一切諸法皆是佛法？』文殊言：『如佛智所覺。』又問：『如何佛智所覺？』乃至〔一〕答言：『解自心如故。』」〔二〕

校注

〔一〕乃至：表示引文中間有删略。

〔二〕見求那跋陀羅譯大方廣寶篋經卷上。按，開元釋教録卷五求那跋陀羅譯經中著録大方廣寶篋經二卷，子注曰：「第四出，或三卷，與文殊現寶藏經等同本。」

修行慈分經云：「一切諸法，體相微細，皆悉空寂。凡夫之人，以自分別，生諸境界。自分別中，還自繫縛，乃至未了心之自性，剎尔許時，如在夢中，妄著諸境。復應觀察一切三界，皆悉是空，空不礙空。」〔一〕

校注

〔一〕見提雲般若譯大方廣佛花嚴經修慈分。

入楞伽經偈云：「尒時佛神力，復化作山城，崔嵬百千相，嚴飾對須弥。無量億華園，皆是衆寶林，香氣廣流布，芬馥未曾聞。一一寶山中，皆示現佛身，亦有羅婆那〔一〕，夜叉衆等住。十方佛國土，及於諸佛身，佛子夜叉王，皆來集彼山。而此楞伽城，所有諸衆等，皆悉見自身，入化楞伽中。如來神力作，亦同彼楞伽，諸山及園林，寶莊嚴亦尒。一一山中佛，皆有大慧問，如來悉爲説，内身所證法。出百千妙聲，説此經法已，佛及諸佛子，一切隱不現。羅婆那夜叉，忽然見自身，在己本宫殿，更不見餘物，而作是思惟：向見者誰作？説法者爲誰？是誰而聽聞？我所見何法，而有此等事？彼諸佛國土，及諸如來身，如此諸妙事，今皆何處去？爲是夢所憶？爲是幻所作？爲是實城邑？爲乾闥婆城？爲是瞖妄見？爲是陽燄起？爲夢石女生？爲我見火輪？爲見火輪煙？我所見云何？復自深思惟：諸法體如是，唯自心境界，内心能證知。而諸凡夫等，無明所覆障，虚妄心分别，而不能覺知。能見及所見，一切不可得，説者及所説，如是等亦無。佛法真實體，非有亦非無，法相恒如是，唯自心分别。如見物爲實，彼人不見佛，不住分别心，亦不能見佛。不見有諸行，如是名爲佛，若能如是見，彼人見如來。智者如是觀，一切諸境界，轉身得妙身，即是佛菩薩。」〔二〕

校　注

〔一〕寶臣述注大乘入楞伽經卷一：「言『羅婆那』者，未見正譯，即夜叉王也。」

〔二〕見入楞伽經卷一請佛品。

虚空孕菩薩經偈云：「一切諸法相，真實無知者。若人住諸陰，六根皆蔽塞。」〔一〕釋曰：故知諸法皆真，無知無見，纔有知見，即落識陰。則一心不通，六根闇塞，終不能見無見之見，知無知之知。若有見之見，則不見一切；若無知之知，則無所不知。所以賢護經云：「若菩薩觀四念處時，無法可見，無聲可聞。無聞見故，則無有法可得分別，亦無有法可得思惟，而亦非瞽、盲、聾故，但是諸法無可見故。」〔二〕以唯一真心，見外無法。

校　注

〔一〕見虚空孕菩薩經卷上。

〔二〕見大方等大集經賢護分卷四甚深品。

寶星經云：「尔時，世尊告妙音梵王：汝今何故目不暫捨〔一〕，乃至無相觀於我耶？善男子，頗有一法名爲佛耶？頗有一物可名爲名耶？」〔二〕

釋曰：故知名體俱空，妙旨斯在。是以絶觀方見如來，有、無之觀，皆是虚妄。不入宗鏡，豈辯真佛乎？

校注

〔一〕「捨」，經中作「瞬」。

〔二〕見寳星陀羅尼經卷七陀羅尼品。

十住斷結經云：「一切諸法，常自存在，衆生不達，爲興莊嚴。法法自生，法法自滅；法法不生，法法不滅；法生法滅，性不移轉。斯是菩薩大士之道，非諸凡俗之所及也。」〔一〕釋曰：「一切諸法，常自存在」者，真心不易，性相恒如。「衆生不達，爲興莊嚴」者，以外道執斷見、小乘證無常，菩薩爲對治凡小故，不盡有爲，常修福業；不住無爲，深入智淵。廣大莊嚴，雲興萬行，念念圓滿十波羅蜜。拔斷常〔二〕外道之曲木，出邪見之稠林〔三〕；拯偏真〔四〕小果之矬身，昇解脱之坑底。

校注

〔一〕見十住斷結經卷四滅心品。

〔二〕斷常：斷見（執身心斷滅之見）、常見（執身心常住之見），皆爲邪見。大智度論卷七：「見有二種：一者常，二者斷。常見者，見五衆常，心忍樂；斷見者，見五衆滅，心忍樂。一切衆生，多墮此二見中。菩薩自斷此二，亦能除一切衆生二見，令處中道。」

〔三〕邪見之稠林：喻指邪見衆多。妙法蓮華經卷一方便品：「入邪見稠林，若有若無等。」吉藏撰法華義疏卷四：「『入邪見稠林』者，此中有一見、二見乃至六十二見。言一見者，總名外道諸見爲一邪見。邪見衆多，譬如密林，故云『稠林』也。」

〔四〕偏真：小乘所説偏向於空的真理，又稱單空。

所以華嚴經云：「第七遠行地，當修十種方便慧殊勝道，所謂雖善修空、無相、無願三昧，而慈悲不捨衆生；雖得諸佛平等法，而樂常供養佛；雖入觀空智門，而勤修習福德；雖遠離三界，而莊嚴三界；雖畢竟寂滅諸煩惱燄，而能爲一切衆生起滅貪、瞋、癡煩惱燄；雖知諸法如幻、如夢、如影、如響、如燄、如化、如水中月、如鏡中像，自性無二，而隨心作業，無量差別；雖知一切國土猶如虛空，而能以清淨妙行莊嚴佛土；雖知諸佛法身本性無身，而以相好莊嚴其身；雖知諸佛音聲性空寂滅，不可言説，而能隨一切衆生，出種種差別清净音聲；雖隨諸佛了知三世唯是一念，而隨衆生意解分別，以種種相、種種時、種種劫數而修行。」〔一〕

釋曰：經云「雖善修空、無相、無願三昧」者，是對治凡夫著有徇樂之見。「而慈悲不捨衆生」者，是對治二乘沉空畏苦之見。下諸句義，皆同此釋。故云：聲聞畏苦〔二〕，緣覺無悲〔三〕，俱失菩薩二利之行。

校注

〔一〕見實叉難陀譯大方廣佛華嚴經卷三七。

〔二〕聲聞畏苦：謂聲聞之人畏怖世間生死之苦，樂著真空，唯求速入涅槃，反而成爲證佛果的障礙。演道俗業經：「何謂聲聞？畏苦厭身，思無央數生死之難、周旋之患，視身如怨，四大猶虵、五陰處賊，坐禪數息安般守意，觀身惡露不浄之形，畏色欲本——痛、想、行、識，怖地獄苦、餓鬼之厄、畜生惱結、人中之難、天上别離，不可稱計，輪轉無休，如獄中囚，欲斷生死勤勞之罪，求無爲樂泥洹之安，但自爲己，不念衆生，常執小慈，不興大哀，倚于音聲，不解空慧，三界猶幻，趣自濟己，不顧恩慈。」

〔三〕緣覺無悲：即獨覺捨悲障，謂此獨覺之人捨大悲、利他之心，但能自度而不能利益衆生，成爲證佛果的障礙。澄觀述大方廣佛華嚴經隨疏演義鈔卷三〇：「聲聞法執，不了性空。緣覺無悲，不隨六道故。悲、智雙流，普教群生，即化菩薩。」

須真天子經云：「須真天子問文殊師利：『菩薩不從三脱門而求道耶？』文殊答言：『天子，不可從空而成道，亦不可於無相而成道，亦不可於無願而成道也。所以者何？於是中無心、意、識，念亦無動故。有心、意、識念念動者，乃成其道也。』」〔一〕

釋曰：若取三解脱門作證者，即是溺實際之海，背靈覺之原，遺性徇空，何成大道？若直了神解心性，念念菩提果圓。不墮斷見之邪無，豈涉常見之實有？介尔起意，大用現前，無得無依，非取非捨，從真起行，體用相收，以行契真，卷舒一際，可謂心心合道，念念冥真矣。故還原觀云：「用則波騰海沸，全真體以運行；體則鏡净水澄，舉隨緣而會寂。」〔二〕斯則不離體之用，用乃波騰；不離用之體，體常湛寂。體雖湛寂，常在萬緣；用雖波騰，恒冥一際。

校注

〔一〕見佛説須真天子經卷四道類品。

〔二〕見法藏述修華嚴奥旨妄盡還源觀。

大方廣師子吼經云：「佛告電鬘菩薩：『善男子，法唯一字，所謂無字。本無言説，何所言説？善男子，當知無説是爲真説。』尔時，净身菩薩承佛威神，白佛言：『世尊，若無所説是爲真説者，啞默不言皆應説法？』佛言：『如是，善男子，如汝所説，非唯啞默者説法，不啞默者亦皆説法而不知法。』『世尊，云何一切衆生説法而不知法？』『善男子，如生盲人，處日光中而不見日，傍人爲説，以他聲故，乃知有日。如是諸法，悉入法界，法界無字，離諸字性，非諸衆生而能宣辯。』」

釋曰：審知未達宗人，依通見解，隨他語轉，妄有所説，如彼盲者，不見日光，聽傍人聲，豈窮日體？若眼開親見，即知本無名字言説，故知有言傷旨，不達法界。是以經云：「如是諸法，悉入法界，法界無字，離諸字性。」若能深達一字唯心法界，自然言語道斷，法尔知解情亡，豈是無辯？智不能窮也！如肇論云：「釋迦掩室於摩竭〔一〕，浄名杜口於毗耶〔二〕，須菩提唱無説以顯道〔三〕，釋梵絶聽而雨華〔四〕，斯則理爲神御，口以之默，豈曰無辯？辯所不能言也。」〔五〕

校注

〔一〕元康肇論疏卷下：「『掩室』事者，有云佛初成道，欲度迦葉，假設方便，投彼寄宿，遂以毒龍之室，安置如來，毒龍欲害，降伏入鉢，示施法化義，如掩室耳。湜謂此解不當，下釋是也。直是如來初成道時，於三七日，思惟未説，似如掩室不開門也。（原注：此甚當耳。）大智論云：佛初成道，五十七日不説法門。是掩室義也。」「大智論云」者，龍樹造、鳩摩羅什譯大智度論卷七：「釋迦文尼佛得道後，五十七日寂不説法。」

〔二〕元康肇論疏卷下：「『浄名杜口於毗耶』，杜，閉塞義。浄名在毗耶離城，問諸菩薩不二法門。各各説已，次問文殊。言如我意，一切諸法無言無説，是爲入不二法門。於是文殊師利問浄名言：何等是入於不二法門？時維摩詰默然無言。文殊讚云：是真入不二法門也。乃至無言無説，故云『杜口』也。亦以理中無言，言不得理，理不可言，故不語耳。」詳見維摩詰所説經卷中入不二法門品。

〔三〕元康肇論疏卷中：「大品經文也。彼經云：諸天子聞須菩提説般若，天子云：『諸夜叉語言尚可解，須菩提所説不可解。』須菩提言：『諸天子不解不知耶？我無所説也。』」詳見摩訶般若波羅蜜經卷七問住品。

〔四〕文才肇論新疏卷下：「『釋梵』等者，大品般若自天主品以來，須菩提依幻化喻，廣説甚深般若無説無聽之理。至散花品，釋提桓因及三千大千世界中四天王等，化作天花，散佛及大衆上等。意云：須菩提以説聽空故，説而無説，以顯實相。諸天解空，聽而無聽，爲供深法故散花也。」詳見摩訶般若波羅蜜經卷八散花品。

〔五〕見肇論涅槃無名論開宗第一。

普超三昧經決狐疑品云：於是阿闍世王曰：「唯願濡首解我狐疑。」濡首答言：「大王所疑，恒河沙等諸佛世尊所不能決。」時王自省無救護，從榻而墮，如斷大樹，摧折躃地。大迦葉曰：「大王自安，莫懷恐懅，勿以爲懼。所以者何？濡首童真被大智鎧，善權方便而設此言，可徐而問。」時王即起問濡首曰：「向者何〔一〕説恒河沙諸佛不能爲我而決狐疑？」濡首報曰：「王意云何？假若有人而自説言：我以塵曀、灰烟、雲霧汙染虛空，寧堪任乎？」答：「不能汙。」濡首又問：「設令大工取此空洗之使淨，寧堪任乎？」答曰：「不

能浄。」濡首報曰：「吾以是向者説言恒河沙等諸佛世尊所不能決也。」〔二〕

釋曰：一切衆生，不了自性清浄心故，妄生垢浄，迷悟自没，遂於無疑中起疑，於無決中求決。若能諦了，豁尔意消，即見一切染浄諸法，皆同虚空性。既達虚空性，不可染浄，方悟本心未曾迷悟。設有説無生無得之理，皆是一期隨宜方便。若入宗鏡，妙旨了然，尚無疑與無疑，何懷決不決耶？

校注

〔一〕「何」，原作「所」，據文殊師利普超三昧經改。

〔二〕詳見文殊師利普超三昧經卷下決疑品。

月燈三昧經頌云：「譬如有童女，夜卧夢産子，生欣死憂慼，諸法亦復然。如人飲酒醉，見地悉迴轉，其實未曾動，諸法亦復然。如浄虚空月，影現於清池，非月形入水，諸法亦復然。如人自好喜，執鏡而照面，鏡像不可得，諸法亦復然。如人在山谷，歌哭言笑響，聞聲不可得，諸法亦復然。」〔一〕

釋曰：狂醉見聞，事何真實？昏夢境界，憂喜皆虚。鏡裏之形，因誰所起？谷中之響，起自何來？所以入楞伽經云：「佛告楞伽王：譬如有人，於水鏡中自見其像，於燈月中自見其影，於山谷中自聞其響，便生分别而起取著。此亦如是，法與非法，唯是分别，由〔二〕分别故，不能捨離，但更增長一切虚妄，不得寂滅。寂滅者，所謂一心〔三〕；一心者，是最勝三昧。從此能生自證聖智，以如來藏而爲境界。」〔四〕

校注

〔一〕見月燈三昧經卷二。

〔二〕「由」，磧砂藏、嘉興藏本作「曰」。按，經中作「由」。

〔三〕「心」，大乘入楞伽經作「緣」。下一「心」同。按，菩提流支入楞伽經譯作「心」。入楞伽經卷一請佛品：「寂滅者，名爲一心；一心者，名爲如來藏。」延壽此處引文，據實叉難陀譯本，但改「緣」爲「心」，顯然是爲了與「舉一心爲宗」的主旨更契合。

〔四〕見大乘入楞伽經卷一羅婆那王勸請品。

法王經云：「於諸法中，若説高下，即名邪説，其口當破，其舌當裂。何以故？一切衆生，心垢同一垢，心浄同一浄。衆生若病同一病，衆生須藥應須一藥。若説多法，即名顛倒。何以故？爲妄分别，析善、惡法，破一切法故，隨機説法斷佛道故。」〔一〕

釋曰：「同一病」「須一藥」者，以一心爲病，還以一心爲藥，以心生則法生，心滅則法滅故。「若説多法，即名顛倒」者，若諦自心，尚不得一，何況説多？以心外見法，即成顛倒，如狂心見鬼，病眼生華，無中執有，豈成真正？「隨機説法斷佛道故」者，執有前機，早違大旨，更説多法，實壞正宗。如法華經云：「若有深愛法者，亦不爲多説。」〔三〕以心法甚深，非多非少，既不可多説，亦不可少説。以非多故不增，以非少故不減，以不增故不生，以不減故不滅。故華嚴經頌云：「一切法不生，一切法不滅。若能如是解，諸佛常現前。」〔三〕又，藥王菩薩云：「我捨兩臂，必當得佛金色之身。」〔四〕兩臂即是斷常二法。若捨生滅斷常之見，則心佛現前，頓成佛體，故云「必當得佛金色之身」。

校注

〔一〕開元釋教録卷一八別録中僞妄亂真録第七著録法王經一卷，子注曰：「具題云蹬刀梯解脱道甘露藥流渌泉如來智心造服者除煩惱法王經，一名涅槃般若波羅蜜經。」此經見敦煌遺書斯二六九二寫卷，首殘。大正藏第八五册收。

〔二〕見妙法蓮華經卷五安樂行品。

〔三〕見實叉難陀譯大方廣佛華嚴經卷一六。

〔四〕見妙法蓮華經卷六藥王菩薩本事品。

無涯際揔持經云：「一念之頃，能知三世一切諸法悉皆平等，無不通達。其人終無異行，亦無異念。」

釋曰：無涯際揔持經者，以名標宗，謂真心無際，揔持萬法，攝歸一體，故云「平等」。如是通達之人，「終無異行」者，以知心外無法可作差別故。「亦無異念」者，以心内無法可起思惟故。所以華嚴經十迴向品云：「菩薩摩訶薩如是迴向時，眼終不見有不浄佛刹，亦不見有異相衆生。」〔一〕以心境一如故。

校注

〔一〕見實叉難陀譯大方廣佛華嚴經卷二五。

不退轉法輪經云：「善知一切衆生無相，悉同法界，非見非不見。何以故？法界即是一切衆生心界，是名信〔一〕行。」〔二〕

校注

〔一〕「信」，諸校本作「言」。按，「信行」，經中作「菩薩摩訶薩信行」。

〔二〕見不退轉法輪經卷一信行品。

持世經云：「三界唯皆是識，是心意識，亦無形無方，不在法内、不在法外。凡夫爲虚妄相應所縛，於識陰中，貪著於我，若我所。」〔一〕

校注

〔一〕見持世經卷二五陰品。

瓔珞經云：「佛言：吾今有十四億大衆，以金剛口説決定義。佛子，我昔法會，有一億八千無垢大士，即於法會達一性原，頓覺無二，一切諸法，皆一合相。從法會出，各於十方説此瓔珞。」〔二〕又云：「行從心得，心淨道成。」〔三〕

校注

〔二〕見菩薩瓔珞本業經卷下佛母品。

〔三〕見菩薩瓔珞經卷一三淨居天品。

思益經云：「聖人無所斷，凡夫無所生，是二不出法性平等之相。」〔一〕

釋曰：以凡夫迷執心外有法，妄見法生。若聖人明見心外無法，無法可生，了凡無生，即聖無斷，則是入一心不二法門，故云「不出法性平等之相」，以無有一法出法性外故。如

華嚴經頌云：「法性徧在一切處，一切衆生及國土，三世悉在無有餘，亦無形相而可得。」〔二〕

校注

〔一〕見思益梵天所問經卷二難問品。

〔二〕見實叉難陀譯大方廣佛華嚴經卷二五。

勝跡菩薩所解諸法經云：法唯一字，所謂無字，本無言説。當知無説，是爲真説〔一〕。

釋曰：心爲一字中王，攝盡無邊之教海；心爲諸佛智母，演出無盡之真詮。若能發明，決定信入，則如來常不説法，是名具足多聞，亦是唯願少聞，多解義趣，即斯旨矣。故涅槃疏云「涅槃之義，浩然無盡，欲舉一蔽諸，指鹹談〔二〕海」〔三〕者，即一心也。

校注

〔一〕地婆訶羅譯大方廣師子吼經：「法唯一字，所謂無字，本無言説，何所言説？善男子，當知無説，是爲真説。」詳見本卷前文引。勝跡菩薩所解諸法經，諸經録中未見。地婆訶羅譯大方廣師子吼經的主要内容是：「佛在日月宫中，與九十百千俱胝比丘、無量菩薩俱。遣勝積菩薩往北方歡樂世界法起佛所聽法，勝積至彼禮佛足已，卻住一面。法起如來故問：汝從何來？勝積默無言説，大衆生疑。法起如來微笑放光，十方雲集。電鬘菩薩問笑因緣。法起如來略説諸法實相本無言説。浄身菩薩問言：若無所説是真説者，瘖默不言皆應説法。佛言：啞默不啞默，亦皆説法而不知法，如生盲人處日光中，而不見日。衆生所有音聲語言，皆入四無礙智。欲求法者，於自身求。欲求菩提，以五蘊求。於是大千震動，佛更出廣長舌相已，普告大衆，釋迦牟尼，即我法起。」（閲藏知津卷九）勝跡菩薩所解諸法經者，或即此大方廣師子吼經。

〔二〕「談」，永樂南藏、清藏本作「淡」。按，大正藏本大般涅槃經作「淡」，然涅槃經會疏、涅槃經疏私記等皆作「談」，作「談」是。行滿涅槃經疏私記卷一：「若指鹹談海者，海具衆德，萬流咸會同一鹹味，即喻佛如海，一切衆生同歸涅槃佛性海中，無不攝盡也。」

〔三〕見灌頂大般涅槃經疏卷一：「然涅槃以義浩然無盡，欲舉一蔽諸，若指醎淡海。」

法句經偈云：「森羅及萬像，一法之所印。云何一法中，而見有種種？」〔一〕又云：「雖誦千章，句義不正，不如一要，聞可滅意。」〔二〕

釋曰：「雖誦千章」者，但徇音聲，不知正義。「不如一要」者，若了一心爲萬法之要，達宗則息意，意息則境空，以萬法常虚，隨意生形故。

校注

〔一〕見敦煌本法句經普光問如來慈偈答品。

〔三〕見維祇難等譯法句經卷上述千品。

不思議光菩薩經偈云：「一切非如法，等住於如中，覺了知是已，無過無功德。」釋曰：「『一切非如法』者，即是心外徧計妄執無體之法。若了妄無實，則一切諸法等住於一如心中。如是覺知，則覺外無法可爲對待，染浄俱空故。如思益經云：「菩薩所化衆生，無有功德，以無對處故。」〔一〕因有過患，方顯功德。以真心徧一切處故，更無一法可爲過患。既無所治過患，亦無能治功德，二俱不立，故云「無過無功德」。

校注

〔一〕見思益梵天所問經卷二問談品。

諸法無行經云：「善住天子問文殊言：『若有人來求出家者，當云何答？』文殊言：『若不發出家心者，當教汝真出家法。何者？若求出家，是求三界及以五欲、未來報等。彼不見心，故不證法。心無爲故，故不發心。』」〔一〕

釋曰：若證自心，即入無爲之理。若是無爲之理，則無心可發，斯則是真發心，是真出家矣。

校注

〔一〕按，諸法無行經共三譯，鳩摩羅什譯諸法無行經二卷（存）、闍那崛多等譯諸法本無行經三卷（存），求那跋陀羅譯諸法無行經一卷（闕），今二存本中，皆無此説。此處引文，當據湛然述止觀輔行傳弘決卷二，然湛然引云「善住天子經云」。聖善住意天子所問經卷中：「爾時，善住意天子問文殊師利童子言：『文殊師利，若有人來依投仁者，欲求出家而作是言：唯願度我，令得出家。文殊師利，云何爲説？云何作法度令出家？云何授戒？云何戒品？云何教誡？』文殊師利答言：『天子，若至我所求出家者，我爲説言：汝善男子，今者實有出家心不？汝若實有出家心者，我當依法度汝出家。何以故？天子，若出家者，或著欲界、或著色界、著無色界、或著世間五欲功德，九處中行，此善男子如是取法。何者九處？天子，若無少處著，彼人心無所得；若心無所得，彼人不求出家；若不求出家，彼人出家心不生；若出家心不生，彼人得言不生；若不生者，彼則苦盡；若苦盡者，彼畢竟盡；若畢竟盡，彼無所盡；若無所盡，彼則不盡；若不盡者，彼則是空。天子，彼善男子我如是説。復次，天子，若至我所求出家者，我爲説言：善男子，汝今莫生出家之心。何以故？彼心不可爲他所生，勿保此心。』」

法華三昧觀經云：「所謂十方三世衆生，若大若小，乃至一稱南無佛者，皆當作佛。唯一大乘，無二無三，一切諸法，一相一門，所謂無生滅畢竟空相。唯有此大乘，無有二也。習如是觀者，五欲自斷，五蓋〔一〕自除，五根增長，即得禪定。」〔二〕

釋曰：「一稱南無佛，皆當作佛」者，若法界含生，三乘五性〔三〕，能歸命一心，無不成佛，以離自心一相一門外，更無有法可作歸依，無二無三，畢竟空寂。如是觀者，五欲自斷，以六塵境隨妄念故有，無念則無境，何用更斷？故能不斷五欲而浄諸根。諸根既浄，五蓋自除，五根、五力〔四〕自然增長，不唯即得禪定，乃至六度萬行，悉皆成就。如金剛三昧經云：「空心不動，具六波羅蜜。」心空則一切皆空，故云「唯有此大乘，無有二也」。

校注

〔一〕五蓋：貪欲蓋、瞋恚蓋、睡眠蓋、掉悔蓋、疑蓋。蓋者，煩惱之異名。

〔二〕見鳩摩羅什譯思惟略要法法華三昧觀法。按，思惟略要法述説大乘禪觀之大要，先明形疾輕微，心病深重，後具體説明四無量觀法、不浄觀法、白骨觀法、觀佛三昧法、生身觀法、法身觀法、十方諸佛觀法、觀無量壽佛法、諸法實相觀法、法華三昧觀法等十種觀法。此法華三昧觀經，即是思惟略要法所明第十觀法——法華三昧觀法。

〔三〕三乘五性：聲聞定性、緣覺定性、菩薩定性、不定性、無性。詳見前注。

〔四〕五根：謂信根、勤根、念根、定根、慧根。根者，出生善故。五力：信力、進力、念力、定力、慧力，體即五根，難屈伏故，離根别立。

雜藏經云：「爲善福隨，履惡禍追，響之應聲，善惡如音，非天、龍、鬼、神所授，非先祢所爲，造之者心，成者身口矣。佛説偈曰：「心爲法本，心尊心使，中心念惡，即言即行，罪苦自追，車轢〔一〕于轍。心爲法本，心尊心使，中心念善，即言即行，福樂自追，如影隨形。」〔二〕

校注

〔一〕「轢」，原作「礫」，據嘉興藏、清藏本及經文改。按，本卷後音義中亦作「礫」，注曰：「小石也。」轢，説文卷一四車部：「轢，車所踐也。」

〔二〕見曇無蘭譯自愛經。按，雜藏經，據開元釋教録共四譯，三存一闕，分别爲安世高譯鬼問目連經一卷（存）、法顯譯雜藏經一卷（存）、失譯人譯餓鬼報應經一卷（存）和求那跋陀羅譯雜藏經一卷（闕）。現存三譯中，皆無此説，故此雜藏經者，或爲自愛經之誤。又，或此「雜藏經」者，非具體經名。分别功德論卷一：「所謂雜藏者，非一人説。或佛所説、或弟子説、或諸天讚誦，或説宿緣三阿僧祇菩薩所生。文義非一，多於三藏，故曰雜藏也。」本書引「雜藏經云」者，卷九六尚有四處，皆不見今雜藏經。

音義

瞰，苦濫反，視也。　渚，章與反，沚渚也。　擲，直炙反，投也。　縮，所六反，斂也，短也。　濫，盧瞰反。　觴，式羊反，酒器也。　崔，昨回反。　嵬，五灰反。　馥，房六反，香氣芬馥。　芬，撫文反，芬芳也。　孕，以證反，懷孕。

瞽，公户反，瞽目。　稠，直由反。　拯，之郢反，救也，助也。　矬，昨禾反。矬，短。　啞，烏下反，不言。　濡，人朱反，沾濡也。　榻，託盍反，床也。　躃，房益反。　懅，巨魚反，心急也。　鎧，苦亥反，甲之别名。　慼，倉歷反，憂也。

祢，奴礼反，祖祢也。　礫，郎擊反，小石也。

戊申歲分司大藏都監開板

宗鏡録卷第九十五

慧日永明寺主智覺禪師延壽集

勝天王般若經云：「三世如來，同在一處自性清淨無漏法界，若一、若異，不可思議。智慧、神力，同一法界；般若、方便，二相平等。」〔一〕

釋曰：「同在一處自性清淨」者，一切凡聖，皆以無所住而住自性清淨心秘密藏之一處。「若一、若異，不可思議」者，以報身妙土之相，相入相資，故云「若異」；以法身自體之性，相徧相即，故云「若一」；如芥瓶〔二〕、燈室〔三〕，同異難量，故云「不可思議」。「般若、方便，二相平等」者，諸佛以般若、方便，常相輔翊。何者？以般若觀空，不住生死；以方便涉有，不住涅槃。以不住生死故，智眼常明；以不住涅槃故，悲心恒續。悲、智體同，故云「平等」。

校注

〔一〕見勝天王般若波羅蜜經卷七二行品。

〔二〕大方廣如來不思議境界經：「爾時，世尊在三昧中，放眉間光，名大顯發，所有一切有功用行、未證十地諸菩薩等，遇斯光已，悉見空中諸毛端處及微塵中無量佛刹，如瑠璃瓶盛白芥子，觀者悉見彼諸菩薩，見微塵中一切佛刹，亦復如是。」澄觀撰大方廣佛華嚴經疏序：「炳然齊現，猶彼芥瓶。」延壽心賦注卷二：「如瑠璃瓶盛多芥子，炳然齊現，不相妨礙，非前非後。此況一心能含萬法，性相歷然。」

〔三〕大般涅槃經卷三〇：「瞿曇，譬如一室，然百千燈，各各自明，不相妨礙。」卷三九：「譬如一室有百千燈，炷雖有異，明則無差。」大方廣圓覺修多羅了義經：「如百千燈光照一室，其光遍滿，無壞無雜。」澄觀撰大方廣佛華嚴經疏序：「一多無礙，等虛室之千燈。」大方廣佛華嚴經隨疏演義鈔卷二：「如一室内，千燈並照，燈隨盞異，一一不同。燈隨光遍，光光涉入，常別常入。經云：『一中解無量，無量中解一，了彼互生起，當成無所畏。』此之燈喻，亦可喻於相即，直就光看，不見別相，唯一光故。」

最勝王經云：「離無分別智，更無勝智；離法如如，無勝境界。」〔一〕

釋曰：一切境界，皆是意言分別，則無境唯識。若了識空，但一真心，成無分別智。此乃無等之智，第一之説，豈有餘智更能過者？此真如一心之性，爲萬法之所依故，離此之外，何處別有纖塵能爲標指？若離此一心境智，或有所見，皆是瞖眼狂心，不見真實。所以如來不思議境界經云：「如衆瞖者，同於一處，見各差別，互不相礙，皆由眼瞖，不見正色。衆生亦尔，色性無礙，心緣異故，蔽於正見，不了真實。」

校注

〔一〕見金光明最勝王經卷二分别三身品。

禪要經云：「棄諸蓋菩薩白佛言：『世尊，禪門祕要，爲有一門？爲是多門？若有多者，法則有二。若是一者，云何容受無量無邊衆生而不迫迮？』佛言：『善男子，此禪要門，亦非是一，亦非多數。一切衆生，性同虚空，雖同虚空，各於身心自有禪門，實不共修。何以故？息口不言，冥合於理，口爲禪門；攝眼分别，混合無異，眼爲禪門；耳所聞聲，了知虚妄，畢竟寂滅，猶如聾人，耳爲禪門。乃至身、意，亦復如是。善男子，攝諸塵勞，入不二門，曠徹清虚，湛然凝定。』」〔二〕

釋曰：心是禪門，身爲慧聚。禪能洞寂，慧能起照。寂照無差，方入平等。如永嘉集云：「以奢摩他故，雖寂而常照。以毗婆舍那故，雖照而常寂。以優畢叉故，非照而非寂。照而常寂故，説俗而即真。寂而常照故，説真而即俗。非寂而非照故，杜口於毗耶。」〔三〕故知若了念本不起，常在等持，不察境因念生，翻悟真心亦動。所以圓覺經云：「雲駛月運，舟行岸移。」不知妄想之雲自飛，真月何動？豈悟攀緣之舟常泛，覺岸靡移？如圓覺疏序云：「心本是佛，由念起而漂沉。岸實不移，因舟行而鶩驟。」〔三〕

校注

〔一〕按，此説見佛説禪門經。此禪要經者，即禪門經。詳見本書卷二注。

〔二〕見玄覺撰禪宗永嘉集憂畢叉頌。按，此段引文亦見本書卷四五引。

〔三〕見宗密大方廣圓覺修多羅了義經序。按，此序見宗密述大方廣圓覺修多羅了義經略疏注卷首。

大樹緊那羅王所問經云：「尒時，天冠菩薩問於大樹緊那羅王：『如是琴中妙偈，從何而出？』答言：『善男子，從諸衆生音聲中出。』又問：『諸衆生音從何而出？』答言：『善男子，衆生音聲從虛空出。』乃至〔一〕當知是聲即虛空性，聞已便滅。若其滅已，同空性住。是故諸法若説不説，同虛空性。是故應當不捨空際，如音聲分，諸法亦尒。乃至又以音聲，名爲言説。然是音聲，無有住處。若無住處，則無堅實，則名爲實。若其是實，則不可壞。若不可壞，則無有起。若無有起，則無有滅。若無有滅，是名清浄。若是清浄，是則白浄。若是白浄，是則無垢。若是無垢，則是光明。若是光明，則是心性。若是心性，則是出過。若是出過，則出過諸相。若出過諸相，則是正位。若菩薩在正位，是則名得無生法忍。」〔二〕

釋曰：入一心正位，是究竟指歸，最後垂示，言窮理極，更無過矣。

校注

〔一〕乃至：表示引文中間有删略。下二「乃至」同。

〔二〕見大樹緊那羅王所問經卷一。

大方等修多羅王經云：「尔時，世尊告頻婆娑羅王言：『行識滅已，初識次生，或生天中，或生人中，或生地獄，或生畜生，或生餓鬼。大王，以初識不斷，自心相續，應受報處而生其中。大王，觀諸生滅，頗有一法，從於今世至未來世。大王，如是行識終時，名之爲滅。初識起時，名之爲生。大王，行識滅時，去無所至。初識生時，無所從來。何以故？識性離故。大王，行識行識空，滅時滅業空，初識初識空，生時生業空，觀諸業果，亦不失壞。大王，當知以初識心相續不斷而受果報。』」

華手經云：「佛言：復次，堅意，菩薩以善修習一佛相故，隨意自在，欲見諸佛，皆能現前。堅意，譬如比丘心得自在，觀一切入，取青色相，能得信解一切世界皆一青相。是人所緣，唯一青色，觀内外法，皆一青色。於是緣中，得自在力故。堅意，菩薩亦復如是，隨其所聞諸佛名字、在何世界，即取是佛及世界相，皆緣現前。菩薩善修習此念佛緣故，觀諸世界

盡皆作佛。常善修習是觀力故，便能了達一切諸緣皆爲一緣，謂現在佛緣，是名得一相三昧門。」〔一〕

校注

〔一〕見華手經卷一〇法門品。

佛昇忉利天爲母説經云：「佛告月氏天子：何謂菩薩曉了一切猶如虚空？其三界者，心之所爲。不計斯心，無有色像，亦不可覩，無有處所，無有教令，猶如幻化。因其心本而求諸法，則不可得。若以於心不求于心，則無所獲，心不可逮。以不得心，一切諸法亦不可得。諸法則無有法，無形類想，亦無有影而無所有，及與實諦，亦無所覩。無所覩者，於一切法心無所入，知一切法無所成就，亦無所生，譬如虚空。」〔一〕

校注

〔一〕見佛昇忉利天爲母説法經卷上。

菩薩念佛三昧經云：「心如金剛，善根穿徹一切法故；心如迦隣提衣〔二〕柔軟，善根能作業故；心如大海，善根攝諸戒聚故；心如平石，善根住持一切事業故；心如山王，善根

發生一切善法故；心如大地，善根負持衆生事業故。」〔二〕

校注

〔一〕按，「迦隣提」，一種水鳥。慧琳一切經音義卷二五：「迦隣提，此云『實可愛』，謂水鳥，即鴛鴦之類是也。」此「迦隣提」，或即「迦隣陀」「迦遮隣地」等之異譯。實叉難陀譯大方廣佛華嚴經卷六七：「迦隣陀衣以布其地，柔軟妙好，能生樂觸，蹈則没足，舉則還復。」慧苑新譯大方廣佛華嚴經音義卷下：「迦隣陀衣，細綿衣也。」大寶積經卷一三：「復見施妙床座敷勝氍毹，上加綿褥，覆以迦遮隣地之帔。」慧琳一切經音義卷一三：「迦遮隣地，梵語也，唐言『細耎輕妙』，最上衣也。」

〔二〕見大方等大集經菩薩念佛三昧分卷六菩薩念佛三昧分見無邊佛廣請問品。

演道俗業經云：「佛告長者：『智慧有四事：一曰、解於身空，四大合成，散壞本無主名；二曰、其生三界，皆心所爲，心如幻化，倚立衆形；三曰、了知五陰本無處所，隨其所著，因有斯情；四曰、曉十二緣本無根原，因對而現。是爲四。』佛於是頌曰：悉解其身空，四大而合成，散滅無處所，從心而得生。五陰本無根，所著以爲名，十二緣無端，了此至大安。」

善夜經云：佛言：過去之法，不應追念；未來之法，不應希求；現在〔一〕之法，不應住著。若能如是，當處解脱〔二〕。

釋曰：此緣三世之境，是相續識。若初心人，未得一念不生，或前念忽起，但後念莫續，亦漸相應。若欲頓消，直觀一念生時，不得起處，自然前後際斷，當處虚寂。如金剛般若經云：「過去心不可得，未來心不可得，現在心不可得。」〔三〕以無得故，自不相續。

校注

〔一〕「在」，原作「至」，據嘉興藏本改，參後注。

〔二〕佛説善夜經：「過去諸法，不應追念；未來諸法，亦不希求；現在諸法，勿生染著。如是行者，名真解脱。」

〔三〕見鳩摩羅什譯金剛般若波羅蜜經。

入一切佛境界經云：「佛言：若得修行正念法者，彼無一法非是佛法。何以故？以覺一切法空故。乃至〔一〕文殊師利，言修行正念者，不取、不捨即名正念，不觀、不異名爲行，不著、不縛、不脱名爲行，不去、不來名爲行。文殊師利，正念行者，彼處無行、無利、無果、無證。何以故？文殊師利，心自性清浄故，彼心客塵煩惱染而自性清浄心不染。而彼自性清净心即體無染、不染者，彼處無對治法故。以何法對治，能滅此煩惱？何以故？彼清净非净，即是本净。若本净者，即是不生。若不生者，彼即不染。若不染者，彼不離染法。若不離染法者，彼滅一切染。以何等法滅一切染？彼不生。若不生者，是菩提。菩提者，名爲平等。平等者，名爲真如。真如者，名爲不異。不異者，名爲如實，住一切有爲、無爲法。」〔二〕

釋曰：但了無生，即入平等。言平等者，即一切有爲、無爲如實之性。見此性故，以無住義住一切法中。若不達一切法，是一心真如平等無生之性，在染離染，俱爲煩惱所染。若了諸法無生，則一切有爲、無爲皆是菩提之道，何所染耶？

校注

〔一〕乃至：表示引文中間有删略。

〔二〕見如來莊嚴智慧光明入一切佛境界經卷下。

海龍王經云：「佛告龍王：是無盡藏摠持，説德無量，入無極慧，集菩薩行。乃至〔一〕嚴净道場，逮諸佛法，是謂無盡之藏摠持。其有文字名号之數及法諸數，遊于正法，皆來歸斯無盡之藏，爲摠持也。菩薩入斯，於諸文字無所分别，諸法清白，不壞本净故。」〔二〕乃至

「由是揔持，後當來世是離垢揔持所流布處，皆是如來之所建立八萬四千法藏。是揔持門爲首也，八萬四千行皆來歸於揔持，八萬四千三昧皆從揔持，八萬四千揔持無盡之藏揔持爲本原」〔三〕。

釋曰：以一切衆生自性清浄心是諸法揔持之門，從心所生，用不失體，故云「不壞本浄故」。末不離本，故云「皆是如來之所建立」。萬法出生，故云「無盡之藏」。凡聖之地，故号「本原」。

校注

〔一〕乃至：表示引文中間有删略。下一「乃至」同。
〔二〕見佛説海龍王經卷二總持品第五。
〔三〕見佛説海龍王經卷二總持品第七。

大方廣如來秘密藏經云：「是時，大德阿難白言：『世尊，是無量志莊嚴王菩薩自以其身供養如來，當以何身覺菩提道？』時華室中諸菩薩等問阿難言：『於意云何？可以身覺於菩提耶？』阿難，勿作斯觀，當以身心覺於菩提。』阿難報言：『諸善丈夫，若非身心覺於菩提，當用何等而覺菩提？』諸菩薩言：『大德阿難，身之實性是菩提實性，菩提實性是

心實性。心之實性，即是一切法之實性，覺是一切諸法實性，故名覺菩提。』」〔一〕

校注

〔一〕見大方廣如來祕密藏經卷下。

堅固女經云：「堅固女言：『復次，舍利弗，所言阿耨多羅三藐三菩提者，我不見彼法爲阿耨多羅三藐三菩提。』舍利弗言：『若不見有法名阿耨多羅三藐三菩提者，汝云何發菩提心欲覺菩提？』女言：『欲令行邪道衆生住正道故，我發阿耨多羅三藐三菩提心。』乃至〔二〕佛言：『善哉，善哉！能如是知，未來當得阿耨多羅三藐三菩提。』女言：『世尊，無有見如是法不得菩提者，是故我今必定當得阿耨多羅三藐三菩提。』佛言：『妹，汝未來世教化衆生耶？』女言：『世尊，無有見如是法不教化者，是故我今必定當能教化衆生。』佛言：『汝於來世作大導師耶？』女言：『世尊，無有見如是法不作導師，是故我今必定當得作大導師。』」

釋曰：故知若有見如是唯心一法，入宗鏡中，法尔常爲一切教化之主，十方大導之師。以自得本故，能普攝一切枝末之法，悉還歸於一心本地，故決定無疑矣。如攝波歸水，會色歸空，有何疑哉！

校　注

〔一〕乃至：表示引文中間有删略。

大莊嚴法門經云：「佛言：復次，長者子，清浄攀緣方便行菩薩，於一切衆生心法中，悉有菩提。何以故？若彼心無色，離色分别，體性如幻，彼此内外不相續者，是名菩提。復次，長者子，菩薩不應覺於餘事，但覺自心。何以故？覺自心者，即覺一切衆生心故。若自心清浄，即是一切衆生心清浄故。如自心體性，即是一切衆生心體性；如自心離垢，即是一切衆生心離垢；如自心離貪，即是一切衆生心離貪；如自心離瞋，即是一切衆生心離瞋；如自心離癡，即是一切衆生心離癡；如自心離煩惱，即是一切衆生心離煩惱。作此覺者，名一切智知覺。」〔一〕

釋曰：若了一心，徧知一切。夫一切者，是一之一切，故名一切智知覺。若各隨相解，則不得名一切智知覺，以不覺諸法自性故。所以華嚴經頌云：「世間一切法，但以心爲主，隨解取衆相，顛倒不如實。」〔二〕

校　注

〔一〕見大莊嚴法門經卷下。

〔二〕見實叉難陀譯大方廣佛華嚴經卷一三。

大乘本生心地觀經云：「尔時，文殊師利菩薩白佛言：『世尊，如佛所說，過去已滅，未來未至，現在不住，三世所有一切心法，本性皆空。彼菩提心，說何名發？善哉，世尊，願爲解說，斷諸疑網，令趣菩提。』佛告文殊師利：『善男子，諸心法中，起衆邪見，爲欲除斷六十二見種種見故，心、心所法，我說爲空，如是諸見，無依止故。譬如叢林，蒙密茂盛，師子、白象、虎、狼惡獸潛住其中，毒發害人，迥絶行跡。時有智者以火燒林，因林空故，諸大惡獸無復遺餘。心空見滅，亦復如是。乃至〔一〕善男子，以是因緣，服於空藥，除邪見已，自覺悟心，能發菩提。此覺悟心，即菩提心，無有二相。善男子，自覺悟心，有四種義。云何爲四？謂諸凡夫有二種心，諸佛菩薩有二種心。善男子，凡夫二心，其相云何？一者、眼識乃至意識，同緣自境，名自悟心；二者、離於五根、心、心所法，和合緣境，名自悟心。善男子，賢聖二心，其相云何？一者、觀真實理智，二者、觀一切境智。善男子，如是四種，名自悟心。』」〔二〕

釋曰：凡夫二心者，一、根境同緣心，此則和合而生，無有自體，凡夫執實，故說爲空；二、離根境心，即是真心，不從緣生，若了此心，即真發菩提之道。賢聖二心者，一、理智心，即第一義諦，空、有兩亡，性、相俱寂；二、境智心，即隨緣俗諦，真、俗雙照，理、事相含。若入宗鏡之中，摠前凡、聖四心，或入相資門，若聖若凡，交徹無礙；或入相泯門，若一若多，冥同性海。

校注

〔一〕乃至：表示引文中間有删略。

〔二〕見大乘本生心地觀經卷八發菩提心品。

成具光明定意經云：「何謂廣一心？曰：孝事父母則一其心；尊敬師友而一其心；斷愛遠俗而一其心；入三十七品而一其心；空閑寂寞而一其心；在衆煩亂而一其心；多欲、多諍、多作、多惱，於是之處而一其心；褒訕、利失、善惡之事，於是不搖而一其心；數息入禪，捨六〔一〕就淨而一其心。身自能行，復教他人，此謂廣一心也。」〔二〕

校注

〔一〕捨六：即捨六根、六塵等。大方等大集經卷四八：「修諸禪者捨六根，亦捨愛取陰界入，三界境界愛盡除，遠離三世及斷常。於禪損減盡不念，是人得離黑白塵，亦離明闇諸分別，亦常修習第一義。」大智度論卷五〇：「云何菩薩不染愛？捨六塵故。」明真貴述仁王經科疏卷二：「然究論檀度，必内捨六根，外捨六塵，中捨六識，外捨萬法，斯是行檀彼岸之行。」又，「六」或指由定入慧的六種禪觀，即數息（善調身息，以攝亂心）、隨息（細心依息，知入知出）、止（息心静慮）、觀（分别權析）、還（轉心返照）、浄（心無所依，妄波不起）。修行本起經卷下出家品：「端坐六年，形體羸瘦，皮骨相連，玄清静寞，寂默一心，内思安般：一數、二隨、三止、四觀、五還、六浄，遊志三四，出十二門，無分散意。」

〔三〕「廣一心」爲廣六度行（廣施、廣戒、廣忍、廣精進、廣一心、廣智慧）之一。「一心」者，心無異念，即進入禪定狀態。謂菩薩修行禪定時，能一心寂静，離諸散亂，於一切時、處，能專一其心而無所動摇。復化衆生，令其一心不亂。菩薩廣修六度行，方能大弘法義。

文殊師利問經偈云：「若見有一法，餘法悉應見，以一法空故，一切法亦空。」〔一〕

釋曰：心有法則有，心空法則空。萬法一心宗，空有皆無寄。舉一例諸，悉歸宗鏡。

校注

〔一〕見文殊師利問經卷上涅槃品。

大乘千鉢大教王經云：「曼殊室利菩薩對世尊大衆菩薩前告言：若有一切菩薩及一切有情衆生志求無上菩提，修持真實佛金剛聖性三摩地一切法者，一切法即是一切有情心是也。爲有情衆生心地法藏有煩惱種性，煩惱種性則是菩提性者，有情心處本性真浄，空

無所得，是故有情心是大圓鏡智心處是也。」〔一〕

校注

〔一〕見大乘瑜伽金剛性海曼殊室利千臂千鉢大教王經卷二。

摩訶衍寶嚴經云：「譬如畫師，作鬼神像，即自恐懼。如是，迦葉，諸凡愚人，自造色、聲、香、味細滑之法，輪轉生死，不知此法，亦復如是。」

文殊悔過經云：「文殊師利言：人民所行衆德本者，志性各異，使入揔持光明之慧。其有諸天、一切人民，愁憂苦惱，爲除衆患，悉入揔持光明之耀。一切諸論、文字本際，入於揔持光明之耀。一切諸行、諸想所應，悉入揔持光明之耀，使致普門。諸根轉輪，使入揔持光明之門。一切莊嚴清淨衆飾，使入揔持光明之門。乃至〔二〕住於一事普見衆事，住於衆事悉見一事，則以一事入一切事，以一切事入於一事，則以一義告誨開化一切諸義，以一切義興發一義。以無因緣入於諸緣，化于諸緣令入無緣。以無事法，入于衆生性行各異，從其相行而教誨之。」

釋曰：夫能泯異性，永拔苦輪，融諸行門清淨嚴飾者，悉令入一心揔持之門。被宗鏡光明之耀故，能住一事而見衆事，以一成多；用諸義而發一義，以多成一。一成多而用徧，多成一而體融，體、用交羅，一、多自在。

校　注

〔一〕乃至：表示引文中間有删略。

觀佛三昧海經云：「復次，阿難，譬如有人貧窮薄福，依諸豪貴以存性命。時有王子，遇行出遊，執大寶瓶，於寶瓶内藏王印綬。是時，貧者詐來親附，得王寶瓶，擎持逃走。王子覺已，遣六大兵，乘六黑象，手執利劍，疾走追之。時持瓶人走入深草空野澤中，見曠野澤滿中毒蛇，四面吐毒，吸持瓶者。時貧窮人憧惶恐怖，馳走東西，蛇亦隨之，無藏避處。於空澤中，見一大樹，蓊鬱扶疎，甚適其意，頭戴寶瓶，攀樹而上。既上樹已，六兵乘象，馳疾如風，尋復來至。貧人見已，吞王寶印，持瓶冠頭，以手覆面，生貪惜故，不忍見之。時六黑象以鼻絞樹，令樹倒躃，貧人落地，身體散壞，唯金印在，寶瓶現光，諸蛇見光，四散馳走。佛告阿難：住念佛者，心印不壞，亦復如是。」〔二〕

釋曰：夫「觀佛三昧」者，則諦了自心，名爲觀佛；既識心已，不爲境亂，湛然常定，名爲三昧。「有人貧窮薄福」者，「有人」者，「有」即二十五有，「人」即一切衆生。以無法財，名爲「貧窮」。不悟心佛，故稱「薄福」。「依諸豪貴」者，即是諸佛菩薩。「以存性命」者，即是依觀佛三昧門，得見自性，以成慧命。乃至「貧人落地」者，即是於凡夫身，達人、法二空，證會一心，住真如地。「身體散壞」者，既洞唯識之性，身見自亡。「唯金印在」者，即是悟心常住。所以一鉢和尚云：「塵勞滅盡真如在，一顆圓明無價珠。」〔二〕「寶瓶現光」者，即般若智照。「諸蛇見光，四散馳走」者，即四大之身蛇，三毒之煩惱，智了即空，名爲「馳走」。「住念佛者，心印不壞，亦復如是」者，以無念智見真覺性，故云「住念佛者」。諸塵不動，一體不移，名爲「心印」。恒住法位，究竟寂滅，名爲「不壞」。況如唯金印在，故稱「亦復如是」。所以起信論云：「得見心性，名究竟覺。」〔三〕即斯旨矣。

校注

〔一〕見觀佛三昧海經卷一〇觀佛密行品。

〔二〕出一鉢歌。一鉢歌，詳見本書卷一注。

〔三〕見真諦譯大乘起信論。

首楞嚴三昧經云：「尔時，佛告現意天子：『汝可示現首楞嚴三昧本事少分。』現意天子語堅意言：『仁者，欲見首楞嚴三昧少勢力不？』答言：『天子，願樂欲見。』現意天子善得首楞嚴三昧力故，即現變，令衆會者皆作轉輪聖王，三十二相而自莊嚴，及諸眷屬七寶侍從。乃至〔一〕復現神力，普令衆會皆如釋迦牟尼佛身，相好威儀，各有比丘眷屬圍遶。」〔二〕

釋曰：天子名現意者，以一切法從意生形，因心所現，故名現意。是知自心如幻，無有定儀，所見差殊，隨心生滅。若能知幻無實，即見真性。以得真性故，方能周徧法界，示如幻法門，普現色身，引幻衆生，同歸實地。

校注

〔一〕乃至：表示引文中間有删略。

〔二〕見首楞嚴三昧經卷上。

轉有經偈云：「若爲真實説，眼則不見色，意不知識法，此是最秘密。」

釋曰：入此一心秘密之藏，則能、所俱亡，不與六塵作對，故云眼不見色等。

大法鼓經云：「一切衆生，悉有佛性，無量相好，莊嚴照明，以彼性故，一切衆生得般涅槃。」〔一〕

釋曰：故知一切衆生悉有正因佛性，以萬行莊嚴爲引出性，乃至因圓，爲至得果性，畢竟成就一心常樂涅槃之道〔二〕。

校注

〔一〕見大法鼓經卷下。

〔二〕正因佛性：又稱住自性性、自性住佛性，謂真如之理自性常住，無有改變，即是一切衆生本來具有的佛性，是成佛的主要原因。　引出性：即引出佛性，是經過修行顯現出來的佛性，謂一切衆生雖具本來佛性，必須假借修習、智慧、禪定之力，方能引發。　因圓：可以成佛的因行圓滿具足。　至得果性：即至得果佛性，是修因滿足後顯現的佛性，謂修因滿足，本有之佛性在證得果位時，了了顯發。　真諦譯佛性論卷二顯體分第三中三因品第一：「三種佛性者，應得因中具有三性：一、住自性性，二、引出性，三、至得性。　記曰：住自性者，謂道前凡夫位；引出性者，從發心以上，窮有學聖位；至得性者，無學聖位。」

寶頂經云：「佛言：『迦葉，譬如有人怖畏虚空，搥胸叫呼，作如是言：善友，汝等爲我除此虚空，除此虚空！迦葉，於汝意云何？此空爲可除不？』迦葉言：『不可，世尊。』佛言：『迦葉，若有如是沙門婆羅門怖畏性空，我説是人失心狂亂。所以者何？迦葉，一切諸法，並是説空方便。若畏此空，云何不畏一切諸法？若惜諸法，云何不惜此空？』」〔一〕佛性論「問云：此經爲顯何義？答：爲示一切諸法本性非有，故説法空，非關法滅，然後得空，故於空性不應生怖」〔二〕。

釋曰：「一切諸法，並是説空方便」者，夫有所説，皆爲顯空，所以空則一切空。非先有而後無，寧歸斷滅？豈先無而後有，不墮無常？是以性本常空，空無間斷；體應諸有，有自繁興。能入斯宗，聞諸法空，心大歡喜；不了此義，聞諸法空，心大怖畏。以不了法空，違現量境，執爲外解，聞説唯心之旨，恐墮空見之門，心境俱迷，遂生怖畏。

校　注

〔一〕按，此引文據佛性論卷四辯相分第四中無變異品。據開元釋教録，竺法眷譯寶頂經五卷，闕本；江泌處女尼子所出寶頂經一卷，然「義非金口，又無師譯，取捨兼懷，附之疑例」（開元釋教録卷一八），亦佚。

〔二〕見佛性論卷四辯相分第四中無變異品。

度一切諸佛境界經云：「佛言：文殊師利，菩提者無相無緣。云何無相？云何無緣？不得眼識是無相，不見色是無緣；不得耳識是無相，不聞聲是無緣。乃至意法亦如是。」

釋曰：無相則無能緣之心，無緣則無所緣之境，能、所俱亡，真心自現。

文殊師利行經偈云：「過、現、未來法，唯語無真實，彼若於實處，一相無差別。」

釋曰：若説三世所有之法，皆是世諦語言。若了一心真實之處，一道自無差别。何言之所議、意之所緣耶？

音義

輔，扶雨反，助也，毗也。翊，與職反，輔翊。迫，博陌反，急也，近也。迮，側革反。漂，普照反，浮也。鶩，莫卜反，鳧屬也。驟，鋤祐反，疾步也。茂，莫候反，卉木盛。褒，博毛反，進也。訕，所攀反，謗也。綬，植酉反，組綬也。蓊，烏孔反。絞，古巧反，縛也。躃，傍益反。躃，倒也。

戊申歲分司大藏都監開板

宗鏡録卷第九十六

慧日永明寺主智覺禪師延壽集

菩薩處胎經云：「譬如泉源陂池，五河駛流，各各有名，悉歸于海，便無本名。亦如須弥，峙立難動，雜色衆鳥往依附山，皆同一色，便無本色。菩薩摩訶薩教化衆生，浄佛國土，亦復如是。衆生心識，所念不同，若干思想，能令一切至解脱門，想定意滅，便無本念，同一解脱。」〔一〕

校注

〔一〕見菩薩處胎經卷五善權品。

十善業道經云：「尒時，世尊告龍王言：一切衆生心想異故，造業亦異，由是故有諸趣輪轉。龍王，汝見此會及大海中形色種類，各别不耶？如是一切，靡不由心造。乃至〔二〕又觀此諸大菩薩妙色嚴浄，一切皆由修集善業福德而生。又，諸天龍八部衆等大威勢者，亦因善業福德所生。今大海中，所有衆生，形色麁鄙，或大或小，皆由自心種種想念，作身、語、意諸不善業。是故隨業，各自受報。」

校注

〔一〕乃至：表示引文中間有删略。

寂照神變三摩地經云：「佛告賢護：寂照神變三摩地者，謂一切法平等性智、一切言説不現行智，乃至〔一〕悟入心智，於心自性能隨覺智，於引、不引及引發中成善巧智。」

校注

〔一〕乃至：表示引文中間有删略。

師子莊嚴王菩薩請問經云：「佛言：如是一法，隨心變現，即能具足六波羅蜜，應當廣説，教化衆生爲大利益，乃至成佛。」

賢劫定意經云：「若有菩薩平等三昧，諸根具足，聖慧成就，是曰一心。」〔一〕又云：「其在禪定，不著内外，亦無中間，是曰一心。」

校注

〔一〕見賢劫經卷二無際品。下一處引文同。按，開元釋教録卷二竺法護譯經中著録賢劫經，子注曰：「題云颰陀劫三昧，晉曰賢劫定意經。」

舍利弗陀羅尼經云：「唯修一心念佛，不以色見如來，不以無色見如來，不以相、不以好、不以戒、定、慧、解脱、解脱知見，不以生、不以家、不以姓、不以眷屬，乃至非自作、非他作，若能如是，名爲念佛。」〔一〕

校注

〔一〕按，見波羅頗蜜多羅譯般若燈論釋卷一三觀如來品引。僧伽婆羅譯舍利弗陀羅尼經：「唯修念佛，不念色，不念相好，不念非相好，不念戒，不念非戒，定、慧、解脱、解脱知見亦如是，不念種姓親友眷屬，住處非住處至非至，不分别陰、界、入，不念智、非智，不念自他清浄、衆生清浄、非衆生清浄，不爲自義、不爲他義，不念三業清浄，不念現在、未來行清浄。舍利弗，此謂念佛。」

寶主天子所問經云：「寶主天子問言：『文殊師利，云何菩薩能清浄心？』答言：『天子，若知諸心皆是一心，如是菩薩名得浄心。』」

大乘流轉諸有經偈云：「諸法唯假名，但依名字立，離於能詮語，所詮不可得。」釋曰：故知法但有名，因名立法。又，名因於語，語因覺觀，覺觀心不起，能、所悉皆空。

弘道廣顯定意經云：「佛言：又復三事，心之所生：諸法無常，從其心生；諸法皆苦，亦由心生；諸法無我，亦從心生。乃至〔一〕能一其心，知衆生心，順行化之，是則心力。」〔二〕

校注

〔一〕乃至：表示引文中間有删略。

〔二〕見佛説弘道廣顯三昧經卷二無欲行品。

阿含經偈云：「我與己爲親，不與他爲親，智者善調我，則得生善趣。」〔一〕釋曰：所以云：天下至親，無過於心〔二〕。可謂入道真要，修行妙門。若善調之，速登大果。所以般若經云：「調心爲善哉，調心招樂果。」

校注

〔一〕見波羅頗蜜多羅譯般若燈論釋卷一一觀法品引。下一處引文同。

〔二〕按，本書卷二九有云：「自真心自然而有，不從外來，於三界中所有至親，莫過於心。」

雜藏經偈云：「心能導世間，心能徧攝受，如是心一法，皆自在隨行。」〔一〕

校注

〔一〕見玄奘譯阿毗達磨俱舍論卷三等引，云「如契經言」。雜藏經者，參見本書卷九四注。

文殊菩薩問法身經云：「如言摩尼寶舍有四角，從一角視，悉見諸角，無所缺減，是故見諸本際。」

釋曰：若了一心本際，何法不通？以諸法從心所生，皆同一際。住此際中，一一圓滿，舉目咸是，何待意思？智不能知，言不能及，故云：「金剛寶藏，無所缺減。」〔一〕

校注

〔一〕見智顗說、灌頂記四念處卷四。

象腋經偈云：「種種幻無實，凡夫人見異，是中無有異，一切同一相。」

老姥經云：「眼見好色即是意，意即是色，是二者俱空無所有，生滅亦如是。」〔一〕

校注

〔一〕見佛説老母經。

無所希望經云：「時舍利弗知諸衆會心之所念，即時告此諸比丘言：『仁等何故發於斯言：吾等之身，從今已往，無佛世尊，因從異學，出爲沙門。』時諸比丘報舍利弗：『吾從今始，敬事六師〔一〕，一切所歸，爲一相〔二〕耳，不倚六入。是以不見若干種師，不想出家沙門也。』」

釋曰：倚六入而爲差，妄分邪正；歸一相而爲本，彼我雙亡。如是解者，可謂真出家矣。

校注

〔一〕六師：指外道。詳見本書卷四六。

〔二〕一相：計一切法唯從一元而生的外道見解。

寂調音所問經云：「寂調音天子言：『文殊師利，何等如與垢淨等？』文殊師利言：

『空、無相、無願如。所以者何？涅槃空故。天子，如瓦器中空、寶器中空，無二無別。如是，天子，垢空、浄空，俱同一空，無二無別。』」

釋曰：器雖不等，空本無形，垢、浄雖殊，性何曾異？如是了者，入無相門，頓悟真空，不墮修證。

月藏經偈云：「諸法無有二，導師捨憎愛，一道如虚空，此是佛境界。」〔一〕又偈云：「不分别諸法，不見有衆生，諸法唯一相，得見佛境界。」〔二〕

校注

〔一〕見大方等大集經卷四九月藏分第十四令魔得信樂品。按，開元釋教録卷一一著録大方等大集經三十卷，其中有云：「月藏經是第十二分。」子注云：「或有經本題云大乘大集經月藏分第十二，經初又云：化諸龍衆，説日藏經已，次説此經。」月藏分，見今六十卷大方等大集經卷之四六至卷五六。

〔二〕見大方等大集經卷五一月藏分第十四諸惡鬼神得敬信品。

佛語經云：「佛言：若有處語，是魔王語，是魔見語，不名佛語。善男子，若無一切諸處語者，是名佛語。」

釋曰：「無一切諸處語者」，即是無所證之法，亦無能證之智。既無有法，豈可説耶？但了唯心，自然無語，無語是真語，故云「無法可説，是名説法」〔一〕。若著處所，若有所説，悉違本宗，不見法性。如云「報化非真佛，亦非説法者」〔二〕。

校注

〔一〕見金剛般若波羅蜜經。

〔二〕出裴休集黄檗山斷際禪師傳心法要。

雜藏經偈云：「如世有良醫，以妙藥救病，諸佛亦如是，爲物説唯心。」〔一〕

校注

〔一〕見玄奘譯大乘廣百論釋論卷一〇引。雜藏經者，參見本書卷九四注。

大乘理趣經偈云：「一切有爲法，如乾闥婆城，衆生妄心取，雖現非實有。諸法非因生，亦非無因生，虚妄分别有，是故説唯心。無明妄想見，而是色相因，藏識爲所依，隨緣現衆像。如是目有瞖，妄見空中華，習氣擾濁心，從是三有現。眼識依賴耶，能現種種色，譬如鏡中像，分别不在外。所見皆自在，非常亦非斷，賴耶識所變，能現於世間。法性皆平等，一切法所依，藏識恒不斷，末那計爲我。集起説爲心，思量性名意，了別義爲識，是故説唯心。心外諸境界，妄見毛輪華，所執實皆無，咸是識心變。色具色功德，皆依賴耶識，凡愚妄分別，謂是真實有。睡眠與惛醉，行住及坐卧，作業及士用，皆依藏識起。有情器世間，非由自在作，亦非神我造，非世性微塵。如木中火性，雖有未能燒，因燧方火生，由此破諸暗。展轉互爲因，賴耶爲依止，諸識從彼生，能起漏無漏。如海遇風緣，起種種波浪，現前作用轉，無有間斷時。藏識海亦然，境界風所動，恒起諸識浪，無間斷亦然。如酪未鑽摇，其酥人不見，施功既不已，醍醐方可得。賴耶妄熏習，隱覆如來藏，修習純熟時，正智方明了。諸識隨緣轉，不見本覺心，自覺智現前，真性常不動。」〔一〕

校注

〔一〕見大乘理趣六波羅蜜多經卷一〇。

寶雨經云：「菩薩云何行心念處？善男子，菩薩作是思惟：心實無常，執著爲常；實是其苦，執著爲樂；本無有我，執著爲我；本來不浄，執著爲浄。其心輕動，無時暫停。以不停故，於諸雜染能爲根本，壞滅善道，開惡趣門，生長三毒。與隨煩惱等，作其因緣，爲主、爲導。又能積集浄、不浄業，迅速流轉，如旋火輪，亦如奔馬，如火焚燒，如水增長，徧知

諸境，如世彩畫。菩薩如是觀察心時，便得自在。得自在已，於諸法中亦無罣礙，是名菩薩善行心念處。」〔一〕

校注

〔一〕見寶雨經卷七。

持地經〔一〕云：「佛言：持世，何謂菩薩摩訶薩修〔二〕心觀心？菩薩摩訶薩觀心生、滅、住、異相。如是觀時，作是念：『是心無所來，去無所至，但識緣相故生，無有本體，無一定法可得，是心無來無去，無住、異可得。是心非過去、未來、現在，是心識緣故，從憶念起，是心不在內、不在外、不在兩中間，是心無一生起相，是心無性無定，無有生者，無使生者。起雜業故，說名爲心；識雜緣故，說名爲心；念念生滅，相續不斷故，說名爲心。但令衆生通達心緣相故，心中無心相。是心從本已來，不生不起，性常清淨，客塵煩惱染故有分別。心不知心，亦不見心。何以故？是心空，性自〔三〕空，故本體〔四〕無所有。是心無有一定法，定法不可得故。是心無法，若合若散，是心前際不可得、後際不可得、中際不可得。是心無形，無能見者，心不自見，不知自性。但凡夫顛倒相應，以虛妄緣，識相故起。是心空，無我、無我所，無常、無堅牢，無不變異相。』如是思惟，得修心念處。是人尒時不分別是心、是非心，但善知心無生相，通達是心無生性。何以故？心無決定性，亦無決定相。智者通達是心無生無相，尔時如實觀心集、没滅相，如是觀時，不得心，若集相、若没滅相，不復分别心滅、不滅，而能得心真清浄相。諸菩薩以是清浄心，客塵所不能惱。何以故？諸菩薩見知心清浄相，亦知衆生心清浄，作是念：『心垢故衆生垢，心浄故衆生浄。』如是思惟時，不得心垢相，不得心浄相，但知是心常清浄相。持世，諸菩薩摩訶薩修心觀心如是。」〔五〕

校注

〔一〕「地」，清藏本作「世」。按，據開元釋教録卷四等，鳩摩羅什譯經中有持地經一卷，闕本。此持地經者，或爲持世經之誤。參本書卷二一注。

〔二〕「修」，清藏本作「循」。按，大正藏本持世經作「順」，據大正藏校勘記，餘諸本持世經作「循」。下二「修」同。

〔三〕「自」，原無，據清藏本及持世經補。按，本書卷三引亦有「自」。

〔四〕「本體」，持世經作「根本」。按，本書卷三引亦作「根本」。

〔五〕見鳩摩羅什譯持世經卷三四念處品。參本書卷二一注。

寶網經偈云：「普徧諸佛土，法王之境界，釋師子人尊，一毛光所照。」

釋曰：如無量無邊諸佛土，不出一毛頭心地，以智了達者，故云「光所照」。

十住經云：「金剛藏菩薩：是菩薩三千大千世界所有衆生一時問難，以無量無邊音聲差别問難，是菩薩於一念中，悉受如是問難，但以一音，皆令開解。」〔一〕釋曰：「但以一音，皆令開解」者，萬法從心，何疑不釋？依心所示，何法不融？可謂得佛法之精華，開人天之眼目。

校注

〔一〕見十住經卷四妙善地。

廣博嚴浄經偈云：「自在世導師，不可説而説，於空中作結，即空而解之。」〔一〕釋曰：心有即結，心空即解。若無於心，無結無解故。

校注

〔一〕見廣博嚴浄不退轉輪經卷三。

首楞嚴經云：「佛告阿難：『此寶華巾，汝知此巾元止一條，我六綰時，名有六結。汝審觀察，巾體是同，因結有異。於意云何，初綰結成名爲第一，如是乃至第六結生，吾今欲將第六結名成第一不？』『不也，世尊，六結若存，斯第六名終非第一，縱我歷生盡其明辯，如何令是六結亂名？』佛言：『六結不同，循〔一〕顧本因，一巾所造，令其雜亂，終不得成。則汝六根亦復如是，畢竟同中，生畢竟異。』佛告阿難：『汝必嫌此六結不成，願樂一成，復云何得？』阿難言：『此結若存，是非鋒起，於中自生，此結非彼，彼結非此。如來今日若揔解除，結若不生，則無彼此，尚不名一，六云何成？』佛言：『六解一亡，亦復如是。由汝無始心性狂亂，知見妄發，發妄不息，勞見發塵，如勞目睛，則有狂華，於湛精明，無因亂起，一切世間山河、大地、生死、涅槃，皆即狂勞顛倒華相。』阿難言：『此勞同結，云何解除？』如來以手將所結巾偏掣其左，問阿難言：『如是解不？』『不也，世尊。』旋復以手偏牽右邊，又問阿難：『如是解不？』『不也，世尊。』佛告阿難：『吾今以手左右各牽，竟不能解，汝設方便，云何解成？』阿難白佛言：『世尊，當於結心解即分散。』佛告阿難：『如是，如是！若欲除結，當於結心。』」〔二〕

釋曰：左、右偏掣，況有、無二見。「當於結心」，即正明中道。所以昧真空而有無情起，執根塵而一六義生，諦了自心，解、縛俱泯，故知垢、淨、解、縛，悉從自心，以心垢故見垢，心淨故見淨，心縛故見縛，心解故見解。若無於心，何垢何淨？如首楞嚴三昧經云：「尔時，會中有一菩薩，名魔界行不汙，現於魔宮，語惡魔言：『汝寧不聞佛說首楞嚴三昧，無量衆生皆發阿耨多羅三藐三菩提心，出汝境界？亦皆當復度脱餘人出汝境界？』魔即報言：『我聞佛説首楞嚴三昧名字，以被五縛，不能得往，所謂兩手、兩足及頸。』又問惡魔：『誰繫汝者？』魔即答言：『我適發心，欲往壞亂聽受首楞嚴三昧者，即被五縛。我適復念：「諸佛菩薩有大威德難可壞亂，我若往者，或當自壞，不如自住於此宫殿。」作是念已，即於五縛而得解脱。』菩薩答言：『如是，一切凡夫憶想分別，顛倒取相，是故有縛；動念戲論，是故有縛；見聞覺知，是故有縛。此中實無縛者、解者。所以者何？諸法無縛，本解脱故；諸法無解，本無縛故。常解脱相，無有愚癡。如來以此法門説法，若有衆生得知此義，欲求解脱，勤心精進，則於諸縛而得解脱。』」〔三〕

校注

〔一〕「循」，原作「脩」，據嘉興藏本及大佛頂如來密因修證了義諸菩薩萬行首楞嚴經改。

〔二〕見大佛頂如來密因修證了義諸菩薩萬行首楞嚴經卷五。

〔三〕見首楞嚴三昧經卷下。

寶篋經云：「文殊師利告大德舍利弗：『如恒沙劫火災熾然，終不燒空。如是，舍利弗，一一衆生恒河沙劫造作逆罪不善之業，然其心性終不可汙。』」〔一〕

校注

〔一〕見大方廣寶篋經卷中。

大虛空藏菩薩所問經偈云：「虛空離生滅，法界無去來，衆色現於空，諸法依心住。空無色非色，心性亦復然，虛空唯假名，心意識如是。」〔一〕

校注

〔一〕見大集大虛空藏菩薩所問經卷四。

菴提遮女經偈云：「我雖内室中，尊如目前現，仁稱阿羅漢，常隨不能見。」〔一〕釋曰：故知念念釋迦出世，步步弥勒下生，以自業所遮，對面不見，十地尚隔羅縠〔二〕，二乘可知！

校注

〔一〕見佛説長者女菴提遮師子吼了義經。

〔二〕羅縠：一種絲織品。玄應一切經音義卷一〇：「羅縠，胡木反，似羅而疏，似紗而密者也。」「十地尚隔羅縠」者，謂菩薩之見佛性，如隔羅縠而見物。菩薩地持經卷一〇畢竟方便處建立品：「究竟地菩薩智如羅縠中視，如來智如去羅縠；菩薩智如遠見色，如來智如近見色。」吉藏撰大乘玄論卷三：「十住菩薩方見佛性，猶如羅縠。九住以還，未見佛性。」

守護國主陁羅尼經云：「尔時，世尊告一切法自在王菩薩摩訶薩言：『此深三昧，以菩提心而爲其因，以大慈悲而爲根本，方便修習無上菩提以爲究竟。善男子，此中何者名爲菩提？善男子，欲知菩提，當了自心。若了自心，即了菩提。何以故？心與菩提真實之相，畢竟推求，俱不可得，同於虚空故，菩提相即虚空相。是故菩提無所證相，無能證相，亦無能、所契合之相。何以故？菩提畢竟無諸相故。善男子，以一切法即虚空相，是故菩提畢竟無相。』

「尔時，一切法自在王菩薩復白佛言：『世尊，若此菩提同虚空，一切智體當何所求？云何證得菩提現前？一切智智當於何生？』佛告一切法自在王菩薩言：『善男子，一切智體，當於心求，一切智智及與菩提從心而生。何以故？心之實性本清浄故。善男子，此心之性，不在内，不在外，不在中間。善男子，一切如來説此心相，非青、非黄、非赤、非白、非紅、非紫，亦非金色，非長、非短，非圓、非方，非明、非暗，非男、非女，非非男女、亦復非是亦男亦女。善男子，此心非欲界性、非色界性、非無色界性，非天龍、非夜叉、非乾闥婆、非阿脩羅、非迦樓羅、非緊那羅、非摩睺羅伽、人非人等一切同類。善男子，此心不住於眼，亦復不住耳、鼻、舌、身、意。於三世中，亦不可見。何以故？此心同於虚空相故。以是義故，遠離一切麁細分别。何以故？此虚空性即心性故。如其心性，即菩提性。如菩提性，即陀羅尼性。善男子，是故此心虚空、菩提、陀羅尼性，無二無二分，無别無斷。如是一切，皆以大慈大悲而爲根本，方便波羅蜜之所攝受。善男子，是故當知，我今於此諸菩薩等大衆之中，説如是法，爲浄廣大菩提心故，爲令一切了自心故。是故一切法自在王，若有善男子、善女人欲知菩提真實性者，當了自心，如其心性，即菩提性。云何而能了知心性？謂此心性於一切相若形若顯，乃至若五陰、若六入〔一〕、若十二處、若十八界。如是等法，觀察推求，竟不可得。善男子，若諸菩薩如是了知，即得成就第一清浄法光明門。住此門已，任運得此不可思議一切智智諸佛境界甚深三昧。』」〔二〕

校注

〔一〕按，「乃至若五陰、若六入」，守護國界主陀羅尼經中作「若復色蘊，受、想、行、識，若復色、塵、聲、香、味、觸，若有執受，若無執受」。

〔二〕見守護國界主陀羅尼經卷一陀羅尼品。

文殊般若經云：「佛告文殊師利：『汝已供養幾所諸佛？』文殊師利言：『我及諸佛如幻化相，不見供養及與受者。』佛告文殊師利：『汝今可不住佛乘耶？』文殊師利言：『如我思惟，不見一法，何當得住於佛乘？』佛言：『文殊師利，汝不得佛乘乎？』文殊師利言：『如佛乘者，但有名字，非可得，亦不可見，我云何得？』佛言：『文殊，汝得無礙智乎？』文殊師利言：『我即無礙，云何以無礙而得無礙？』佛言：『汝坐道場乎？』文殊師利言：『一切如來不坐道場，我今云何獨坐道場？何以故？現見諸法，住實際故。』」〔一〕

釋曰：若了一心實際，則一切無所得。於無所得中，故能成辦無邊佛事。於事事中，皆不違實際故。若如是解者，未必是不坐道場是坐道場、當坐道場時是不坐道場矣。何以故？道場等不出實際故。

校注

〔一〕見文殊師利所説摩訶般若波羅蜜經卷上。

大品經云：若住一切法，不住般若波羅蜜；不住一切法，方住般若波羅蜜〔二〕。

釋曰：若住法，則不見般若；若住般若，則不見法。以法有相，般若無相，有無相反故爾。又，非離有相法別立無相般若，以相即無相，全是般若故。經云：色無邊故，般若無邊〔二〕。又云：若學般若，應學一切法〔三〕。何以故？夫般若者，是無住義。起心即是住著，若不住一切法，即是般若，故云：「若學般若，應學一切法。」設住般若，亦成愚闇，但一切處皆無住，則無非般若。

校注

〔一〕按，此據大方廣佛華嚴經隨疏演義鈔卷二四意述轉引。摩訶般若波羅蜜經卷一序品：「菩薩摩訶薩以不住法，住般若波羅蜜中，以無所捨法，應具足檀那波羅蜜，施者、受者及財物不可得故。」

〔二〕摩訶般若波羅蜜經卷八散花品：「色無邊故，諸菩薩摩訶薩般若波羅蜜無邊。」

〔三〕摩訶般若波羅蜜經卷二一三慧品：「菩薩摩訶薩行般若波羅蜜時，應當學一切法不可説。」卷二一道樹品：「菩薩學般若波羅蜜如，則能學一切法如。學一切法如，則得具足一切法如。」

金剛場陀羅尼經云：「文殊白佛言：『頗有一法，菩薩行已，能入一切陀羅尼諸法門不？』佛言：『有一字法門，菩薩得已，能説千萬字法門。而此一字法門，亦不可盡。説諸法已，還攝入一字法門。』」

轉女身經云：「若於諸法不見差别，是則必能成就衆生。」又云：「若知諸法皆解脱相，是則名爲究竟解脱。」

釋曰：執心爲境，觸目塵勞；知境是心，無非解脱。所以二乘只證人空，但離人我虚妄，名爲解脱，未得法空一切解脱，以不識心故。如入楞伽經偈云：「諸法無法體，而説唯是心，不見於自心，而起於分別。」〔一〕出曜經云：「身被戒鎧，心無慧劒者，則不能壞結使元首。」〔二〕故知若不觀心妙慧成就，則不能斷無明根本。所以首楞嚴經云：「持犯但束身，非身無所束，元非徧一切，云何獲圓通？」〔三〕

校注

〔一〕見入楞伽經卷一〇總品。
〔二〕見出曜經卷九。
〔三〕見大佛頂如來密因修證了義諸菩薩萬行首楞嚴經卷六。

正法華經云：「第一大道，無有兩正。」〔一〕

釋曰：志當歸一，萬法所宗，如國無二王，家無二主。若離此別有所求，則成兩道。如菩薩行方便經云：「夫求法者，名不求於一切諸法。」〔二〕

又云：「若有所求，則不能師子吼也。若無所求，能師子吼。」〔三〕

釋曰：涅槃經云：「師子吼者，決定説〔四〕，一切衆生皆有佛性。」〔五〕若知自心佛性具足，則性外豈有法而可求耶？

校注

〔一〕見正法華經卷六藥王如來品。

〔二〕見菩薩行方便境界神通變化經卷下。

〔三〕見樂瓔珞莊嚴方便品經。

〔四〕「決定説」，大般涅槃經中作「名決定説」。

〔五〕見大般涅槃經卷二七，南本見卷二五。

那先經云：「王問那先：『何等爲一其心者？』那先言：『諸善獨有一心最第一。一其心者，諸善皆隨之。』那先言：『譬若樓陛，當有所倚。諸善道者，皆著一心。』」〔一〕

校注

〔一〕見那先比丘經卷上。

雜藏經云：「闍王施寶衣與文殊師利菩薩，文殊忽於座上隱身不見。如是展轉施諸菩

薩聲聞，亦復如是，乃至自著，亦不見身，因兹悟道。」〔一〕

釋曰：夫祖佛起教之由，莫不皆是破身、心二執。故金剛經云：「佛説非身，是名大身。」寶藏論云：「清虚之理，畢竟無身。」〔二〕心亦如是，若能直悟，自、他身心俱不可得。心外無法，萬境皆空，即同闍王所悟。

校注

〔一〕出處俟考。雜藏經者，參見本書卷九四注。

〔二〕見寶藏論廣照空有品。

無量義經云：「佛告大莊嚴菩薩：『有一法門，能令菩薩疾得菩提。』『世尊，是法門者，字号何等？其義云何？』『善男子，是一法門，名無量義。菩薩欲得修學無量義者，應當觀察一切諸法，自本來今，性相空寂，無大、無小，無生、無滅，非住、非動，不進、不退，猶如虚空，無有二法。而諸衆生虚妄横計是此、是彼，是得、是失。』」〔一〕

釋曰：「是一法門，名無量義」者，即是一心門，能生無量義。以不守自性，隨緣成諸法。正隨緣時，亦不失自性。以衆生不了故，但隨起動之緣，不見寂滅之性，故於諸法横計有無、彼此、得失。

校注

〔一〕見無量義經說法品。

如來示教勝軍王經云：「大王當知：譬如男子，或諸女人，於其夢中，夢心所見可愛園林、可愛山谷、可愛國邑及諸異類。彼夢覺已，所見皆無。如是，大王，國祚身命，虛僞無常，一切皆如夢之所見。」

故知夢中境界、覺時境界，唯心所見，更無有異。世人但信夢境是虛，例執晝境是實，是以大覺垂慈，説況比知。將所信之虛，破所信之實，令所信之實，同所信之虛，頓悟法空，皆入宗鏡。

入法界體性經云：「尔時，長老舍利弗從自在〔一〕處出，往詣文殊師利童子住處。到已，不見文殊師利，即詣佛所。到已，在佛別門外邊而住。尔時，世尊告文殊師利童子言：『文殊師利，是舍利弗比丘今在門外，爲欲聽法，汝令使入。』文殊師利言：『世尊，若彼舍利弗際，若法界際。世尊，此二際豈有在内在外，若中間二耶？』佛言：『不也。』文殊師利言：『世尊，言實際者，亦非實際，如是際非際，無内無外，不來不去。世尊，長老舍利弗際即是實際，舍利弗界即是法界。世尊，然此法界無出無入，不來不去。其長老舍利弗從何處來？當入何所？』佛言：『文殊師利，若我在内共諸聲聞語論，汝在於外而不聽入，汝意豈不生苦惱想耶？』文殊師利言：『不也，世尊。何以故？世尊，凡所説法，不離法界。如來説法即是法界，法界即是如來界，説法界、如法界、言説界，無二無别〔二〕，所有名者、説者，此等皆不離法界。世尊，以是義故，我不苦惱。世尊，若我恒河沙劫等不來至世尊説法所，我時不生愛樂，亦無憂惱。何以故？若有二者，即生憂惱。法界無二，故無惱耶。』」

釋曰：是以内外無際，真俗一原。入宗鏡中，忻戚不盈於懷抱；住無二〔三〕處，憎〔四〕愛靡挂於情田。故知不去不來，見佛匪移於當念；非近非遠，聞法豈越於毫端？得文殊之心，方知法尔；起衆生之見，自隔情塵。

校注

〔一〕「在」，嘉興藏、清藏本作「住」。按，大正藏本入法界體性經作「住」，然據其校勘記，宫本作「在」。

〔二〕「無别」，大正藏本入法界體性經作「别無」。按，若作「别無」，後「所有」當屬前，作：「無二别，無所有」。

〔三〕「二」，諸校本作「一」。按，「無二處」者，即「一心」是。本書卷二：「何謂一心？謂真妄、染浄一切諸法無二之性，故名爲『一』；此無二處，諸法中實，不同虚空，性自神解，故名爲『心』。」

〔四〕「懀」，原作「增」，據諸校本改。

深密解脱經云：「諸佛如來善覺所覺，離於二行，到無相處；行諸佛行，得諸如來一切平等，到無障礙之所去處；能到一切不退法輪，能到不可降伏境界、不可思議體，能到一切三世平等、徧至一切諸世界身，到於諸法無疑之處；能到一切究竟智行，悉能到於法智無疑境界，得諸一切無分別身，能答一切菩薩問智，能到無二行之彼岸，能到諸佛無有差別解脱智處；能到無邊無中三昧境界，廣大如法界，究竟若虛空，盡未來際。」〔一〕

釋曰：夫親到諸法無疑之處，悟心方知；頓照萬境無相之門，見性方了。斯乃如來行處，大覺所知，故云：「廣大如法界，究竟若虛空。」無始無終，盡未來際〔二〕。

校注

〔一〕見深密解脱經卷一序品。

〔二〕大乘理趣六波羅蜜多經卷七精進波羅蜜多品第八：「復願一切衆生咸成正覺功德無盡，廣大如法界，究竟若虛空，窮未來際，無有休息。」

金剛王菩薩秘密念誦儀軌經云：「端身正坐，作是思惟：一切諸法，從自心起，從本已來，皆無所有。」

弥勒成佛經偈云：「久念衆生苦，欲拔無由脱，今日證菩提，豁然無所有。」

釋曰：心識念念攀緣，繫縛塵境，不得自在，即是衆生苦。若了境空無縛，内結不生，證會一心，根塵俱寂，即入性空法界，證無相菩提。所以法華三昧經云：「無著無所依，無累心寂滅，本性如虚空，是名無上道。」〔一〕又，法華經云：「諸佛於此得阿耨多羅三藐三菩提，諸佛於此轉于法輪，諸佛於此而般涅槃。」〔二〕是以諸佛八相成道〔三〕，菩薩四攝〔四〕度生，自利、利他，悉皆於此本性空中成辦。

校注

〔一〕見佛説千佛因緣經。言法華三昧經者，誤。

〔二〕見妙法蓮華經卷六如來神力品。

〔三〕八相成道：佛陀一生的八個階段。以成道爲中心，故稱八相成道。詳見本書卷一六注。

〔四〕四攝：布施攝、愛語攝、利行攝、同事攝。詳見本書卷一三注。

雜藏經云：「譬如兩木相揩，則自生火，還燒其木，火不從風出，不從水出，不從地出。

其四魔者，亦復如是，皆從心生，不從外來。譬如畫師，畫作形像，隨手大小。雖因緣合，有彩、有板、有筆，畫師不畫，不能成像。四魔如是，心已堅固，便無所起。」〔一〕

釋曰：是以一心不動，法不現前，如畫師不畫，且無形像，故不動一心，有大功德。如法句經云：「佛言：善男子，善知識者，有大功德，能令汝等於貪欲、瞋恚、愚癡、邪見、五蓋、五欲衆塵勞中建立佛法，不起一心，有大功德。譬如有人，持堅牢船渡於大海，不動身心而到彼岸。」〔二〕

校注

〔一〕見佛説超日明三昧經卷上。雜藏經者，參見本書卷九四注。

〔二〕見敦煌本法句經煩惱即菩提品。

音義

跱，直里反。姥，莫補反，女師也。燧，徐醉反。綰，烏板反，繫也。掣，昌列反，挽也。陛，傍礼反，階陛也。

戊申歲分司大藏都監開板

宗鏡録卷第九十七

慧日永明寺主智覺禪師延壽集

夫佛教已明，須陳祖意。達佛乘者，皆與了義相應。如法華經云：「是人有所思惟、籌量、言説，皆是佛法，無不真實，亦是先佛經中所説。」〔一〕

校注

〔一〕見妙法蓮華經卷六法師功德品。

第一毗婆尸佛偈云：身從無相中受生，由〔一〕如幻出諸形像。幻人心識本來無〔二〕，罪福皆空無所住。

校注

〔一〕「由」，嘉興藏本作「猶」，祖堂集、景德傳燈録作「喻」。按，「由」，同「猶」，猶如。

〔二〕「無」，祖堂集作「空」。

第二尸棄佛偈云：起諸善法本是幻，造諸惡業亦是幻。身如聚沫心如風，幻出無根無實性。

第三毗舍浮佛偈云：假借四大以爲身，心本無生因境有。前境若無心亦無，罪福如幻起亦滅。

第四拘留孫佛偈云：見身無實是佛見〔一〕，了心如幻是佛了〔二〕。了得身心本性空，斯人與佛何殊別？

校注

〔一〕「佛見」，祖堂集作「見佛」，景德傳燈録作「佛身」。

〔二〕「佛了」，祖堂集作「了佛」，景德傳燈録作「佛幻」。

第五拘那含牟尼佛偈云：佛不見身知是佛，若實有知别無佛。智者能知罪性空，坦然不懼於生死。

第六迦葉佛偈云：一切衆生性清淨，從本無生無可滅。即此身心是幻生，幻化之中無罪福。

第七釋迦牟尼佛偈云：幻化無因亦無生，皆即自然見如是。諸法無非自化生，幻化無生無所畏。

復告摩訶迦葉：「吾有清浄法眼，涅槃妙心，實相無相，微妙正法，付囑於汝，無令斷絶。聽吾偈曰：法本法無法，無法法亦法。今付無法時，法法何曾法？」〔一〕

校注

〔一〕按，以上過去七佛偈，亦見祖堂集卷一、景德傳燈録卷一。

西天第一祖摩訶迦葉傳法偈云：法法本來法，無法無非法。何於一法中，有法有不法？

第二祖阿難傳法偈云：本來付有法，付了言無法。各各須自悟，悟了無無法。

第三祖商那和修傳法偈云：非法亦非心，無心亦無法。説是心法時，是法非心法。

第四祖優波毱多尊者傳法偈云：心自本來心，本心非有法。有法有本心，非心非本法。

第五祖提多迦，亦名香衆，初投優波毱多出家，尊者問曰：「爲心出家耶？身出家耶？」香衆曰：「我來出家，非爲身心而求利益。」尊者曰：「不爲身心，復誰出家？」香衆曰：「夫出家者無我之故，無我之故即心不生滅，心不生滅即是常。既是常故，佛亦常。心無形相，其體亦尔。」尊者曰：「汝當大悟，心自明朗，依佛法中，度恒沙衆。」付法偈云：通達本法心，無法無非法。悟了同未悟，無心得無法。

第六祖弥遮迦付法偈云：無心無可得，説得不名法。若了心非心，始解心心法。

第七祖婆須蜜付法偈云：心同虚空界，示等虚空法。證得虚空時，無是無非法。

第八祖佛陀難提付法偈云：虚空無内外，心法亦如是。若了虚空故，是達真如理。

第九祖伏馱蜜多尊者問佛陀難提尊者偈云：父母非我親，誰爲最親者？諸佛非我道，誰爲最道者？偈答云：汝言與心親，父母非可比。汝行與道合，諸佛心即是。外求有相佛，與汝不相似。欲識汝本心，非合亦非離。因兹悟道，付法偈云：真理本無名，因名顯真理。受得真實法，非真亦非僞。

第十祖脇尊者傳法偈云：真體自然真，因真説有理。領得真實法，無行亦無止。

第十一祖富那夜奢。時脇尊者於一樹下，以手指樹下地，告大衆曰：「此地若變爲金色，當有聖者而入此會。」言當未久，須臾之頃，以爲金色，尊者舉手而見一人當會前立。尊者曰：「汝從何來？」夜奢曰：「我心非往。」尊者曰：「何處所住？」夜奢曰：「我心非止。」尊者曰：「汝不定耶？」夜奢曰：「諸佛亦然。」尊者曰：「汝非諸佛。」夜奢曰：「諸佛亦非。」尔時，夜奢説偈讚曰：師坐金色地，常説真實義。迴光而照我，令入三摩諦。又，傳法偈云：迷悟如隱顯，明暗不相離。今付隱顯法，非一亦非二。

第十二祖馬鳴尊者傳法偈云：隱顯即本法，明暗元不二。今付悟了法，非取亦非棄。

第十三祖毗羅尊者傳法偈云：非隱非顯法，説是真實際。悟此隱顯法，非愚亦非智。

第十四祖龍樹尊者行化到南印土，彼國人多修福業，不會佛理，唯行小辯，不具大智。及問佛性，而云布施：「我求福業，非解佛性。汝會佛性，爲我説之。」師曰：「汝欲學道，先除我慢，生恭敬心，方得佛性。」衆曰：「佛性大小？」師曰：「非汝所知，非説大小。若説大小，即是大小，非佛性也。」彼衆曰：「我欲棄小辯，歸于大海。」龍樹即爲説法，對大衆而現異相，身如月輪，當於座上，唯聞説法，不覩其形。彼衆有一長者，名曰提婆，謂諸衆曰：「識此瑞不？」彼衆曰：「非其大聖，誰能識也！」尔時，提婆心根宿浄，亦見其相，默然契會，乃告衆曰：「師現佛性之義，非師身者，無相三昧，形如滿月，佛性之義也。」語未訖，師即現本身，座上説偈曰：身現滿月相，以表諸佛體。説法無其形，用辯非聲色。又，傳法偈云：爲明隱顯法，方説解脱理。於法心不證，無瞋亦無喜〔一〕。

校注

〔一〕按，以上西天十四祖及其傳法偈，參見祖堂集卷一、景德傳燈録卷一。

第十五祖迦那提婆尊者傳法偈云：本對傳法人，爲説解脱理。於法實無證，無終亦無始。

第十六祖羅睺羅尊者傳法偈云：於法實無證，不取亦不離。法非有無相，内外云何起〔一〕。

校注

〔一〕按，以上十五、十六祖及其傳法偈，參見祖堂集卷一、景德傳燈録卷二。

第十七祖僧迦難提尊者傳法偈云：心地本無生，因種從緣起。緣種不相妨，華果亦復尔。

第十八祖伽耶舍多。初，第十七祖僧伽難提因至其舍，忽見一子，手執銅鏡而至師所。尊者曰：「子幾歲耶？」子曰：「我當百歲。」是時，尊者見答百歲，覆問曰：「汝當無知，看甚幼小，答吾百歲，非其理也。」子曰：「我不會理，正當百歲。」尊者曰：「子善機耶？」子曰：「佛偈云：『若人生百歲，不會諸佛機，未若生一日，而得決了之。』」時尊者敬之，深知是聖，又徵問曰：「汝執此鏡，意況如何？」尔時，童子以偈答曰：諸佛大圓鏡，内外無瑕翳。兩人同得見，心眼俱相似。

父母見子奇異，遂捨出家。尊者即領遊化，至一古寺而爲受戒，名曰伽耶舍多。於彼殿上，有銅鈴被風摇響，尊者問曰：「彼風鳴耶？彼鈴鳴耶？彼銅鳴耶？」子曰：「我心鳴耳，非風、銅、鈴。」尊者曰：「非風、銅、鈴，我心誰耳？」子曰：「二俱寂静，非三昧耶？」尊者曰：「善哉，真比丘！善會諸佛理，善説諸法要，善識真實義。」又告曰：「我今將此法眼藏付囑於汝，汝受吾偈，當行化之。」偈曰：心地本無生，因種從緣起。緣種不相妨，華果亦復尔。

伽耶舍多後付鳩摩羅多傳法偈曰：有種有心地，因緣能發萌。於緣不相礙，當生生不生。

第十九祖鳩摩羅多尊者傳法偈云：性上本無生，爲對求人説。於法既無得，何懷決不決？

第二十祖闍夜多尊者傳法偈云：言下合無生，同於法界性。若能如是解，通達事理竟。

第二十一婆修槃頭尊者傳法偈云：泡幻同無礙，如何不了悟。達法在其中，非今亦非古。

第二十二祖摩拏羅付鶴勒尊者傳法偈後，即從座起，踊身虚空，作十八變訖，卻歸本座，以手指地，化爲一泉，而説偈言：心地清浄泉，能〔一〕潤於一切。從地而涌出，徧滿〔二〕十方際〔三〕。又，傳法偈云：心逐〔四〕萬境轉，轉處實能幽。隨流認得性，無喜亦〔五〕無憂。

校注

〔一〕「能」，原作「龍」，據傳法正宗記、寶林傳改。
〔二〕「滿」，傳法正宗記作「濟」。
〔三〕「際」，原作「濟」，據嘉興藏、清藏本改。傳法正宗記作「世」。按，此偈祖堂集、景德傳燈録等無。傳法正宗記卷四、寶林傳卷五收。
〔四〕「逐」，祖堂集、景德傳燈録、傳法正宗記作「隨」。
〔五〕「亦」，祖堂集、景德傳燈録、傳法正宗記作「復」。按，本書卷六引作「復」。

第二十三祖鶴勒尊者付法已竟，即從座起，踊身虚空，作十八變已，卻歸本座，寂然滅度。尔時，大衆欲分舍利，各自起塔，臨闍維訖，欲分舍利。尔時，尊者現身説偈：一法一切法，一切一法攝。吾身非有無，何分一切塔？又，傳法偈云：認得心性時，可説不思議。了了無所〔一〕得，得時不説知。

校注

〔一〕「所」，祖堂集、景德傳燈録、傳法正宗記作「可」。

第二十四祖師子尊者傳法偈云：正説知見時，知見俱是心。當心即知見，知見即于今。

第二十五祖婆舍多尊者傳法偈云：聖人説知見，當境無非是。我今悟真性，無道亦無理。

第二十六祖不如密多尊者傳法偈云：真性心地藏，無頭亦無尾。應緣而化物，方便呼爲智。

第二十七祖般若多羅尊者傳法偈云：心地生諸種，因事復因〔一〕理。果滿菩提圓，華開世界起〔二〕。

校　注

〔一〕「因」，景德傳燈録、傳法正宗記作「生」。

〔二〕按，以上十七祖至此祖及其傳法偈，參見祖堂集卷二、景德傳燈録卷二等。

西天波羅提尊者〔一〕化異見王〔二〕，現神通力，乘雲至王殿前。尔時，大王問乘雲者曰：「汝爲是邪？汝爲是正？」波羅提尊者答曰：「我非邪正，而來正邪。大王若正，我無邪正。」王又問曰：「何者是佛？」波羅提曰：「見性是佛。」王曰：「師見性不？」波羅提曰：「我見佛性。」王曰：「性在何處？」波羅提曰：「性在作用。」王曰：「是何作用，今不覩見？」波羅提曰：「今現作用，王自不識。」王曰：「師既所見云有作用，當於我處而有之不？」波羅提曰：「王若作用，現前摠是。王若不用，體亦難見。」王曰：「若當用之，幾處出現？」師曰：「若出用時，當有其八，卓立雲端，以偈告曰：在胎曰身，處世名人，在眼曰見，在耳曰聞，在鼻辯氣，在口談論，在手執捉，在脚雲〔三〕奔。偏現俱該法界，收攝不出微塵，識者知是佛性，不識者〔四〕唤作精魂。」

此土初祖菩提達磨多羅〔五〕，南天竺國王第三之子，常好理論，心念衆生，而不識佛。又自歎曰：「世有形法，而易了之。唯佛心法，難有會者！」尔時，般若多羅尊者至于其國，王賜一寶珠。其珠光明，璨然殊妙。尊者見已，用珠試曰：「此寶珠者，有大光明，能照于物。更有好珠，能勝此不？」菩提多羅〔六〕曰：「此是世寶，未得爲上。於諸光中，智光爲上。此是世明，未得爲上。於諸明中，心明第一。其此珠者，所有光明，不能自照，要假智光，智辯於此。既辯此已，即知是珠。既知是珠，即明其寶。若明其寶，寶不自寶。若辯其珠，珠不自珠。珠不自珠者，要假智珠而辯世珠；寶不自寶者，要假法寶以明俗寶。然則師有其道，其寶既現；衆生有道，心寶亦然。」尊者異之。因出家悟道，遂行化此土，實誌識是傳佛心印觀音聖人〔七〕。

師述安心法門云：迷時人逐法，解時法逐人。解則識攝色，迷則色攝識。但有心分別計校自心現量者，悉皆是夢。若識心寂滅無一動念處，是名正覺。

問：云何自心現？

答：見一切法有，有自不有，自心計作有；見一切法無，無自不無，自心計作無。乃至一切法亦如是，並是自心計作有，自心計作無。又，若人造一切罪，自見己之法王，即得解脱。若從事上得解者，氣力壯；從事中見法者，即處處不失念。從文字解者，氣力弱；即事即法者深。從汝種種運爲，跳踉顛蹶，悉不出法界，亦不入法界。若以界入界〔八〕，即是癡人。凡有所施爲，終不出法界心。何以故？心體是法界故。

問：世間人種種學問，云何不得道？

答：由見己故不得道。己者，我也。至人逢苦不憂，遇樂不喜，由不見己故，所以不知苦樂者。由亡己故，得至虚無。己自尚亡，更有何物而不亡也？

問：諸法既空，阿誰修道？

答：有阿誰，須修道。若無阿誰，即不須修道。阿誰者，亦我也。若無我者，逢物不生是非。是者我自是，而物非是也；非者我自非，而物非非也。即心無心，是爲通達佛道。即物不起見，名爲達道。逢物直達，知其本原，此人慧眼開。智者任物不任己，即無取捨違順；愚者任己不任物，即有取捨違順。不見一物，名爲見道；不行一物，名爲行道。即一切處無處，即是法處，即作處無作處，無作法即見佛〔九〕。若見相時，則一切處見鬼。取相故，墮地獄。觀法故，得解脱。若見憶想分别，即受鑊湯、爐炭等事，現見生死相。若見法界性，即涅槃性。無憶想分别，即是法界性。心非色故非有，用而不廢故非無。又，用而常空故非有，空而常用故非無。

傳法偈云：吾本來兹土，傳法〔一〇〕救迷情。一華開五葉，結果自然成。

校注

〔一〕波羅提：原爲菩提達磨同學佛大勝多門下六宗中無相宗二首領之一，後爲菩提達磨弟子。按，此後波羅提尊者事，景德傳燈録、傳法正宗記皆見菩提達磨傳。

〔二〕按，此「異見王」，據景德傳燈録、傳法正宗記，爲菩提達磨的侄兒。

〔三〕「雲」，嘉興藏、清藏本作「運」。按，景德傳燈録、傳法正宗記作「運」。

〔四〕「者」，景德傳燈録、傳法正宗記等無。

〔五〕菩提達磨多羅：即菩提達磨。言「菩提達磨多羅」者，或爲「菩提達磨」和「達磨多羅」的誤合。

〔六〕菩提多羅：菩提達磨的原名。景德傳燈録卷三第二十八祖菩提達磨：「第二十八祖菩提達磨者，南天竺國香至王第三子也，姓刹帝利，本名菩提多羅。後遇二十七祖般若多羅至本國，受王供養，知師密迹，因試令與二兄辨所施寶珠，發明心要，既而尊者謂曰：『汝於諸法，已得通量。夫「達磨」者，通大之義也，宜名「達磨」。」因改號『菩提達磨』。」

〔七〕祖堂集卷二菩提達摩和尚：「志公特至帝所問曰：『我聞西天僧至，今在何所？』梁武帝曰：『昨日送過江向魏。』志公云：『陛下見之不見，逢之不逢。』梁武帝問曰：『此是何人？』志公對曰：『此是傳佛心印觀音大士。』武帝乃恨之曰：『見之不見，逢之不逢。』」

〔八〕「界入界」，正法眼藏卷二收達磨大師安心法門作「法界入法界」。

〔九〕「即一切處無處，即是法處，即作處無作處，無作法即見佛」，本書卷一二引作「若一切作處，即無作處，無作法即見佛」，正法眼藏作「即一切處無處，即作處無作處，無作法即見佛」。「即是法處」，當是對「一切處無處」的解釋。

〔一〇〕「法」，祖堂集卷二作「教」。

第二祖可大師〔一〕云：「凡夫謂古異今，謂今異古。復離四大，更有法身。解時，即今五陰心，是圓淨涅槃。此心具足萬行，正稱大宗。」傳法偈云：本來緣有地，因地種華生。本來無有種，華亦不能生。

校注

〔一〕可大師：慧可，又稱僧可，俗姓姬，虎牢人，傳見續高僧傳卷一六齊鄴中釋僧可傳。

第三祖璨大師〔一〕傳法偈云：華種雖因地，從地種華生。若無人下種，華種盡無生。

校注

〔一〕璨大師：僧璨，籍貫不詳，不得姓字，參見祖堂集卷二僧璨、景德傳燈録卷三。

第四祖道信大師〔一〕云：「夫欲識心定者，正坐時知坐是心，知有妄起是心，知無妄起是心，知無内外是心，理盡歸心。心既清淨，淨即本性。内外唯一心，是智慧相。明了無動心，名自性定。」又示融大師〔二〕云：「百千妙門，同歸方寸。恒沙功德，揔在心原。一切定門，一切慧門，一切行門，悉皆具足。神通妙用，並在汝心。」傳法偈云：華種有生性，因地華生生。大緣與性合，當生生不生。

校注

〔一〕道信：俗姓司馬，蘄州廣濟人，傳見續高僧傳卷二一唐蘄州雙峰山釋道信傳，參見祖堂集卷二道信、景德傳燈録卷三等。

〔二〕融大師：釋法融，傳見續高僧傳卷二一唐潤州牛頭沙門釋法融傳，又見祖堂集卷三牛頭和尚。

第五祖弘忍大師〔一〕云：「欲知法要，心是十二部經之根本，唯有一乘法。一乘者，一心是。但守一心，即心真如門。一切法行，不出自心，唯心自知。心無形色，諸祖只是以心傳心，達者印可，更無別法。」又云：「一切由心，邪正在己，不思一物，即是本心。唯智能知，更無別行。」傳法偈云：有情來下種，因地果還生。無情既無種，無性亦無生〔二〕。

校注

〔一〕弘忍：俗姓周，潯陽人，或謂蘄州黄梅人，傳見宋高僧傳卷八唐蘄州東山弘忍傳。此處引文，或出其修心要論。參本書卷二注。

〔二〕按，以上諸祖及其傳法偈，參見祖堂集卷二、景德傳燈録卷三。

第六祖慧能大師〔一〕云：「汝等諸人，自心是佛，更莫狐疑。心外更無一法而能建立，皆是自心生萬種法。經云：『心生種種法生。』〔二〕其法無二，其心亦然，其道清浄，無有諸相。汝莫觀浄及空，其心此心無二，無可取捨。行、住、坐、卧，皆一直心，即是浄土。依吾語者，決定菩提。」傳法偈云：心地含諸種，普雨悉皆生〔三〕。頓悟華情已，菩提果自成〔四〕。

校注

〔一〕慧能：俗姓盧，南海新興人，傳見宋高僧傳卷八唐韶州今南華寺慧能傳。

〔二〕見大佛頂如來密因修證了義諸菩薩萬行首楞嚴經卷一。

〔三〕「生」，壇經作「萌」。

〔四〕按，慧能大師及其傳法偈，參見壇經、祖堂集卷二等。

讓大師〔一〕云：「一切萬法，皆從心生。若達心地，所作無礙。汝今此心，即是佛故。達磨西來，唯傳一心之法。三界唯心，森羅及萬像，一法之所印，凡所見色，皆是自心。心不自心，因色故心。汝可隨時即事即理，都無所礙。菩提道果，亦復如是，從心所生，即名爲色。知色空故，生即不生。」馬大師〔二〕問曰：「如何用意，合禪定無相三昧？」師曰：「汝若學心地法門，猶如下種。我説法要，譬如天澤。汝緣合故，當見于道。」馬大師又問曰：「和尚云見道，道非色故，云何能覩？」師曰：「心地法眼，能見于道。無相三昧，亦復然矣。」馬大師曰：「有成壞不？」師曰：「若契此道，無始無終，不成不壞，不聚不散，不長不短，不静不亂，不急不緩。若如是解，當名爲道。汝受吾教，聽吾偈言：心地含諸種，遇澤悉皆萌。三昧華無相，何壞復何成？」〔三〕

校注

〔一〕讓大師：釋懷讓，俗姓杜，金州安康人，慧能法嗣。傳見祖堂集卷三懷讓和尚、宋高僧傳卷九唐南嶽觀音臺懷讓傳、景德傳燈録卷五南嶽懷讓禪師。

〔二〕馬大師：釋道一，俗姓馬，漢州什邡人，因「江西法嗣布於天下，時號馬祖」（景德傳燈録卷六），懷讓法嗣。傳見祖堂集卷一四江西馬祖、宋高僧傳卷一〇唐洪州開元寺道一傳、景德傳燈録卷六江西道一禪師。

〔三〕按，上述懷讓與馬祖對話，亦見祖堂集卷三懷讓和尚、景德傳燈録卷五南嶽懷讓禪師。但開頭部分「讓大師云」者，與祖堂集、景德傳燈録有較大出入。

吉州思和尚〔一〕云：即今語言，即是汝心。此心是佛，是實相法身佛。經云：「有三阿僧祇百千名号。」〔二〕隨世界應處立名，如隨色摩尼珠，觸青即青，觸黄即黄。寶本色，如指不自觸，刀不自割〔三〕，鏡不自照，隨像〔四〕所現之處，各各不同，得名優劣不同，此心與虚空齊壽〔五〕。若入三昧門，無不是三昧。若入無相門，摠是無相。隨立之處，盡得宗門。語言、啼笑、屈伸、俯仰，各從性海所發，故得宗名。相好之佛，是因果佛，即實相佛家用。經云：三十二相、八十種好，皆從心想生〔六〕。亦云法性家焰，又云法性功勳〔七〕。隨其心浄，即佛土浄〔八〕。諸念若生，隨念得果，應物而現，謂之如來。隨應而去，故無所求。一切時中，更無一法可得〔九〕，自是得法，不以得更得。是以法不知法，法不聞法，平等即佛，佛即平等，不以平等更行平等，故云獨一無伴。迷時迷於悟，悟時悟於迷，迷還自迷，悟還自悟，無有一法不從心生，無有一法不從心滅，是以迷悟摠在一心，故云一塵含法界。非心非佛者，真爲本性，過諸數量，非聖無辯，辯所不能言〔一〇〕。無佛可作，無道可修。經云：若知如來常不説法，是名具足多聞〔一一〕。即見自心具足多聞故。草木有佛性者，皆是一心，飯食作佛事，衣服作佛事故〔一二〕。

校注

〔一〕思和尚：釋行思，俗姓劉，吉州安城人，慧能法嗣。傳見景德傳燈録卷五吉州青原山行思禪師、宋高僧傳卷九唐京兆慈恩寺義福傳附。

〔二〕見楞伽阿跋多羅寶經卷四。

〔三〕大乘入楞伽經卷七：「身資土影像，如夢從心生，心雖成二分，而心無二相。如刀不自割，如指不自觸，而心不自見，其事亦如是。」

〔四〕「像」，本書卷一四引作「緣」。

〔五〕按，「即今語言」至此，本書卷一四引云「馬祖大師云」，或爲馬祖道一引行思語，參本書卷一四注。

〔六〕佛説觀無量壽佛經：「心想佛時，是心即是三十二相、八十隨形好。是心作佛，是心是佛。諸佛正遍知海，從心想生，是故應當一心繫念，諦觀彼佛、多陀阿伽度、阿羅呵、三藐三佛陀。」

〔七〕按，「是因果佛」至此，本書卷一引亦爲「馬祖大師云」。「因果佛」，本書卷一作「色身佛」。參見本書卷一。

〔八〕維摩詰所説經卷上佛國品：「若菩薩欲得浄土，當浄其心。隨其心浄，則佛土浄。」

〔九〕「得」，諸校本作「行」。

〔一〇〕肇論涅槃無名論開宗第一：「理爲神御，故口以之而默，豈曰無辯？辯所不能言也。」

〔一一〕大般涅槃經卷二六：「若知如來常不説法，亦名菩薩具足多聞。何以故？法無性故。如來雖説一切諸法，常無所説。」

〔一二〕維摩詰所説經卷下菩薩行品：「或有佛土以佛光明而作佛事，有以諸菩薩而作佛事，有以佛所化人而作佛事，有以菩提樹而作佛事，有以佛衣服、卧具而作佛事，有以飯食而作佛事，有以園林臺觀而作佛事，有以三十二相、八十隨形好而作佛事，有以佛身而作佛事，有以虚空而作佛事，衆生應以此緣得入律行。有以夢、幻、影、響、鏡中像、水中月、熱時炎，如是等喻而作佛事，有以音聲、語言、文字而作佛事，或有清浄佛土、寂寞無言、無説、無示、無識、無作、無爲而作佛事。如是，阿難，諸佛威儀進止，諸所施爲，無非佛事。」

嵩山安和尚〔一〕。昔讓和尚與坦然禪師〔二〕在荆州玉泉聽律，二人共相謂言：「我聞禪宗最上佛乘，何必局此小宗而失大理！」遂乃雲遊，博問先知。至嵩山安和尚處，問：「如何是祖師西來意旨？」師云：「何不問自家意旨？問他別人意旨作什麽？」問：「如何是坦然意旨？」師云：「汝須密作用。」問：「如何是密作用？伏請指示。」師舉目〔三〕視之，二人當時大悟〔四〕。

校　注

〔一〕安和尚：釋慧安，俗姓衛，又稱老安、道安、大安等，荆州支江人，五祖弘忍法嗣。傳見祖堂集卷三老安國師、宋高僧傳卷一八唐嵩嶽少林寺慧安傳、景德傳燈録卷四嵩嶽慧安國師。

〔二〕坦然：常山人（傳法正宗記、景德傳燈録皆云「常山坦然」），慧安法嗣。

〔三〕「目」，原無，據磧砂藏、嘉興藏本補。

〔四〕按，祖堂集卷三老安國師：「老安國師嗣五祖忍大師，在嵩山。坦然禪師問：『如何是祖師西來意旨？』師曰：『何不問自家意旨？問他意旨作什摩？』進曰：『如何是坦然意旨？』師曰：『汝須密作用。』進曰：『如何是密作用？』師閉目又開目，坦然禪師便悟。」景德傳燈録卷四嵩嶽慧安國師：「有坦然、懷讓二人來參，問曰：『如何是祖師西來意？』師曰：『何不問自己意？』曰：『如何是自己意？』師曰：『當觀密作用。』曰：『如何是密作用？』師以目開合示之。然言下知歸，更不他適。讓機緣不逗，辭往曹谿。」與此處所説，雖爲一事，但不盡相同。

崛多三藏師〔一〕因行至太原定襄縣歷村，見秀大師弟子結草爲庵，獨坐觀心。師問：「作什麽？」對云：「看静。」師曰：「看者何人？静者何物？」其僧無對，問：「此理如何？乞師指示。」師曰：「何不自看？何不自静？」師見根性遲迴，乃曰：「汝師是誰？」對云：「秀和尚。」師曰：「汝師只教此法，爲當别有意旨？」云：「只教某看静。」師曰：「西天下劣外道所習之法，此土以爲禪宗也，大悞人！」其僧問：「三藏師是誰？」師曰：「六祖。」又云：「正法難聞，汝何不往彼中？」其僧聞師示訓，便往曹谿，禮見六祖，具陳上事。祖曰：「誠如崛多所言，汝何不自看？何不自静？教誰静汝？」言下大悟〔二〕。

校注

〔一〕崛多三藏：天竺人，慧能法嗣。傳見祖堂集卷三崛多三藏，景德傳燈録卷五西印度堀多三藏。宋高僧傳卷一〇唐鄴都圓寂傳附。

〔二〕按，此事參見祖堂集卷三崛多三藏、景德傳燈録卷五西印度堀多三藏等。

智策和尚〔一〕遊行北地，遇見五祖下智隍禪師〔二〕二十年修定。師問：「在此間作什麽？」隍云：「入定。」師云：「入定者，爲有心入也？爲無心入也？若有心入者，即一切有情悉皆有心，亦合得定；若言無心入者，一切無情，亦合得定。」隍曰：「吾正入定之時，不見有有無之心。」師曰：「若不見有有無之心，即是常定，不應更有出入。」隍無對，卻問：「汝師是誰？」云：「六祖。」問：「汝師以何法爲禪定？」師曰：「妙湛圓寂，體用如如。五陰本空，六塵非有。不出不入，不定不亂。禪性無住，離住禪寂。禪性無生，離生禪想。心如虚空，亦無虚空之量。」隍聞此説，未息疑心，遂振錫南行，直往曹谿禮見六祖。祖乃亦如上説，隍於言下大悟〔三〕。

校　注

〔一〕智策和尚：婺州人，慧能法嗣，參見祖堂集卷三智策和尚。「智策」，景德傳燈録卷五婺州玄策禪師作「玄策」，但所記事與此同，當爲同一人。壇經中亦作「玄策」。

〔二〕智隍：始參五祖，後參六祖開悟。參見景德傳燈録卷五河北智隍禪師。「智隍」，祖堂集作「智皇」。

〔三〕按，此事參見壇經、祖堂集卷三智策和尚、景德傳燈録卷五婺州玄策禪師。

南嶽思大和尚〔一〕云：若言學者，先須通心。心若得通，一切法一時盡通。聞説淨，不生淨念，即是本自淨；聞説空，不取空，譬如鳥飛於空，若住於空，必有墮落之患。無住是本，自性體寂而生其心是照用。即寂是自性定，即照是自性慧。即定是慧體，即慧是定用，離定無別慧，離慧無別定。即定之時即是慧，即慧之時即是定；即定之時無有定，即慧之時無有慧〔二〕。何以故？性自如故。如燈、光雖有二名，其體不別，即燈是光，即光是燈，離燈無別光，離光無別燈，即燈是光體，即光是燈用。即定、慧雙修，不相去離。

校　注

〔一〕思大和尚：釋慧思，俗姓李，武津人，傳見續高僧傳卷一七陳南岳衡山釋慧思傳。

〔二〕宗寶本壇經定慧第四：「定慧一體，不是二。定是慧體，慧是定用。即慧之時定在慧，即定之時慧在定。若識此義，即是定慧等學。」

牛頭融大師絶觀論〔一〕：問云：「何者是心？」答：「六根所觀，並悉是心。」問：「心若爲？」答：「心寂滅。」問：「何者爲體？」答：「心爲體。」問：「何者爲宗？」答：「心爲宗。」問：「何者爲本？」答：「心爲本。」問：「若爲是定、慧雙遊？」云：「心性寂滅爲定，常解寂滅爲慧。」問：「何者是智？」云：「境起解是智。」「何者是境？」云：「自身心性爲境。」問：「何者是舒？」云：「照用爲舒。」「何者爲卷？」云：「心寂滅無去來爲卷。舒則弥遊法界，卷則足〔二〕跡難尋。」問：「何者是法界？」云：「邊表不可得，名爲法界。」

校　注

〔一〕牛頭融大師：釋法融，俗姓韋，潤州延陵人，傳見續高僧傳卷二一唐潤州牛頭沙門釋法融傳，又見祖堂集卷三牛頭和尚。日僧永超東域傳燈目録雜述録四，著録有絶觀論一卷。敦煌遺書伯二〇七四、二七三二、二八八五等，鈔有絶觀論。或署作「達摩和尚絶觀論」，印順法師説：「禪者的作品，傳出而没有標明作者名字，在達摩禪的盛行中，有些就被加上『達摩和尚』『達摩大師』字樣。（中略）所以絶觀論是法融所作，是無可懷疑的。宗鏡録卷九七引絶觀論，而爲敦煌絶觀論所没有，那只是絶觀論在流傳中的變化，有不同的本子罷了。」見印順中國禪宗史，第一〇八頁，中華書局，二〇一〇年。

〔二〕「足」，磧砂藏、嘉興藏本作「定」。

法照禪師云：經云：三阿僧祇百千名号，皆是如來異名〔一〕。即真心之別稱也。又經云：萬法不出一心〔二〕。此義是也。夫縛從心縛，解從心解。縛解從心，不關餘事。出要之術，唯有觀心。乃至若舉一心門，一切唯一心；若一法非心，則是心外有。誰能在心外，別制一條者〔三〕？

校注

〔一〕楞伽阿跋多羅寶經卷四：「我於此娑呵世界，有三阿僧祇百千名號，愚夫悉聞，各説我名，而不解我如來異名。」

〔二〕實叉難陀譯大方廣佛華嚴經卷一九：「心如工畫師，能畫諸世間，五蘊悉從生，無法而不造。」澄觀述大方廣佛華嚴經隨疏演義鈔卷四二：「心是總相者，法界染淨萬類萬法，不出一心。是心即攝一切世間、出世間法，故名總相。」

〔三〕法照禪師：後世又稱「五會法師」，佛祖統紀卷二六謂其爲蓮社「四祖長安五會法師」「善導後身，師承遠師」。傳見宋高僧傳卷二一唐五臺山竹林寺法照傳。此説中「縛從心縛，解從心解。縛解從心，不關餘事。出要之術，唯有觀心」等，本書卷五引云「通心論云」，則法照或撰有通心論。

梵禪師云：若知一切法皆是法，即得解脱。眼是法，色是法。經云：不見法，還與法作繫縛。亦不見法，還與法作解脱〔一〕。

校注

〔一〕按，此説不見他處。梵禪師者，或即晉州大梵和尚，爲洪州雲居山道膺禪師法嗣，見景德傳燈録卷二〇。此説本佛説浄業障經：「爾時，文殊師利法王子白佛言：『世尊，云何菩薩觀諸煩惱即是佛法？』佛告文殊師利：『於意云何？汝頗見法能還與法作繫縛不？』答言：『不也，世尊。』『文殊師利，於意云何？頗見有法能爲諸法作解脱不？』『不也，世尊。』」

藏禪師云：於一切法無所得者，即心是道。眼不得一切色，耳不得一切聲〔一〕。

校注

〔一〕按，此説不見他處。藏禪師，或即京兆白雲善藏禪師，爲大光山居誨禪師法嗣，見景德傳燈録卷一七。

緣禪師云：譬如家中有大石，尋常坐卧。或作佛像，心作佛解，畏罪不敢坐。皆是意識筆頭畫作，自忙自怕，石中實無罪福〔一〕。

校注

〔一〕按，此説不見他處。緣禪師，或即潭州谷山有緣禪師，爲大光山居誨禪師法嗣，見景德傳燈録卷一七。又，景德傳燈録卷二三有衢州鎮境遇緣禪師，未知孰是。

安禪師云：直心是道。何以故？直念直用，更不觀空，亦不求方便。經云：直視不見，直念不思，直受不行，直説不煩〔一〕。

校注

〔一〕佛説法華三昧經：「佛言：一者、直見不邪，二者、直聞不聽，三者、直治不曲，四者、直説不煩，五者、直行不迷，六者、直念不思，七者、直意不動，八者、直受不尋，是爲八事行無法。」按，此説不見他處。安禪師，不詳，景德傳燈録中，有撫州浄安禪師（慧能法嗣）、洞安和尚（馬祖法嗣）、杭州鹽官齊安禪師（馬祖法嗣）、福州大安禪師（百丈懷海法嗣）、丹霞山義安禪師（鄧州丹霞山天然禪師法嗣）、澧州樂普山元安禪師（夾山善會禪師法嗣）、洪州同安和尚（夾山善會禪師法嗣）、洪州百丈安禪師（號明照禪師，撫州疏山匡仁禪師法嗣）、衡嶽南臺守安禪師（漳州羅漢院桂琛禪師法嗣）等，不知是否即其一。

覺禪師云：若悟心無所屬，即得道跡。眼見一切色，眼不屬一切色，是自性解脱。經云：一切法不相屬故，心與一切法各不相知〔一〕。

校　注

〔一〕按，此説不見他處。覺禪師，不詳。據景德傳燈録，馬祖法嗣中有潭州華林善覺禪師、天目山明覺禪師、蘇州崑山定覺禪師，從諗禪師法嗣中有揚州光孝院慧覺禪師、義玄禪師法嗣中有魏府大覺禪師等，不知是否即其一。

圓寂尼云：一切法唯心無對，即自性解脱。經云：一切法不與眼作對。何以故？法不見法，法不知法〔一〕。

校　注

〔一〕摩訶般若波羅蜜經卷二〇累教品：「一切法不與眼作對，法法不相見，法法不相知。」又，此説不見他處。圓寂尼，不詳。

堯禪師云：了心識性，自體恒真，所緣念處，無非佛法〔一〕。

校　注

〔一〕按，此説不見他處。堯禪師，不詳。

朗禪師云：凡有所見，皆自心現。道似何物，而欲修之？煩惱似何物，而欲斷之〔一〕？

校注

〔一〕按，此説不見他處。朗禪師，不詳。神秀法嗣中有荆州辭朗禪師，神會法嗣中有涪州朗禪師，靈祐法嗣中有金州法朗禪師、荆南智朗禪師，從諗法嗣中有婺州木陳從朗禪師等等，不知是否即其一。

稠禪師云：一切外緣，名無定相。是非生滅，一由自心。若自心不心，誰嫌是非？能、所俱無，即諸相恒寂〔一〕。

校注

〔一〕稠禪師：釋僧稠，俗姓孫，傳見續高僧傳卷一六齊鄴西龍山雲門寺釋僧稠傳。

慧慈禪師云：夫法性者，大道也。法是法身，性是覺性，即衆生自然性也。是以金剛般若如大火聚，三昧焰焰，諸累莫入，故稱天上天下，唯我獨尊〔一〕。

校注

〔一〕慧慈禪師：或即連州地藏慧慈，韶州雲門山文偃禪師法嗣。

慧滿禪師云：「諸佛説心，令知心相是虚妄法。今乃重加心相，深違佛意。又增論議，殊乖大理！」常齎四卷楞伽經以爲心要，隨説隨行〔一〕。

校注

〔一〕慧滿：滎陽人，俗姓張，傳見續高僧傳卷一六齊鄴中釋僧可傳附：「有慧滿者，滎陽人，姓張，舊住相州隆化寺。（中略）滿每説法云：『諸佛説心，令知心相是虚妄法。今乃重加心相，深違佛意，又增論議，殊乖大理！』故使那、滿等師常賫四卷楞伽以爲心要，隨説隨行，不爽遺委。後於洛陽無疾坐化，年可七十。」亦見景德傳燈録卷三相州慧滿禪師。

音義

坦，他但反，平也，安也。　馱，唐佐反，又音陀字。　脇，虚業反，胸脇也。　拏，女加反，牽也。　璨，倉案反。　跳，徒聊反，躍也。　踉，吕張反，跳踉。　癲，都年反，病也。　蹶，居月反，走也。　嵩，息弓反，山高也。　策，楚革反，謀也。　隍，胡光反。　齎，祖雞反，持也，遺也。

戊申歲分司大藏都監開板

宗鏡録卷第九十八

慧日永明寺主智覺禪師延壽集

南岳思大和尚〔一〕偈云：頓悟心原開寶藏，隱顯靈蹤〔二〕現真相。獨行獨坐常巍巍，百億化身無數量。縱令畐〔三〕塞滿虚空，看時不見微塵相。可笑物空〔四〕無比況，口吐明珠光晃晃。尋常見説不思議，一語標宗〔五〕言下當。

校注

〔一〕「南岳思大和尚」，原作「志公和尚」，據嘉興藏、清藏本改。按，此偈佛祖統紀卷六、景德傳燈録卷二七引皆云慧思偈。慧思，俗姓李，武津人，傳見續高僧傳卷一七陳南岳衡山釋慧思傳。

〔二〕「蹤」，佛祖統紀卷六、景德傳燈録卷二七作「通」。

〔三〕「畐」，佛祖統紀卷六、景德傳燈録卷二七作「逼」。

〔四〕「空」，佛祖統紀卷六、景德傳燈録卷二七作「兮」。

〔五〕「宗」，佛祖統紀卷六、景德傳燈録卷二七作「名」。

龐居士頌云：萬法從心起，心生萬法生，生生不了有〔一〕，來去枉虚行。寄語修道人，空生有不生，如能達此理，不動出深坑〔二〕。

校　注

〔一〕「生生不了有」，龐居士語録作「法生有日了」。

〔二〕見于頔編集龐居士語録卷下。釋氏稽古略卷三：「襄州居士龐蘊者，衡州衡陽縣人也，字道玄。」

寒山子詩云：男兒大丈夫，作事莫莽鹵。徑直鐵石心，直取菩提路。邪道不用行，行之必辛苦。不要求佛果，識取心王主〔一〕。

校　注

〔一〕按，此詩項楚先生寒山詩注編號爲一六三，詩作：「男兒大丈夫，作事莫莽鹵。勁挺鐵石心，直取菩提路。邪路不用行，行之枉辛苦。不要求佛果，識取心王主。」

懶瓚和尚謌云：莫謾求真佛，真佛不可見。妙性及靈臺，何曾受熏練？心是無事心，面是孃生面。劫石可移動，箇中無改變。

又云：吾有一言，絶慮忘緣，巧説不得，只用心傳。更有一語，無過直與，細於毫末，大無方所，本自圓成，不勞機杼〔一〕。

校　注

〔一〕懶瓚和尚：釋明瓚。宋高僧傳卷一九唐南嶽山明瓚傳：「釋明瓚者，未知氏族生緣。初遊方詣嵩山。普寂盛行禪法，瓚往從焉。然則默證寂之心契，人罕推重。尋於衡巖閑居，衆僧營作，我則晏如，縱被詆訶，殊無愧耻，時目之懶瓚也。」此兩歌出其樂道歌，全詩見祖堂集卷三懶瓚和尚，亦見景德傳燈録卷三〇南嶽懶瓚和尚歌。

騰騰和尚謌云：修道道無可修，問法法無可問。迷人不悟色空，達者本無逆順。八萬四千法門，至理不過方寸。煩惱正是菩提，淨華生於泥糞。識取自家城邑，莫謾遊他州郡〔一〕。

校　注

〔一〕騰騰和尚：釋仁儉，慧安法嗣。按，祖堂集卷三騰騰和尚：「師有樂道歌曰：問道道無可修，問法法無可問。迷人不了性空，智者本無違順。八萬四千法門，至理不離方寸。不要廣學多聞，不在辯才聰俊。識取自家城廓，莫謾遊他州郡。言語不離性空，和光不同塵坌。煩惱即是菩提，淨花生於泥糞。若有人求問答，誰能共他講論？亦不知月之大小，亦不知歲之餘閏。晨時以粥充飢，仲時更餐一頓。今日任運騰騰，明日騰騰任運。心中了了總知，只没佯癡縛鈍。」景德傳燈録卷四洛京福先寺仁儉禪師：「洛京福先寺仁儉禪師，自嵩山罷問，放曠郊鄽，時謂之騰騰和尚。唐天册萬歲中，天后詔入殿前，仰視天后良久，曰：『會麼？』后曰：『不會。』師曰：『老僧持不語戒。』言訖而出。翌日，進短歌一十九首。天后覽而嘉之，厚加賜賚，師皆不受。又令寫歌辭傳布天下。其辭並敷演真理，以警時俗。唯了元歌一首盛行於世。」景德傳燈録卷三〇有騰騰和尚了元歌，亦有所不同：「修道道無可修，問法法無可問。迷人不了色空，悟者本無逆順。八萬四千法門，至理不離方寸。識取自家城郭，莫謾尋他鄉郡。不用廣學多聞，不要辯才聰俊。不知月之大小，不管歲之餘閏。煩惱即是菩提，浄華生於泥糞。人來問我若爲，不能共伊談論。寅朝用粥充飢，齋時更餐一頓。今日任運騰騰，明日騰騰任運。心中了了總知，且作佯癡縛鈍。」

高僧釋法喜臨遷化時，告衆云：「三界虚妄，但是一心。」端坐而卒〔一〕。

校注

〔一〕釋法喜：俗姓李，襄陽人。續高僧傳卷一九唐雍州津梁寺釋法喜傳：「（貞觀）六年春，創染微疾，自知非久，强加醫療，終無進服。至十月十二日，乃告門人：『無常已及，勿事諠擾，當默然静慮，津吾去識，勿使異人輒入房也。』時時唱告：『三界虚妄，但是一心。』大衆忽聞林北有音樂車振之聲，因以告之，喜曰：『世間果報，久已捨之，如何更生樂處？終是纏累。』乃又入定，須臾聲止，香至充滿，達五更初，端坐而卒。春秋六十有一。」

高僧釋靈潤云：「捨外塵邪執，得意言分别。捨唯識想，得真法界。前觀無相，捨外塵相。後觀無生，捨唯識想。」又，常〔一〕與法侣登山遊觀，野火四合，衆並奔散，唯潤安行，如常顧陟，語諸屬曰：「心外無火，火實自心。謂火可逃，無由免火。」及火至潤，潛然自斂〔二〕。

校　注

〔一〕「常」，嘉興藏本作「嘗」。

〔二〕釋靈潤：俗姓梁，河東虞鄉人，詳見續高僧傳卷一五唐京師弘福寺釋靈潤傳。

高僧釋法空入臺山幽居，每有清聲召曰：「空禪。」如是非一。自後法空知是自心境界，以法遣之，遂乃安静。初以禪修，終爲對礙，遂學大乘離相。從所學者，並以此誨之，以法爲親，以法爲侣〔一〕。

校　注

〔一〕釋法空：隋末任雁門郡府鷹擊郎將，年四十後厭俗出家，獨詣臺山。詳見續高僧傳卷二七唐代州五臺山釋法空傳。

高僧釋靖邁臨終云：「心非道外，行在言前。」言畢坐蜕〔一〕。

校　注

〔一〕釋靖邁：梓潼人，曾協助玄奘譯經，並撰古今譯經圖紀等，見宋高僧傳卷五唐簡州福聚寺靖邁傳。按，傳中未見此説。又，「心非道外，行在言前」，見續高僧傳卷二一達摩岌多傳。

高僧釋通達因以木打塊，塊破形消，既覩斯變，廓然大悟心跡〔一〕。

校　注

〔一〕釋通達：雍州人，詳見續高僧傳卷二六唐京師律藏寺釋通達傳。

高僧釋轉明，凡有所諮學者，常以平等唯心一法，志而奉之〔一〕。

校　注

〔一〕釋轉明：俗姓鹿。續高僧傳卷二六唐京化度寺釋轉明傳：「有問所學者，乃云：『常以平等一法，志而奉之。』」

高僧釋道英，入水卧雪而無寒苦。如是隨事以法對之，縱任自在，不以爲難。良由唯識之旨，洞曉心腑，外事之質，豈得礙乎！常講起信，至「心真如門」，奄然入定〔一〕。

校注

〔一〕見續高僧傳卷二六唐蒲州普濟寺釋道英傳：「釋道英，姓陳氏，蒲州猗氏人也。（中略）又屬嚴冬，冰厚雪壯，乃曰：『如此平净之處，何得不眠？』遂脱衣仰卧，經于三宿，乃起而曰：『幾被火炙殺我。』如是隨事以法對之，縱任自在，誠難偶者。」

高僧釋道世云：「勤勇懺悔者，雖知依理，須知心妄動，遠離前境。經云：『譬如氎花千斤，不如真金一兩。』〔一〕喻能觀心强，即滅罪强。」〔二〕

校注

〔一〕見大般涅槃經卷三一，南本見卷二九。

〔二〕見法苑珠林卷八六懺悔篇引證部。宋高僧傳卷四唐京師西明寺道世傳：「釋道世，字玄惲，姓韓氏。（中略）寨文囿之菁華，嗅大義之瞻蔔，以類編録，號法苑珠林，總一百篇，勒成十袠。始從劫量，終乎雜記。部類之前，各序别論，令學覽之人，就門隨部，檢括所知，如提綱焉，如舉領焉。世之用心，周乎十稔，至總章元年畢軸，蘭臺郎李儼爲之都序，此文行于天下。又著善惡業報及信福論共二十三卷，大小乘禪門觀及大乘觀共十一卷，受戒儀式、禮佛儀式共六卷，四分律討要五卷，四分律尼鈔五卷，金剛經集注三卷。十部都一百五十三卷。世頗多著述，未測其終。名避太宗廟諱，多行字耳，故時稱玄惲焉。」

伏陁禪師云：籍教明宗，深信含生同一真性。凡、聖一路，堅住不移，不隨他教，與道冥符，寂然無爲，名爲理入〔一〕。

校注

〔一〕按，伏陁禪師，他處未見，或即佛陀禪師，傳見續高僧傳卷一六魏嵩岳少林寺天竺僧佛陀傳。又，據續高僧傳、景德傳燈録等，此説出菩提達摩爲慧可等辨大乘入道四行之辭。續高僧傳卷一六齊鄴下南天竺僧菩提達摩傳：「有道育、慧可，此二沙門年雖在後，而鋭志高遠。初逢法將，知道有歸，尋親事之，經四五載，給供諮接。感其精誠，誨以真法。如是安心，謂壁觀也；如是發行，謂四法也。如是順物，教護譏嫌；如是方便，教令不著。然則入道多途，要唯二種，謂理、行也。藉教悟宗，深信含生同一真性，客塵障故，令捨僞歸真，凝住壁觀，無自無他，凡聖等一，堅住不移，不隨他教，與道冥符，寂然無爲，名理入也。行入四行，萬行同攝。」續高僧傳中，佛陀傳後即菩提達摩傳，或致此誤。印順法師認爲「伏，古讀重脣音，伏陀與跋陀相同」「達摩所説，原是出於伏陀禪師的教誨」。（中國禪宗史，第一八頁，中華書局，二〇一〇年）跋陀，即求那跋陀羅。跋陀有與此處引文類似的説法，參見本書卷一〇〇引。

高僧釋智通云：若夫尋近大乘，修正觀者，察微塵之本際，許〔一〕一念之初原，便可荆棘播無常之音，梟獍説甚深之法，十方浄土，未必過此矣〔二〕。

校注

〔一〕「許」，心賦注作「識」，大正藏本續高僧傳作「信」，據大正藏校勘記，宋、元、明本續高僧傳作「訊」，宫本作「許」。

〔二〕按，續高僧傳卷一八隋河東栖巖道場釋智通傳：「釋智通，姓程氏，河東猗氏人也。（中略）沙門行友，蒲晉名僧，爲之本傳，因著論曰：（後略）」此處引文，見「論曰」後，當即「行友云」。行友，傳見續高僧傳卷一三唐蒲州仁壽寺釋海順傳附。

高僧釋曇遂每言：「三界虚妄，但是一心，追求外境，未悟難息。」〔一〕

校注

〔一〕釋曇遂：雍州人。續高僧傳卷二八隋京師真寂寺釋曇遂傳：「釋曇遂，雍州人。初學大論，後味唯識。研精攝論，選其幽理。每言：『三界虚妄，但是一心，追求外境，未悟難息。』故得名稱高遠，有通美焉。」

高僧解脱和尚依華嚴作佛光觀，於清宵月夜光中，忽見化佛説偈云：「諸佛秘密甚深法，曠劫修行今乃得。若人開明此法門，一切諸佛皆隨喜。」解脱和尚乃禮拜問云：「此法

門如何開示於人？」化佛遂隱身不現，空中偈答云：「方便智爲燈，照見心境界。欲知真實法，一切無所見。」〔一〕

校注

〔一〕解脱和尚：俗姓邢，臺山夾川人，詳見續高僧傳卷二一唐代州照果寺釋解脱傳。

太原和尚〔一〕云：夫欲發心入道，先須識自本心。若不識自本心，如狗逐塊，非師子王也。善知識，直指心者，即今語言是汝心。舉動施爲，更是阿誰？除此之外，更無别心。若言更别有者，即如演若覓頭〔二〕。經云：「信心清浄，即生實相。」〔三〕又經云：無依是佛母，佛從無處生〔四〕。

校注

〔一〕按，此處引文與後文引「甘泉和尚云」相類，故此太原和尚當即甘泉和尚釋志賢，傳見宋高僧傳卷九唐太原甘泉寺志賢傳。稱釋志賢爲「甘泉和尚」，蓋因其爲甘泉寺僧人故；爲「太原和尚」，此甘泉寺在太原故。延壽不察，誤爲不同的兩人。兩説相近而不同者，當是傳播中的變異所致。

〔二〕大佛頂如來密因修證了義諸菩薩萬行首楞嚴經卷四：「室羅城中演若達多，忽於晨朝以鏡照面，愛鏡中頭眉目可見，瞋責己頭不見面目，以爲魑魅，無狀狂走。」

〔三〕見金剛般若波羅蜜經。

〔四〕文殊師利所説般若波羅蜜經：「般若波羅蜜無邊無際，無名無相，非思量，無歸依，無洲渚，無犯無福，無晦無明，如法界無有分齊，亦無限數，是名般若波羅蜜，亦名菩薩摩訶薩行處。非行非不行處，悉入一乘，名非行處。何以故？無念無作故。即是一切諸佛之母，一切諸佛所從生故。何以故？以無生故。」按，慧然集鎮州臨濟慧照禪師語録：「佛出于世，轉大法輪，卻入涅槃，不見有去來相貌，求其生死，了不可得，便入無生法界，處處游履國土，入華藏世界。盡見諸法空相，皆無實法，唯有聽法無依道人，是諸佛之母，所以佛從無依生。若悟無依，佛亦無得。」臨濟義玄此説，可作「無依是佛母，佛從無處生」的進一步注解。

天皇和尚云：只今身心即是性，身心不可得即三界不可得，乃至有性無性揔不可得。無佛無衆生，無師無弟子。心空，三界一切揔空。以要言之，三界内外，下至螻蟻蠢動之者，悉在一塵中，彼此咸等，一一皆如是，各各不相妨。一切法門，千般萬種，只明見性，更無餘事〔一〕。

校注

〔一〕天皇和尚：釋道悟，俗姓張，婺州東陽人，傳見宋高僧傳卷一〇唐荆州天皇寺道悟傳。此段引文，不見他處。

興善和尚云：從上已來，祖佛相傳一心之法，以心印心，不傳餘法。初祖指一言以直説，譬如龍吐水至津，津滿至河，乃至大海，龍是水之源。以知如今已後，學人相傳一心之法，皆是簡要説。而唤心時，不得别覓佛。當佛時，不得更求心。是以若人信自心是佛，此人所有言説，當能轉法輪。若人不信自心是佛，此人所有言説，皆是謗方等大乘。所以經云：性外得菩提，譬如壓砂求油，不是油正因〔一〕。

校　注

〔一〕興善和尚：釋惟寬，俗姓祝，衢州信安人，傳見宋高僧傳卷一〇唐京兆興善寺惟寬傳。此段引文，不見他處。「經云」者，中阿含經卷四五心品浮彌經第二：「猶如有人欲得油者，以笮具盛沙，以冷水漬而取壓之，必不得油。無願、願無願、非有願非無願人欲得油，以笮具盛沙，以冷水漬而取壓之，必不得油。所以者何？以邪求油，謂壓沙也。」正法念處經卷一〇：「彼見有人違犯禁戒，多犯戒已，如是思惟：『我若苦行，罪則消滅，有多福德。』彼人既作如是思惟，入樹林中，懸脚著樹，頭面在下，以刀破鼻，或自破額，作瘡血出，以火燒血，望得生天。是惡道行，譬如有人沙中求油，油不可得，彼人血盡而致命終。彼人以是惡業因緣，身壞命終，墮於惡處，在彼地獄血河漂處，受大苦惱。」

顒禪師〔一〕：有問涅槃明「衆生即佛性，佛性即衆生，但以時異，有浄不浄」〔二〕，未審非情亦是衆生不？答：經云：文殊問金色女：汝身有五陰、十二入、十八界不？女言：如我身有五陰、十二入、十八界〔三〕。梵網經云：「一切地水是我先身，一切火風是我本體。」〔四〕又，依、正二身，互相依立。華嚴經云：「一切法無相，是則佛真體。」〔五〕經明若計靈智之心是常、色是敗壞無常者，則外道斷常之見。華嚴明衆生界即佛界，佛界即法界，法界之外，更無别法。乃至萬法雖異，其體常同，若不迷於所同，體用常無有二。無二之旨，蓋出世之要津，一念相應，不隔凡成聖矣。

校注

〔一〕顒禪師：南院慧顒禪師，即汝州寶應和尚，興化存獎法嗣，臨濟宗第三世。此後引文，不見他處。

〔二〕見大般涅槃經卷三五、南本見卷三二。

〔三〕詳見大莊嚴法門經卷上。

〔四〕見梵網經卷下。

〔五〕見實叉難陀譯大方廣佛華嚴經卷一六。

卧輪禪師〔二〕云：詳其心性，湛若虚空，本來不生，是亦不滅，何須收捺？但覺心起，即須向内反照心原，無有根本，即無生處。無生處故，心即寂静，無相無爲。

校注

〔一〕按，卧輪，又作卧倫，即釋曇倫。續高僧傳卷二一唐京師大莊嚴寺釋曇倫傳：「釋曇倫，姓孫氏，汴州浚儀人。十三出家，住修福寺，依端禪師。（中略）仁壽二年，獻后亡背，興造禪室，召而處之。還即擯闢，依舊習業，時人目之爲『卧倫』也。」此段引文，不見他處。

南泉和尚云：然燈佛道了也，若心想所思，出生諸法，虚假合集，彼皆不實。何以故？心尚無有，何所出生？若取諸法，猶如分別虚空，如人取聲安置篋中，亦如吹網欲令氣滿。又云：如今但會一如之理，直下修行。又云：但會無量劫來性不變，即是修行〔一〕。

校注

〔一〕南泉和尚：釋普願，俗姓王，鄭州新鄭人。傳及引文，參見宋高僧傳卷一一唐池州南泉院普願傳、景德傳燈録卷八懷讓禪師第二世法嗣池州南泉普願禪師、古尊宿語録卷一二池州南泉普願禪師語要。

汾州無業和尚初問馬祖：「三乘至理，粗亦研窮，常聞禪師即心是佛，實未能了，伏願指示。」馬祖曰：「即汝不了底心即是，更無別物。不了時是迷，了時是悟。亦猶手作拳、拳作手也。」師又問：「如何是祖師西來密傳心印？」祖曰：「大德正鬧在，且去，別時來。」

一足始跨門限，祖云：「大德。」便卻迴頭。祖云：「是什麽？」遂豁然大悟。示徒云：「祖師來此土，觀其衆生有大乘根性，唯傳心印，印汝諸人迷情。得之者，即不論凡之與聖、愚之與智，多虚不如少實。大丈夫兒，不如直下休歇去好，頓息萬緣，截生死流，迥出常格，靈光獨照，物類不拘，巍巍堂堂，三界獨步，何必身長丈六，紫磨金輝，項佩圓光，舌相長廣？若以色見我，是人行邪道。設有眷屬莊嚴，不求而自至，山河大地，不礙眼光，一聞千悟，獲大摠持。」又，臨終告衆云：「汝等見聞知覺之性，與虚空齊壽，猶如金剛，不可破壞。一切諸法，如影如響，無有實者。經云：『唯此一事實，餘二即非真。』〔一〕」言訖，奄然而化〔二〕。

校　注

〔一〕見妙法蓮華經卷一方便品。

〔二〕無業：俗姓杜，商州上洛人。此處引文，詳見祖堂集卷一五汾州和尚、宋高僧傳卷一一唐汾州開元寺無業傳。

真覺大師云：「夫心性靈通，動静之原莫二；真如絶慮，緣計之念非殊。惑見紛馳，窮之則唯一寂；靈原不狀，鑒之則乃千差。千差不同，法眼之名自立；一寂非異，慧眼之号斯存。理量雙消，佛眼之功圓著。是以三諦一境，法身之理恒清；三智一心，般若之明常照。境智冥合，解脱之應隨機；非縱非横，圓伊〔一〕之道玄會。故知三德妙性，宛尔無乖。一心深廣難思，何出要而非路？是以即心爲道者，可謂尋流而得源矣。」〔二〕

校注

〔一〕圓伊：又稱「圓伊三點」「真伊三點」等，這裏譬指涅槃之法身、般若、解脱等三德。大般涅槃經卷二：「何等名爲祕密之藏？猶如伊字三點，若並則不成伊，縱亦不成；如摩醯首羅面上三目，乃得成伊。三點若别，亦不得成。我亦如是，解脱之法，亦非涅槃；如來之身，亦非涅槃；摩訶般若，亦非涅槃；三法各異，亦非涅槃。我今安住如是三法，爲衆生故，名入涅槃，如世伊字。」

〔二〕見玄覺撰禪宗永嘉集優畢叉頌。按，楊億無相大師行狀：「温州永嘉玄覺禪師者，永嘉人也，姓戴氏。（中略）學者輻湊，號真覺大師，著禪宗悟修圓旨，自淺之深。慶州刺史魏静緝而成十篇，目爲永嘉集。及證道歌一首，並盛行於世云爾。」

神秀和尚〔一〕云：一切非情，以是心等現故。染浄隨心，有轉變故。無有餘性，要依緣故。謂緣生〔二〕之法，皆無自性，空有不俱。即有情正有時，非情必空故，他即自故。何以故？他無性以自作故，即有情修證，是非情修證也。經云：「其身周普，等真法界。」〔三〕既等法界，非情門空，全是佛故。又，非情正有時，有情必空故，自即他故。何以故？自無性，以他作故，即非情無修無證，是有情無修無證也。善財觀樓閣時，徧周法界，有情門空，全一闔故。經云：「衆生不違一切刹，刹不違一切衆生。」〔四〕雖云有無同時，分相斯在矣。

校注

〔一〕神秀：俗姓李，五祖弘忍法嗣，傳見宋高僧傳卷八唐荆州當陽山度門寺神秀傳。高麗義天新編諸宗教藏總録著録神秀妙理圓成觀三卷、華嚴經疏三十卷。據金知見編均如大師華嚴學全書，此後引神秀所云，當出其妙理圓成觀。

〔二〕「生」，諸校本作「等」。按，均如大師華嚴學全書引妙理圓成觀作「生」。

〔三〕見實叉難陀譯大方廣佛華嚴經卷一一。

〔四〕見實叉難陀譯大方廣佛華嚴經卷一六。

隋朝命大師融心論云：圓機對教，無教不圓；理心涉事，無事非理。無事非理，何亂而不定？無亂不定，則定亂兩亡；無事非理，故事理雙絶。乃至雖離二邊，非有邊而可離；言亡四句，實無句而可亡。此處幽玄，融心可會。若以心融心，非融心矣，心常如實，何所融也？實不立心，説融心矣〔一〕。

校注

〔一〕命大師：釋慧命，尤擅辭章，深味禪心。續高僧傳卷一七周沔陽仙城山善光寺釋慧命傳：「釋慧命，姓郭，太原晉陽人，晉徵士郭琦之後也。（中略）著大品義章、融心論、還原鏡、行路難、詳玄賦，通述佛理。」據日本比丘圓珍入唐求法目録，融心論一卷。

智達禪師心境頌云：境立心便有，心無境不生。若將心繫境，心境兩俱盲。境心各自住，心境性恒清。悟境心無起，迷心境共行。若迷心作境，心境亂縱横。悟境心元浄，知心境本清。知心無境性，了境心無形。境虚心寂寂，心照境泠泠〔一〕。

校注

〔一〕智達：懷讓六入室弟子之一，懷讓認爲其「得吾眼，善顧眄」（見景德傳燈録卷五）。此心境頌，未見他處著録。

甘泉和尚〔一〕云：夫欲發心入道，先須識自本心。心者，萬法衆生之本，三世諸佛祖十二部經之宗。雖即觀之，不見其形，應用自在，所作無礙，洞達分明，了了無異。若未識者，以信爲先。信者信何物？信心是佛。無始無明，輪迴生死，四生六道，受種種形，只爲不敢認自心是佛。若能識自心，心外更無別佛，佛外無別心。乃至舉動施爲，更是阿誰？除此心外，更無別心。若言别更有者，汝即是演若達多，將頭覓頭〔二〕，亦復如是。千經萬論，只緣不識自心。若了自心本來是佛者，一切唯假名，況復諸三有！則明鏡可以鑒容，大乘可以印心。

又云：求經覓佛，不如將理勘心。若勘得自心本自清淨，不須磨瑩，本自有之，不因經得。何乃得知？經云：「修多羅教如標月指，若復見月，了知所標。」〔三〕若能如是解者，一念相應，即名爲佛。

校注

〔一〕甘泉和尚：即釋志賢。宋高僧傳卷九唐太原甘泉寺志賢傳：「釋志賢，姓江，建陽人也。（中略）天寶元年，於本州佛跡巖承事道一禪師。」又，日僧圓仁入唐新求聖教目録，著録有甘泉和尚語本并大誓和尚傳心要旨一卷。

〔二〕大佛頂如來密因修證了義諸菩薩萬行首楞嚴經卷四：「室羅城中演若達多，忽於晨朝以鏡照面，愛鏡中頭眉目可見，瞋責己頭不見面目，以爲魑魅，無狀狂走。」

〔三〕見大方廣圓覺修多羅了義經。

普岸大師云：大道虛曠，唯一真心。善惡勿思，神清物表，更復何憂〔一〕？

校注

〔一〕普岸：俗姓蔡，傳見宋高僧傳卷二七唐天台山福田寺普岸傳。景德傳燈録卷九天台山普岸禪師録其示衆偈曰：「大道虚曠，常一真心。善惡勿思，神清物表。隨緣飲啄，更復何爲？」

溈山和尚云：内外諸法，盡知不實。從心化生〔一〕，悉是假名〔二〕。任他法性周流，莫斷莫絶〔三〕。

校注

〔一〕「化生」，守遂溈山警策注、緇門警訓卷一溈山大圓禪師警策等作「變起」，敦煌本大溈警策作「化起」。

〔二〕按，大溈警策此後有「不用將心湊泊，但情不附物，物豈礙人」句。

〔三〕溈山和尚：釋靈祐。宋高僧傳卷一一唐大溈山靈祐傳：「釋靈祐，俗姓趙，祖父俱福州長溪人也。」按，此段引文，見溈山警策。「絶」，諸校本及守遂溈山警策注、緇門警訓卷一溈山大圓禪師警策等作「續」，敦煌本大溈警策作「滅」。

臨濟和尚云：如今諸人，與古聖何别？你且欠少什麽？六道神光，未曾間歇，若能如是，秪是箇一生無事人。欲得與祖佛不别，但莫向外馳求。你一念清浄光，是你屋裏法身佛；你一念無分别光，是你屋裏報身佛；你一念差别光，是你屋裏化身佛。此三種身，即是今日目前聽法底人。此三種是名言，明知是光影。大德，且要識取弄光影底人，是諸佛本源，是一切道流歸舍處。你四大六根及虚空，不解聽法説法是箇什麽物，歷歷地孤明，勿箇形段，是這箇解説法聽法，所以向你道：向五陰身田内，有無位真人，堂堂顯露，無絲髮許間隔，何不識取？大德〔一〕，心法無形，通貫十方，在眼曰見，在耳曰聞，本是一精明，分成六和合。心若不生，隨處解脱〔二〕。

校　注

〔一〕「德」，諸校本作「心」。按，祖堂集卷一九臨濟和尚作「德」。

〔二〕臨濟和尚：義玄禪師，俗姓邢，謚慧照大師，黄蘗希運法嗣。傳見宋高僧傳卷一二唐真定府臨濟院義玄傳、景德傳燈録卷一二鎮州臨濟義玄禪師。此段引文，亦見慧然集鎮州臨濟慧照禪師語録、景德傳燈録卷二八鎮州臨濟義玄和尚語。參見祖堂集卷一九臨濟和尚。

灌溪和尚偈云：五陰山中古佛堂，毗盧晝夜放圓光。箇中若了非同異，即是華嚴偏十方〔一〕。

校　注

〔一〕灌溪：志閑禪師，臨濟義玄法嗣，參見景德傳燈録卷一二鄂州灌谿志閑禪師等。祖堂集卷二〇灌溪和尚中引有前兩句。

石頭和尚云：且汝心體，離斷離常。性非垢浄，湛然圓滿。凡聖齊等，應用無方。三界六道，唯自心現。水月鏡像，有生滅耶？汝能知之，無所不備。諸聖所以降靈垂範，廣述浮言，蓋欲顯法身本寂，令歸根耳〔一〕。

校注

〔一〕石頭和尚：釋希遷，俗姓陳，青原行思法嗣，傳見宋高僧傳卷九唐南嶽石頭山希遷傳、祖堂集卷四石頭和尚。此處引文，參見景德傳燈録卷一四南嶽石頭希遷大師。

黄蘗和尚云：「達磨西來，唯傳一心法，直下指一切衆生心本來是佛，不假修行，但令〔一〕識取自心，見自本性，莫别求法。云何識自心？即如今言語者是。汝心若不言語，又不作用，心體猶如虚空相似，實無相皃，亦無方所，亦不一向是無，只是有而不見。」〔二〕又云：「但悟一心，更無少法可得，此即真佛。佛與衆生一心，更無有異，不如言下自認取本法。此法即心，心外無法。此心即法，法外無心。」〔三〕

校注

〔一〕「令」，原作「今」，據諸校本及心賦注改。

〔二〕黄蘗和尚：釋希運，傳見宋高僧傳卷二〇唐洪州黄蘗山希運傳。此段引文，見裴休集黄檗斷際禪師宛

〔三〕見裴休集黄檗山斷際禪師傳心法要。陵録。

丹霞和尚〔一〕云：汝等保護一靈之物，不是汝造作得，不是汝詺邈得，吾此地無佛，無涅槃，亦無道可修，無法可證。道不屬有無，更修何法？唯此餘光，在在處處，則是大道〔二〕。

校注

〔一〕丹霞和尚：釋天然，石頭法嗣，傳見宋高僧傳卷一一唐南陽丹霞山天然傳。

〔二〕按，此處引文，參見景德傳燈録卷一四鄧州丹霞山天然禪師。

水潦〔一〕和尚云：若説一法，十方諸佛收入一法中，百千妙門在一毛頭上，千聖同轍，決定不別，普照十方，猶如明鏡。心地若明，一切事盡皆看破。從上已來，以心傳心，本心即是法〔二〕。

校注

〔一〕「水潦」，景德傳燈録卷八、傳法正宗記卷七作「水老」。洪州水潦和尚，馬祖道一法嗣。此處引文，他處未見。

〔三〕景德傳燈録卷八洪州水老和尚：「洪州水老和尚，初問馬祖：『如何是西來的的意？』祖乃當胸蹋倒，師大悟，起來撫掌呵呵大笑云：『大奇！大奇！百千三昧，無量妙義，只向一毛頭上，便識得根原去。』便禮拜而退。師住後，告衆云：『自從一喫馬師蹋，直至如今笑不休。』有僧作一圓相，以手撮向師身上，師乃三撥，亦作一圓相，卻指其僧。僧便禮拜，師打云：『遮虚頭漢。』問：『如何是沙門行？』師云：『動則影現，覺則冰生。』問：『如何是佛法大意？』師乃拊掌呵呵大笑。凡接機，大約如此。」

仰山和尚云：頓悟自心無相，猶若虚空，寄根發明，即本心具恒沙妙用，無別所持，無別安立，即本地，即本土〔一〕。

校注

〔一〕仰山和尚：慧寂，俗姓葉，韶州懷化人，傳見宋高僧傳卷一二唐袁州仰山慧寂傳。參見祖堂集卷一八仰山和尚、景德傳燈録卷一一袁州仰山慧寂禪師。

大顛和尚〔一〕云：老僧往年見石頭和尚，問曰：「阿那箇是汝心？」對云：「言語者是心。」被師喝出。經日卻問：「前日既不是心，除此之外，何者是心？」師云：「除卻揚眉動目一切之事外，直將心來。」對云：「無心可將〔二〕來。」師云：「汝先來有心，何得言無心？

無心盡同謗我。」時於言下大悟，即對云：「既令某甲除卻揚眉動目一切之事，和尚亦須除之。」師云：「我除竟。」對云：「將示和尚了也。」師云：「汝既將示我心如何？」對云：「不異和尚。」師云：「不關汝事。」對云：「本無物。」師云：「汝亦無物。」對云：「既無物，即真物。」師云：「真物不可得，汝心現量意旨如此也，大須護持！」〔三〕

校注

〔一〕大顛和尚：石頭希遷法嗣。「顛」，或作「巔」。祖庭事苑卷七：「大巔，本作『顛』，未詳名氏。參石頭遷，遷問以心法，言下領旨。後辭往潮州，隱居靈山，學者慕焉。予嘗讀韓退之與孟簡書，且曰：『潮州有一老僧，號大顛，頗聰明，識道理。因召至州郭，留十數日。實能外形骸，以理自勝，不爲事物侵亂。竊觀韓公之言大顛，趣向可尚矣。』」

〔二〕「將」，原無，據嘉興藏本、祖堂集、景德傳燈録補。

〔三〕按，此處所引，參見祖堂集卷五大顛和尚、景德傳燈録卷一四潮州大顛和尚。

三平和尚偈云：即此見聞非見聞，無餘聲色可呈君。箇中若了渾無事，體用無妨分不分。

又偈云：見聞知覺本非因，當體虛玄絶妄真。見相不生癡愛業，洞然全是釋迦身〔一〕。

校　注

〔一〕三平和尚：義忠，俗姓楊，福州福唐縣人，大顛法嗣。參見祖堂集卷五三平和尚、景德傳燈録卷一四漳州三平山義忠禪師。此兩偈皆見祖堂集。其中後一偈，祖堂集卷五文字略有不同：「見聞覺知本非因，當處虛玄絶妄真。見性不生癡愛業，洞然明白自家珍。」

安國和尚〔一〕云：經云：「應無所住而生其心。」〔二〕「無所住」者，不住色、不住聲，不住迷、不住悟，不住體、不住用，「而生其心」者，即是一切處而顯一心。若住善生心即善現，若住惡生心即惡現，本心即隱没。若無所住，十方世界唯是一心，信知風幡不動，是心動。有檀越問：「和尚是南宗、北宗？」答云：「我非南宗、北宗，心爲宗。」又問：「和尚曾看教不？」答云：「我不曾看教。若識心，一切教看竟。」〔三〕學人問：「何名識心見性？」答：「喻如夜夢，見好與惡，若知身在牀上安眠，全無憂喜，即是識心見性。如今有人，聞作佛便喜，聞入地獄即憂，不達心佛在菩提牀上安眠，妄生憂喜。」

校　注

〔一〕安國和尚：弘韜，或作弘瑫，俗姓陳，泉州仙遊縣人，雪峰義存法嗣。參見祖堂集卷一〇安國和尚、景德傳燈録卷一九福州安國弘瑫禪師。又，此安國和尚，印順以爲是安國玄挺（見中國禪宗史，第三七〇頁）。據後引文，或爲宗徹禪師，參後注。

〔二〕見金剛般若波羅蜜經。

〔三〕按，景德傳燈録卷一二杭州羅漢院宗徹禪師：「杭州羅漢院宗徹禪師，湖州吴興縣人也，姓吴氏。幼歲出家，依年受具，巡方參禮，依黄檗希運禪師法席。黄檗一見，便深器之，入室領旨。後至杭州，州牧劉彦慕其道，立精舍於府西，號羅漢院，化徒三百。師有時上堂，僧問：『如何是西來意？』師曰：『骨剉也。』（原注：師對機多用此語，故時人因號『骨剉和尚』。）問：『如何是南宗、北宗？』師曰：『心爲宗。』僧曰：『還看教也無？』師曰：『教是心。』問：『性地多昏，如何了悟？』師曰：『煩雲風卷，太虚廓清。』曰：『如何得明去？』師曰：『一輪皎潔，萬里騰光。』師後示疾遷化，門人塔于院之北隅。梁貞明五年，錢王廣其院爲安國羅漢寺，移師塔於大慈山塢。今寺與塔並存。」此處宗徹與僧人的對話，顯然和安國和尚與檀越之間的問對相近。其間的不同，或屬流傳中的變異。「梁貞明五年，錢王廣其院爲安國羅漢寺」，故宗徹或亦有「安國和尚」之稱。

歸宗和尚云：即心是佛，徹底唯性；山河大地，一法所印。是大神呪，真實不虚，是諸佛之本原，菩提之根骨。佛何者是？即今言下是，更無別人。經云：譬如一色，隨衆生見，得種種名〔一〕。一切法唯是一法，隨處得名〔二〕。

校注

〔一〕大般涅槃經卷一三：「譬如一色，眼所見者，則名爲色。耳所聞者，則名爲聲。鼻所嗅者，則名爲香。

舌所嘗者，則名爲味。身所覺者，則名爲觸。」

〔二〕歸宗和尚：釋智常。宋高僧傳卷一七唐廬山歸宗寺智常傳：「釋智常者，挺拔出倫，操履清約，偏參知識，影附南泉，同遊大寂之門，乃見江西之道。元和中，駐錫廬山歸宗浄院。」參見祖堂集卷一五歸宗和尚。此段引文，不見他處。

大悲和尚云：能知自心性含於萬法，終不別求，念念功夫，入於實相。若不見是義，勤苦累劫，亦無功夫〔一〕。

校　注

〔一〕大悲和尚：釋神智。宋高僧傳卷二五唐越州諸暨保壽院神智傳：「釋神智，婺州義烏人也，俗姓力。（中略）恒呪水盃以救百疾，飲之多差。百姓相率，日給無算，號大悲和尚焉。」此段引文，不見他處。

草堂和尚云：夫帝網未張，千瓔焉覿？宏綱忽舉，萬目自開。心佛雙照，覿也；心佛雙亡，止也。定慧既均，亦何心而不佛？何佛而不心？心佛既然，則萬境萬緣無非三昧也〔一〕。

校　注

〔一〕草堂和尚：釋飛錫，傳見宋高僧傳卷三唐大聖千福寺飛錫傳：「釋飛錫，未知何許人也。神氣高邈，識量過人。初學律儀，後於天台法門一心三觀，與沙門楚金棲心研習。天寶初，遊于京闕，多止終南紫閣峰草堂寺。」故有此稱。此段引文，見其撰念佛三昧寶王論卷上。

百丈懷〔一〕海和尚因撥火示潙山靈祐，因茲頓悟〔二〕。百丈乃謂曰：「此暫時岐路。經云：『欲見佛性，當觀因緣時節。』〔三〕時節既至，如迷忽悟，似忘忽憶，方省舊道，己物不從他得。是故祖師云：『悟了同未悟，無心得無法。』〔四〕秖是無虚妄、凡聖等心，本來心法，元自備足。是汝今既尔，善自護持。」〔五〕

校注

〔一〕「懷」，原作「慧」，據文意改。懷海，傳見宋高僧傳卷一〇唐新吴百丈山懷海傳。靈祐爲懷海法嗣。懷海有同學大珠慧海，皆爲馬祖法嗣，傳見祖堂集卷一四大珠和尚、景德傳燈録卷六越州大珠慧海禪師。

〔二〕祖堂集卷一四百丈和尚：「師見潙山。因夜深來參次，師云：『你與我撥開火。』潙山云：『無火。』師云：『我適來見有。』自起來撥開。見一星火，夾起來云：『這個不是火是什摩？』潙山便悟。」又，參見景德傳燈録卷九前百丈懷海禪師法嗣潭州潙山靈祐禪師。

〔三〕大般涅槃經卷二八：「欲見佛性，應當觀察時節、形色。是故我説一切衆生悉有佛性，實不虚妄。」

〔四〕出西天第五祖提多迦傳法偈。參見本書卷九七。

〔五〕按，此説參見景德傳燈録卷九前百丈懷海禪師法嗣潭州潙山靈祐禪師。

又，廣語：「問云：『見不？』答：『見。』又問：『見復如何？』答：『見無二。』既云無二，不以見見於見。若見更見，爲前見是？爲後見是？經云：『見見之時，見非是見。』〔一〕所以云：『不行見法、不行聞法、不行覺法，諸佛疾與授記。』」〔二〕又云：「自心是佛，照用屬菩薩。自心是主宰，照用屬客。如波説水，照萬有以顯功。若能寂照，不存玄旨，自然貫於今古。如云神無照功，至功常存。」〔三〕又云：「如今欲得驀直悟解，但人法俱泯、俱絶、俱空。」〔四〕

校注

〔一〕見大佛頂如來密因修證了義諸菩薩萬行首楞嚴經卷二。

〔二〕按，亦見祖堂集卷一四百丈和尚、古尊宿語録卷二大鑑下三世。「所以云」者，詳見思益梵天所問經卷二問談品。又，廣語，古尊宿語録卷一、卷二收，作廣録。

〔三〕按，此説參見古尊宿語録卷一大鑑下三世。

〔四〕按，此説參見古尊宿語録卷二大鑑下三世。

盤山和尚云：大道無中，復誰前後？長空絶跡，何用量之？空既如是，道豈言哉！心月孤圓，光吞萬像。光非照境，境亦非存；光、境俱亡，復是何物？譬如擲劍揮空，莫論及之不及，斯乃空輪無跡，劍刃非虧。若能如是，心心無知，全人即佛，全佛即人，人、佛無異，始爲道矣〔一〕。

校注

〔一〕盤山和尚：寶積禪師，懷讓禪師第二世法嗣。此段引文，亦見祖堂集卷一五盤山和尚、景德傳燈録卷七幽州盤山寶積禪師。

大梅和尚〔一〕初問馬祖：「如何是佛？」答：「即汝心是。」問：「如何是法？」答：「亦汝心是。」問：「祖無意耶？」答：「汝但識取自心，無法不備。」〔二〕後住梅山，示衆云：「汝等諸人，應當各自明心達本，勿逐其末，但得其本，其末自至。汝等欲得其本，但識取汝心。此心元是一切世間、出世間法之根本，但心不附一切善惡而生，即知萬法本自如如。」時有學人問：「心外别無法耶？」答：「祖佛是汝心生耳。心是萬法之本，豈别有法過於心耶？」〔三〕

釋曰：如六祖云：「善惡都莫思量，自然得入心體，湛然常寂，妙用恒沙。」〔四〕以諸佛是極善邊際，衆生是極惡邊際，以善惡收盡一切法，故云若不思量，全歸心體，但有微毫之法，皆是思想心生。如寒山子頌云：「萬機俱泯跡，方見本來人。」〔五〕泯之一字，未必須泯，以心外元無一法，所見唯心，如谷應自聲，鏡寫我像，秖謂衆生不達，鼓動心機，立差别之前塵，如空華起滅，織無邊之妄想；似燄水奔騰，不復一心本源，故令汩絶。若入心體，雖云湛然，不落斷滅，自然從體起用，周徧恒沙。

校注

〔一〕大梅和尚：釋法常，俗姓鄭，襄陽人，馬祖法嗣，傳見宋高僧傳卷一一唐明州大梅山法常傳、景德傳燈録卷七明州大梅山法常禪師。

〔二〕按，此段内容，詳見祖堂集卷一五大梅和尚。

〔三〕按，此段内容，亦見祖堂集卷一五大梅和尚、景德傳燈録卷七明州大梅山法常禪師。

〔四〕宗寶本壇經宣詔第九：「汝若欲知心要，但一切善惡都莫思量，自然得入清淨心體，湛然常寂，妙用恒沙。」

〔五〕出寒山詩。此詩項楚先生寒山詩注編號爲二八〇，全詩作：「本志慕道倫，道倫常獲親。時逢杜源客，每接話禪賓。談玄月明夜，探理日臨晨。萬機俱泯迹，方識本來人。」

又，大梅云：此心法門，真如妙理，不增不減，種種方便，善能應用。當知揔是此性本來具足，不生不滅，能知三世一切作用。所以云：「我觀久遠，猶若今日。」〔一〕「常在於其中，經行及坐卧。」〔二〕

校注

〔一〕見妙法蓮華經卷三化城喻品。

〔二〕見妙法蓮華經卷五分別功德品。

巖頭和尚云：於三界中，有無唯自己知，更無餘事，但識自己本來面目，唤作無依，神蕩蕩地。若道別有法有祖，賺汝到底，但向方寸中看，迥迥明朗。但無欲無依，便得決了〔一〕。

校注

〔一〕巖頭和尚：釋全豁，俗姓柯，泉州人，傳見祖堂集卷七巖頭和尚、宋高僧傳卷二三唐鄂州巖頭院全豁傳等。撰有巖頭録，已佚。此段引文，不見他處。

高城和尚謌云：「無相心，能運耀，應聲應色隨方照，雖在方而不在方，任運高低揔能妙。尋〔二〕無頭，復無尾，啖〔三〕光運運從何起？只者如今全是心〔三〕，心用明心心復尔〔四〕。不居方，何〔五〕處覓？運用無蹤復無跡，識取如今明覓人，終朝莫謾別求的。勤心學，近叢林，莫將病眼認華針，説教本窮無相理，廣讀元來不識心。識取心，了取境〔六〕，識心了

境〔七〕禪河静，若〔八〕能了境便識心，萬法都如闥婆影。」〔九〕

校注

〔一〕「尋」，祖堂集作「亦」。

〔二〕「餤」，祖堂集作「靈」。

〔三〕「只者如今全是心」，祖堂集作「只今起者便是心」。

〔四〕「心用明心心復尔」，祖堂集作「心用明時更何爾」。

〔五〕「何」，祖堂集作「無」。

〔六〕「識取心，了取境」，祖堂集作「了取心，識取境」。

〔七〕「識心了境」，祖堂集作「了心識取」。

〔八〕「若」，祖堂集作「但」。

〔九〕全詩見祖堂集卷一四高城和尚、禪門諸祖師偈頌卷上等。祖堂集卷一四高城和尚：「高城和尚，嗣馬大師，師諱法藏。未睹行録，不決化緣終始。師有歌行一首。」後即録高城和尚歌。

千頃和尚〔一〕云：「一切衆生，驢、騾、象、馬、蜈蚣、蚰蜒，十惡、五逆，無明妄念，貪瞋不了之法，並從如來藏中顯現，本來是佛，只爲衆生從無始劫來瞥起一念，從此奔流，迄至今日。所以佛出世來，令滅意根，絶諸分別，一念相應，便超正覺，豈用教他多知多解，擾亂身心？所以菩提光明，不得發現。汝今但能絶得見聞覺知，於物境上莫生分別，隨時著衣喫飯，平常心是道，此法甚難。」學人問：「和尚，夜後無燈時如何？」師云：「悟道之人，常光現前，有什麽晝夜？」問：「何不見和尚光？」師云：「擬將什麽眼見？」學人云：「世人同將現在眼見。」師彈指云：「苦哉！一切衆生，根塵相涉，從無始來，認賊爲子，至于今日，常被枷鎖。汝將眼見，意識分別，擬求佛道，即是背卻本心，逐念流轉。如此之人，對面隔越。」

校注

〔一〕千頃和尚：釋楚南，俗姓張，閩中人，傳見宋高僧傳卷一七唐杭州千頃山楚南傳、景德傳燈録卷一二杭州千頃山楚南禪師。此段引文，不見他處。

惟政和尚〔一〕云：古聖今聖，其理齊焉。昔日日，今日日，照不兩鮮；昔日風，今日風，鼓無二動。一滴之水潤焉，大海之水潤焉。又，頌云：一念得心，頓超三界，見無所見，貪瞋爛壞〔二〕。

校注

〔一〕惟政和尚：據景德傳燈録卷四，有終南山惟政禪師，俗姓周，平原人，爲普寂禪師法嗣，或即此惟政和尚。又，景德傳燈録卷六有洪州百丈山惟政禪師，然大正藏本景德傳燈録移其至卷九，並認爲是百丈懷海法嗣法正傳寫之誤，法正因善講涅槃經，又稱涅槃和尚。

〔二〕按，此段引文，未見他處。

牛頭山忠和尚〔一〕：學人問：「夫入道者，如何用心？」答曰：「一切諸法，本自不生，今則無滅。汝但任心自在，不須制止，直見直聞，直來直去，須行即行，須住即住，此即是真道。經云：『緣起是道場。』〔二〕知如實故。」又問：「今欲修道，作何方便而得解脱？」答曰：「求佛之人，不作方便，頓了心原，明見佛性，即心是佛，非妄非真故。經云：『正直捨方便，但説無上道。』〔三〕」又問：「真如妙法，理智幽深。淺識之徒，如何得見？」答曰：「汝莫謗佛，佛不如是説。一切諸法，非深非淺，汝自不見，謂言甚深。若也見時，觸目盡皆微妙，何以高推菩薩，別立聖人？且如生公云：非曰智深，物深於智耳，此傷不逮之詞耳〔四〕。汝莫揀擇法，莫存取捨心，故云：『法無有比，無相待故。』〔五〕夫經者，以身心爲義。華嚴經云：身是正法藏，心爲無礙燈。照了諸法空，名曰度衆生。」〔六〕

校　注

〔一〕牛頭山忠和尚：牛頭宗第六世慧忠禪師，俗姓王，潤州上元人，傳見宋高僧傳卷一九唐昇州莊嚴寺惠忠傳、景德傳燈録卷四第六世慧忠禪師。

〔二〕見維摩詰所説經卷上菩薩品。

〔三〕見妙法蓮華經卷一方便品。

〔四〕竺道生法華經疏卷上：「『智慧甚深』，言雖萬殊而意在表一，物乖言旨，於智成深。非因是智深，物深於智耳。乃是傷不逮之辭，豈是歎智耶？」

〔五〕見維摩詰所説經卷上弟子品。

〔六〕按，此頌亦見本書卷三三引。佛陀跋陀羅譯大方廣佛華嚴經卷五三：「身爲正法藏，心是無礙智，成佛智慧光，普照諸群生。」實叉難陀譯本卷七一：「身爲正法藏，心是無礙智，既得智光照，復照諸群生。」與此處文字皆有不同。

夾山和尚云：目前無法，意在目前，不是目前法，非耳目之所到〔一〕。

校注

〔一〕夾山和尚：善會，俗姓廖，詳參祖堂集卷七夾山和尚、景德傳燈録卷一五澧州夾山善會禪師。又，宋高僧傳卷一一唐長沙東寺如會傳云：「釋如會，韶州始興人也。（中略）敕謚傳明大師，塔曰永際。亦呼所居，爲夾山和尚是歟？」謚號與塔名亦同善會，或爲一人。

大安和尚〔二〕云：「汝諸人各自身中，有無價大寶。從眼門放光，照破山河大地；耳門放光，領覽一切善惡音聲。六門晝夜常放光明，亦名放光三昧。汝自不識，在四大身中，内外扶持，不教傾側。兩脚牙〔二〕子大，擔得石二擔，從獨木橋上過，亦不教伊倒地，且是什麽？汝若覓毫髮，即不可見。故志公云：『内外推尋覓揔無，境上施爲渾大有。』〔三〕

校注

〔一〕大安和尚：俗姓陳，百丈懷海法嗣，傳見宋高僧傳卷一二唐福州怡山院大安傳。

〔二〕「牙」，祖堂集卷一七福州西院和尚中作「若」：「兩脚若子大，擔得二碩，從獨木橋上過，亦不教伊倒地，且是什摩物？」按，「牙」或爲「若」之誤。「若」爲指示代詞，「若子大」，即「這麽一點兒大」。

〔三〕參見祖堂集卷一七福州西院和尚、景德傳燈録卷九福州大安禪師。「志公云」者，出寶誌和尚十二時頌。十二時頌，見景德傳燈録卷二九、王隨編傳燈玉英集卷九。

長沙和尚偈云：「最甚深，最甚深，法界人身便是心。迷者迷心爲衆刹〔一〕，悟時刹海〔二〕是真心。身界二塵无實相，分明達此号知音。」〔三〕又，學人問：「盡法界衆生識心，最初從何而有？」偈答云：「性地生心主〔四〕，心爲萬法師，心滅心師滅，方得契如如。」〔五〕

校注

〔一〕「刹」，祖堂集、景德傳燈録作「色」。

〔二〕「海」，景德傳燈録作「境」。

〔三〕長沙和尚：景岑，號招賢大師，懷讓禪師第三世，池州南泉普願禪師法嗣。詳見祖堂集卷一七岑和尚、景德傳燈録卷一〇湖南長沙景岑禪師。

〔四〕「主」，諸校本作「王」。

〔五〕按，此條未見他處。

龍牙和尚云：夫言修道者，此是勸喻之詞，接引之語。從上已來，無法與人，只是相承種種方便，爲説出意旨，令識自心，究竟無法可得，無道可修，故云「菩提道自然」〔一〕。今言法者，是軌持之名。道是衆生體性，未有世界，早有此性。世界壞時，此性不滅，唤作隨流之性，常無變異、動静，與虚空齊等。唤作世間相常住，亦名第一義空，亦名本際，亦名心王，亦名真如解脱，亦名菩提〔二〕涅槃。百千異号，皆是假名。雖有多名，而無多體，會多名而同一體，會萬義而歸一心。若識自家本心，唤作歸根得旨。譬如人欲得諸流水，但向大海中求；欲識萬法之相，但向心中契會。會得玄理，舉體全真，萬像森羅，一法所印〔三〕。

校注

〔一〕宗密述圓覺道場修證廣懺文卷二初夜無常偈（出阿蘭若集禪經中）：「煩惱深無底，生死海無邊，渡苦船未立，云何樂睡眠？睡眠當覺悟，攝心恒在禪，勇猛勤精進，菩提道自然。」

〔二〕「提」，原作「薩」，據磧砂藏、嘉興藏本改。

〔三〕龍牙和尚：釋居遁，俗姓郭，洞山良价法嗣，傳見宋高僧傳卷一三梁撫州疏山光仁傳，參見祖堂集卷八龍牙和尚、景德傳燈録卷一七湖南龍牙山居遁禪師。又，此段引文中「夫言修道者」至「常無變易」，亦見於惠洪禪林僧寶傳卷九龍牙居遯禪師。

德山和尚〔一〕云：若有一塵一法可得，與汝執取生解，皆落天魔外道，只是箇靈空，尚無纖塵可得，處處清浄，光明洞達，表裏瑩徹。又云：汝莫愛聖，聖是空名，更無別法，只是箇炟爀靈空，無礙自在，不是莊嚴修證得。從佛至祖，皆傳此法而得出離。

校注

〔一〕德山和尚：釋宣鑒，俗姓周，劍南人，龍潭崇信法嗣，傳見宋高僧傳卷一五唐朗州德山院宣鑒傳，參見祖堂集卷五德山和尚、景德傳燈録卷一五朗州德山宣鑒禪師。此處引文，詳參正法眼藏卷一之下。

牛頭下佛窟和尚〔一〕云：若人不信一文殊説，十方文殊一時説。一佛涅槃，一切諸佛俱涅槃。何以故？不達色根本故。問：了色性無所有〔二〕是本不？答：此是住觀〔三〕語，非是即事見根本。若即事見者，只汝生老病身及無明婬怒是色根本，事外無理故。是以若了一色根本，即舉十方色同，名爲一説一切説，一涅槃一切涅槃。當知色體無性，性無不包。

又云：雖同凡夫，而非凡夫，不得凡夫，不壞凡夫。謂別有殊勝在心外者，即墮魔網。我今自觀身心實相作佛，即是見十方佛同行同證處。問：佛身無漏，戒定熏修，五陰不縛不脱，不敢有疑。且如大品經云：衆生不善五陰之身，亦不縛不脱〔四〕，甚令人驚疑。答：若向衆生五陰外別有諸佛解脱，無有是處。只了衆生自性，從本已來，無有一〔五〕法可得，誰縛？誰脱？何得更有縛、脱之異？問：經云衆生與佛平等，無有縛、脱，何得六道衆生沉淪，不得解脱？答：衆生不了色心清淨，妄想顛倒，不得解脱。若知人法常空，其中實無縛脱。問：作何觀行懺悔，臨終免被業牽？答：汝須深信諸佛所行所説處，與我今日所行所説處無別，乃至成佛尚不得涅槃相，何況中間罪福妄業可得？此是真實正知正見、真實修行、真實懺悔，但於行、住、坐、卧不失此觀，臨終自然不失正念〔六〕。

校注

〔一〕佛窟和尚：牛頭慧忠法嗣。宋高僧傳卷一〇唐天台山佛窟巖遺則傳：「釋遺則，俗氏長孫，京兆長安人也。（中略）南遊天台，至佛窟巖，蓋薜荔、蔦落巢而尸居，飲山流、飯木實而充虚，虎豹以爲賓，麇鹿以爲徒，兀然如枯。其後劘木者見之轉相告，有慕其道者曰：『道者未有弟子。』相率爲築室，圖佛安僧，蔚爲精舍焉。故元和已來傳則道者，又自以爲『佛窟學』。『佛窟』之號，自則始也。」「遺則」，景德傳燈録卷四、傳法正宗記卷九作「惟則」。

〔二〕摩訶般若波羅蜜經卷三集散品：「無所有是色性，無所有是受想行識性，乃至無所有是實際性。」

〔三〕住觀：謂別教菩薩於十住位中修習空觀。住者，心會於理。

〔四〕摩訶般若波羅蜜經卷二四攝品：「當知菩薩摩訶薩行般若波羅蜜，爲衆生如應説法，拔出衆生於顛倒地，令衆生各得如所應住地，以不縛不脱法故。」

〔五〕「一一」，原作「二二」，據諸校本改。

〔六〕按，以上「佛窟和尚云」者，未見他處。

佛窟下雲居和尚心境不二篇〔一〕云：世、出世間，俱不越自一念妄心而有。一念纔起，萬像分劑；一念相生，便成心境。若非心境，何得有念可見？既有所見之念，又有能見之心，將知念即是境，見即是心。所見之念，便成色蘊；能見之心，便成四蘊〔二〕。經云：五蘊是世間，一念具五蘊〔三〕。一一蘊中，皆具五蘊故，得一不礙多，多不礙一，所以心境交通，互爲賓主。經云：境智互相涉入，重重無盡〔四〕。即是一塵含法界，一一法皆徧也。觀自一念動，即恒沙世界一時振動；觀自一念常定，即六道衆生悉皆常定。若諦了一念之體，即恒沙世界常現自心；由迷一念，即境智胡越。

校注

〔一〕雲居和尚：天台山雲居智禪師（普智），佛窟和尚法嗣。心境不二篇：已佚。按，惠運律師書目録中，著録雲居集一部，子注曰：「普智集。」心境不二篇或爲其中一篇。

〔二〕不空譯仁王護國般若波羅蜜多經卷上菩薩行品：「色名色蘊，心名四蘊。」法藏述般若心經略疏：「此中五蘊，即合色爲一，開心爲四。」

〔三〕按，諸經中未見此説，或爲對經意的概括。

〔四〕按，諸經中未見此説，或爲對經意的概括。

大珠和尚〔一〕云：心性無形，即是微妙法身；心性體空，即是虛〔二〕空無邊身；示行莊嚴，即是功德法身。此法身是萬化之本，隨處立名，智用無盡，是無盡藏。問：「何者是法身？」答：「心能生恒沙萬法，故号法家之身。經云〔三〕：一念心塵中，演出恒沙偈，時人自不識。」問：「真法幻法，各有種性不？」答：「佛法無種，應物而現。若心真也，一切皆真，若有一法不真，真義則不圓；若心幻也，一切皆幻，若有一法不是幻，幻法則有定；若心空也，一切皆空，若有一法不空，空義則不圓。迷時人逐法，悟罷法由人。森羅萬像，至空而極；百川衆流，至海而極；一切賢聖，至佛而極；十二部經、五部毗尼、四圍陀論，至心而極。心是摠持都院，萬法之原，亦是大智慧藏，無住涅槃，百千名号，皆是心之異名。」〔四〕

校　注

〔一〕大珠和尚：俗姓朱，越州大珠慧海禪師，建州人，懷讓禪師第二世馬祖法嗣。

〔二〕「虚」，諸校本及冥樞會要作「度」。

〔三〕按，此非經文。「經云」，景德傳燈録卷二八越州大珠慧海和尚作「故云」。又，景德傳燈録「故云」前有：「起信論云：『所言法者，謂衆生心。』即依此心，顯示摩訶衍義。又問：何名有大經卷，内在一微塵？師曰：智慧是經卷。經云：有大經卷，量等三千大千界，内在一微塵中。一塵者，是一念心塵也。」「經云」者，見實叉難陀譯大方廣佛華嚴經卷五一：「如有大經卷，量等三千界，在於一塵内，一切塵悉然。」

〔四〕按，以上參見祖堂集卷一四大珠和尚、傳燈玉英集卷八、景德傳燈録卷二八越州大珠慧海和尚。

先洞山和尚心丹訣云：吾有藥，号心丹，煩惱爐中鍊歲年。知伊不變胎中色，照耀光明偏大千。開法眼，覩毫端，能變凡聖刹那間。要知真假成功用，一切時中鍛鍊看。無形狀，勿方圓，言中無物物中言。有心用即乖真用，無意安禪無不禪。亦無滅，亦無起，森羅萬像皆驅使。不論州土但將來，入此爐中無不是。無一意，是吾意；無一智，是吾智。無一味，無不異。色不變，轉難辯，更無一物於中現。莫將一物制伏他，體合真空非鍛鍊〔一〕。

校　注

〔一〕先洞山和尚：釋良价，俗姓俞，會稽諸暨人，傳見宋高僧傳卷一二唐洪州洞山良价傳。參見祖堂集卷六洞山和尚、景德傳燈録卷一五筠州洞山良价禪師。此心丹訣不見他處，全唐詩據此處引收録。

先曹山和尚〔一〕云：古〔二〕佛心，牆壁瓦礫是者，亦喚作性地，亦稱體全功，亦云無情解説法。若知有，這裏得無辯處。十方國土、山河大地、石壁瓦礫、虚空與非空、有情無情、草木叢林，通爲一身，喚作得記。亦云一字法門，亦云摠持法門，亦云一塵一念，亦喚作同轍。若是性地不知有，諸佛千般喻不得，萬種況不成，千聖、萬聖盡從這裏出，從來不變異，故云「十方薄伽梵，一路涅槃門」〔三〕。

校　注

〔一〕先曹山和尚：釋本寂，俗姓黄，泉州莆田人，洞山良价法嗣，傳見宋高僧傳卷一三梁撫州曹山本寂傳。參見祖堂集卷八曹山和尚。

〔二〕「古」，諸校本無。

〔三〕見大佛頂如來密因修證了義諸菩薩萬行首楞嚴經卷五。

靈辯和尚〔一〕云：夫一心不思議〔二〕，妙義無定相，應時而用，不可定執。經云：「一切賢聖，皆以無爲法而有差别。」〔三〕用有差别，隨處得名，究竟不離自心。此心能壞一切，能成一切，故云「一切法皆是佛法」〔四〕，「心作天，心作人，心作鬼神，畜生、地獄，皆心所爲」〔五〕。好惡皆由心〔六〕。要生亦得，要不生亦得，即是無礙義。只今一切施爲，行、住、坐、卧，即是心相。心相無相，故名實相；體無變動，亦名如來。如者，不變不異也。無中現有，有中現無，亦曰神變，亦曰神通，揔是一心之用，隨處差别，即多義。「一中解無量，無量中解一，了彼互生起，當成無所畏。」〔七〕又，東方入正定，西方從定出〔八〕，若了心外無法，一切唯心，即無一法當情，無有好惡是非，即不怖生死，一切處皆是解脱，故云「當成無所畏」。縱然心外有一切境法，亦從自心妄想因緣而生，無有自性。其體本空，如幻如化〔九〕。

校注

〔一〕按，「靈辯」，或作「靈辨」，較著名者有二：一爲後魏僧，太原晉陽人，有華嚴論一百卷。法藏集華嚴經傳記卷一論釋第五：「華嚴論一百卷，後魏沙門釋靈辨所造也。法師太原晉陽人也，宿植妙因，久種勝善，幼而入道，長而拔俗。常讀大乘經，留心菩薩行，及見華嚴，偏加味嘗，乃頂戴此經，入清涼山清涼寺，求文殊師利菩薩哀護攝受，冀於此經義解開發。則頂戴行道，遂歷一年，足破血流，肉盡骨現。又膝步懇策，誓希冥感，遂聞一人謂之曰：『汝止行道，思惟此經。』於是披卷，豁然大悟。時後魏熙平元年歲次大梁正月，起筆於清涼寺，敬造華嚴論，演義釋文，窮微洞奥。」其華嚴論，今殘存卷十，見卍新續藏第三册。一爲唐大慈恩寺僧，法藏集華嚴經傳記卷三講解下：「釋靈辨，姓李氏，瀧西狄道人也。（中略）十八，講唯識、起信等論，勝鬘、維摩等經。進具之後，日新其德，又講仁王經、十地、地持、攝大乘等論。然以爲一乘妙旨，無越華嚴，遂廢敷揚，於終南山至相寺智正法師所研味兹典。既卒師資之功，備舉傳燈之業，並採衆經，傍求異義，撰疏十二卷、抄十卷、章三卷，並行於代。」東域傳燈目録中，著録有後魏靈辯著華嚴論百卷，子注曰：「後魏沙門釋靈辨造，出傳，見行上五十卷。」有唐靈辯華嚴義抄十卷，子注曰：「唐京師大慈恩寺釋靈辨撰出，傳云：『撰疏十二卷、抄十卷、章三卷。』記云：探玄云十卷，同師所撰華嚴章三卷，可別載之，出宗目録。」此處引靈辯，前後文皆爲唐代僧人，故此靈辯當爲唐大慈恩寺僧。

〔二〕實叉難陀譯大方廣佛華嚴經卷一九：「所取不可取，所見不可見，所聞不可聞，一心不思議。有量及無量，二俱不可取，若有人欲取，畢竟無所得。」

〔三〕見金剛般若波羅蜜經。

〔四〕見金剛般若波羅蜜經。

〔五〕出般泥洹經卷上。

〔六〕般泥洹經卷上：「心者最爲長，心志爲行，行作爲命，賢愚在行，壽夭在命。夫志、行、命三者相須，所作好惡，身自當之。」

〔七〕見實叉難陀譯大方廣佛華嚴經卷一一三。

〔八〕實叉難陀譯大方廣佛華嚴經卷二〇：「或於東方入正定，而於西方從定出。」
〔九〕按，此段引文，内容上看，當出唐大慈恩寺靈辯有關華嚴經的注疏之作。

先雲居和尚云：佛法有什麽多事？行得即是。但知心是佛，莫愁佛不解語。欲得如是事，還須如是人。若是如是人，愁箇什麽？若云如是，事即不難。自古先德，淳素任真，元來無巧設。有人問如何是道，或時答甎瓶、木頭，作麽皆重。元來他根本脚下實有力，即是不思議人，把土成金。若無如是事，饒你説得簇華簇錦相似，直道我放光動地，世間更無過也。盡説卻了合殺頭，人揔不信受，元來自家脚下虚無力〔一〕。

釋曰：雲居和尚乃物外宗師，此土七生〔二〕爲善知識，道德孤邁，智海泓深，具大慈悲，常盈千衆。所示徒云「但知心是佛，莫愁佛不解」語者，此爲今時學人一向外求，但學大乘之語，不能返本内自觀心，明見天真之佛，若了此心佛，即自然智、無師之智現前，何煩外學？如云：「從門入者非寶。」又云：「從天降下即貧窮，從地涌出卻富貴。」若從心地涌出智寶，有何窮盡？故云無盡之藏。但若得心真實去，根脚下諦去，自然出語盡與實相相應，言下救人生死，變凡爲聖，捉礫成金，道有亦得，道無亦得，句句悉成言教。若也心中未諦，圓信不成，空任虚浮，只成自誑。直饒辯説縱横，只增狂慧。設或説得天華墜、石點頭〔三〕，事若不真，揔成妖幻〔四〕。所以志公見雲光法師講法華經感天華墜〔五〕，云：「是皷蚤之義〔六〕。」

校注

〔一〕先雲居和尚：釋道膺，俗姓王，洞山良价法嗣。傳見宋高僧傳卷一二唐洪州雲居山道膺傳，參見祖堂集卷八雲居和尚。此段引文，亦見禪林僧寶傳卷六雲居宏覺膺禪師。

〔二〕七生：七次受生於人天之間。佛教有「七有天人往生」（或稱「七生往返」「極七返有」等）之説，謂住於預流果而尚未斷除煩惱的聖者，至多僅須往返七次受生。雜阿含經卷三：「於此法如實正慧等見，三結盡斷知，謂身見、戒取、疑。比丘，是名須陀洹果，不墮惡道，必定正趣三菩提，七有天人往生，然後究竟苦邊。」「此土七生爲善知識」，即有其爲住於預流果的聖者之義。

〔三〕天華墜、石點頭：皆用來形容講經説法的感人效果。「天華墜」者，妙法蓮華經卷五分別功德品：「佛説是諸菩薩摩訶薩得大法利時，於虚空中，雨曼陀羅華、摩訶曼陀羅華，以散無量百千萬億衆寶樹下、師子座上諸佛，并散七寶塔中師子座上釋迦牟尼佛及久滅度多寶如來，亦散一切諸大菩薩及四部衆。」大乘本生心地觀經卷一序品：「六欲諸天來供養，天華亂墜徧虚空。」亦參後注。「石點頭」者，東林十八高賢傳道生法師：「法師道生，魏氏，鉅鹿人。（中略）師被擯南還，入虎丘山，聚石爲徒，講涅槃經，至闡提處，則説有佛性，且曰：『如我所説，契佛心否？』群石皆爲點頭。」

〔四〕按，景德傳燈録卷一七洪州雲居山道膺禪師中亦有類似説法：「學佛邊事，是錯用心。假饒解千經萬論，講得天華落、石點頭，亦不干自己事，況乎其餘，有何用處？」

〔五〕高僧傳卷一〇保誌傳：「釋保誌，本姓朱，金城人。（中略）後法雲於華林寺講法華，至假使黑風，誌忽問風之有無。答云：『世諦故有，第一義則無也。』誌往復三四番，便笑云：『若體是假有，此亦不可解難可解。』」續高僧傳卷五梁揚都光宅寺沙門釋法雲傳：「釋法雲，姓周氏，宜興陽羨人。（中略）初，雲年在息慈，雅尚經術，於妙法華研精累思。（中略）嘗於一寺講散此經，忽感天華狀如飛雪，滿空而下，延于堂内，昇空不墜，訖講方去。有保誌神僧，道超方外，罕有得其情者，與雲互相敬愛，呼爲『大林法師』。每來雲所，輒停住信宿，嘗言：『欲解師子吼，請法師爲説。』即爲剖析。誌便彈指讚曰：『善哉，微妙微妙矣！』」雲光法師，當即法雲，稱「雲光法師」者，蓋其曾爲光宅寺主故。又，後代亦有法雲、雲光並舉者。佛祖統紀卷三七，梁武帝天監「二年，帝問誌公：『國有難否？』誌指喉及頸。（原注：讖候景也。）『享國幾何？』曰：『元嘉元嘉。』（原注：宋文帝元嘉至三十年，重言之者，過元嘉也。）帝臨政苛急，誌假帝神力，見先君受苦地下，由是輟刑。嘗詔張僧繇寫誌真。誌以指剺破面門出十二面觀音相，或慈或威，僧繇竟不能寫。時法雲、雲光二師，每講法華，天華飛集」。「普通二年，詔雲光法師於内殿講法華經，天雨寶華。」所記雲光法師事，多同法雲，兩者並舉，顯係誤會。

〔六〕齩蚤：嚼嚙跳蚤。佛教認爲雖然微細，但仍屬殺生行爲。現在賢劫千佛名經：「或打撲蚊虻、掐嚙蚤蝨；或燒除糞掃、開決溝渠，枉害一切；或噉果實；（中略）如是乃至行、住、坐、卧四威儀中，恒常傷殺飛空、著地細微衆生。」立世阿毘曇論卷八第三聚磕地獄品：「復於嶮路作諸機穽陷殺衆生，或以爪齒掐嚙蚤蝨，如是等業，受此果報，於中受生。」「嚙蚤」，即「齩蚤」。湛然述法華玄義釋籤卷三：「光宅師者所感天華，志公尚云『嗤蚩』。武帝欲請雨，問志公，志公云：『雲能致雨。』便請雲公講法華經，至『其雨普等，四方俱下』，降雨便足。又，雲法師未生之前，有人於水中得法華疏，題云『寄與雲法師』，廣如別傳。感應若斯，猶不稱理，況他人乎？」「是皷蚩之義」者，謂其不符合教理。

是以〔一〕先聖誠言，實爲後學龜鏡，可以刻骨，可以書紳！今徧搜揚，深有意矣。

校注

〔一〕「以」，原無，據磧砂藏、嘉興藏本補。

音義

畐，芳逼反，道滿也。晃，胡廣反，明也，光也。莽，莫補反。鹵，郎古反。

瓚，藏旱反。陟，竹力反。靖，疾郢反，立也。邁，莫話反，遠也，往也。

蜕，舒芮反，蜕皮也。腑，方巨反，肺腑也。氎，徒恊反，細毛布。梟，古堯反。

猊，居慶反。曇，徒含反，雲布。螻，落侯反。蟻，魚倚反。蠢，尺尹反。

壓，烏甲反，鎮也。顒，魚容反。捺，奴曷反，手案也。篋，苦恊反。

汾，符分反。巍，語韋反。瑩，烏定反，瑩飾也。潦，盧皓反。

覿，徒歷反，見也。　賺，佇陷反，錯也。　驢，力居反。　騾，落戈反。　蜈，五胡反。　蚣，古紅反。　蚰，以周反。　蜒，以然反。　炟，當割反，火起也。　爀，呼格反，火色也。　⿱穴弘〔一〕，烏宏反，水深也。　齩，五巧反。　蚤，子皓反，狗蚤也。　搜，所鳩反，求也。　刻，苦德反。　紳，失人反，大帶也。

戊申歲分司大藏都監開板

校注

〔一〕「⿱穴弘」，文中作「泓」，異體。

宗鏡録卷第九十九

慧日永明寺主智覺禪師延壽集

夫製論釋經，傍申佛意，或法身大士，垂迹闡助化之門；或得旨高人，依教弘法施之道。乃至義疏、章鈔、銘、訣、讚、序等，與宗鏡相應者，皆當引證。是以衆生言論，悉法界之所流；外道經書，盡諸佛之所説。

大智度論云：諸〔一〕法入佛心中，唯一寂滅。一三昧門，攝無量三昧。如牽衣一角，舉衣皆得。亦如得蜜蜂王，餘蜂盡攝〔二〕。

又頌云：「佛法相雖空，亦復不斷滅。雖生亦非常，諸行業不失。諸法如芭蕉，一切從心生。若知法無實，是心亦復空。」〔三〕

校注

〔一〕「諸」，磧砂藏、嘉興藏本作「論」。

〔二〕龍樹造、鳩摩羅什譯大智度論卷二八：「佛諸三昧無量無數，如虚空無邊，菩薩云何盡得？菩薩聞是，心則退没。以是故，佛説三昧門，入一門中，攝無量三昧。如牽衣一角，舉衣皆得。亦如得蜜蜂王，餘蜂盡攝。」

〔三〕見龍樹造、鳩摩羅什譯大智度論卷八。

毗婆沙論云：善覺長者爲那伽説四韋陀典曰：若人心生而不起，若人心起而不滅，心起而起，心滅而滅〔一〕。又云：「若離初發心，則不成無上道。」〔二〕所以云：一切功德，皆在初心〔三〕。

校注

〔一〕參見善見律毗婆沙卷一阿育王品第三集法藏。

〔二〕見十住毗婆沙論卷一序品。

〔三〕華手經卷三無憂品：「自在師子吼，能轉浄法輪，佛神通無礙，皆在初心中。佛相三十二，十八不共法，是法及諸相，皆在初心中。諸佛不虚行，象王迴觀法，及無見頂相，皆在初心中。布施持戒忍，精進禪智慧，此諸波羅蜜，皆在初心中。如是諸功德，及諸餘佛法，當知是一切，皆在初心中。」智顗説妙法蓮華經玄義卷七下：「華首經言：一切諸功德，皆在初心中。」

大乘攝論云：「問：『何以故，此識取此識爲境？』答：『無有法能取餘法。雖不能

取，此識變生，顯現如塵。譬如依面見面，謂我見影，此影顯現，相似異面。』」〔一〕

校注

〔一〕見真諦譯攝大乘論卷上應知勝相。

顯揚論云：「由所依、所緣力而得建立。由所依力者，謂立眼識乃至意識；由所緣力者，謂立色識乃至法識、青識、黄識乃至苦識、樂識。」〔一〕

校注

〔一〕見玄奘譯顯揚聖教論卷一八。

發菩提心論云：「過去已滅、未來未至、現在不住，雖如是觀心、心數法生滅散壞，而常不捨聚集善根助菩提法，是名菩薩觀三世方便。」〔一〕

校注

〔一〕見天親造、鳩摩羅什譯發菩提心經論卷下般若波羅蜜品。

大乘阿毗達磨雜集論云：「如契經等法，如理作意，發三摩地，依止定心，思惟定中所知影像。觀此影像，不異定心。依此影像，捨外境想，唯定觀察自想影像。尔時，菩薩了知諸法唯自心故，内住其心，知一切種所取境界皆無所有。所取無故，一切能取亦非真實，故次了知能取非有。次復於内，捨離所得二種自性，證無所得。依此道理，佛薄伽梵妙善宣説偈云：菩薩依静定，觀心所現影，捨離外塵想，唯定觀自想。如是内安心，知所取非有，次觀能取空，後觸二無得。依者，謂轉依。捨離一切麁重，得清淨轉依故。」〔一〕

校注

〔一〕見玄奘譯大乘阿毗達磨雜集論卷一一。

十二門論偈云：「衆緣所生法，是即無自性，若無自性者，云何有是法？」〔一〕釋曰：故知萬法從心所生，皆無自性，所依之心尚空，能依之法何有？

校注

〔一〕見龍樹造、鳩摩羅什譯十二門論觀因緣門。

入大乘論云：「若離衆生，則無有得菩提道者。從衆生界，出生一切諸佛菩提。如尊者龍樹所説偈云：不從虚空有，亦非地種生，但從煩惱中，而證成菩提。」〔一〕故知從心證道，不假他緣，能成無師自然之智。

校注

〔一〕見堅意造、道泰等譯入大乘論卷上。

俱舍論云：「眼所現見，名爲所見；從他傳聞，名爲所聞。自運己心諸所思構，名爲所覺；自内所受及自所證，名爲所知。」〔一〕

校注

〔一〕見玄奘譯阿毗達磨俱舍論卷一六。

佛地論云：「現見虚空，雖與種種色相相應，而無諸色種種相故，如烟霧等共相應故。有時見空有種種相，由虚妄分别力故，但見烟等有種種相，非見虚空，以虚空性不可見故。乃至〔二〕以〔二〕浄法界離名言故，一切名言，皆用分别所起爲境。然諸法教，亦不唐捐，是證法界展轉因故，如見字書解所説義。由此法教是諸如來大悲所流，能展轉説離言説義，如以衆彩彩畫虚空，甚爲希有。若以言説説離言義，復過於彼。」〔三〕

校注

〔一〕乃至：表示引文中見有删略。
〔二〕「以」，原作「心」，據佛地經論改。
〔三〕見玄奘譯佛地經論卷三。

般若論云：「『須菩提言：如來無所說。』〔一〕此義云何？無有一法，唯獨如來說，餘佛不說。」〔二〕「謂佛所說，但是傳述古佛之教，非自製作。」〔三〕

釋曰：故知此法過去佛已說，今佛現說，未來佛當說。所以一佛說時，十方佛同證。乃至智慧刹土，真、俗等法，凡、聖等性，皆同無二，以唯共一心故，終無異旨。如華嚴經佛不思議品云：「佛子，諸佛世尊，有十種無二行自在法。何等爲十？所謂一切諸佛悉能善說授記言辭，決定無二；一切諸佛悉能隨順衆生心念，令其意滿，決定無二；一切諸佛悉能現覺一切諸法，演說其義，決定無二；一切諸佛悉能具足去、來、今世諸佛智慧，決定無二；一切諸佛悉知三世一切刹那即一刹那，決定無二；一切諸佛悉知三世一切佛刹入一佛刹，決定無二；一切諸佛悉知三世一切佛語即一佛語，決定無二；一切諸佛悉知三世一切諸佛與其所化一切衆生體性平等，決定無二；一切諸佛悉知世法及諸佛法性無差別，決定無二；一切諸佛悉知三世一切諸佛所有善根同一善根，決定無二。是爲十。」〔四〕又，信心銘云：「要急相應，唯言不二。」〔五〕可成堅信，永斷纖疑，則宗鏡之文傳光不朽矣。

校注

〔一〕菩提流支譯金剛般若波羅蜜經：「『須菩提，於意云何？如來有所說法不？』須菩提言：『世尊，如來無所說法。』」

〔二〕見天親造、菩提流支譯金剛般若波羅蜜經論卷中。

〔三〕見澄觀述大方廣佛華嚴經隨疏演義鈔卷九。按，大方廣佛華嚴經隨疏演義鈔卷九：「有云佛無色聲，總有五義：一、遮過顯德，二、真俗二諦，三、傳古非作，四、悲願所成，五、本質影像。」「『三、傳古非作』者，謂佛所説，但是傳述古佛之教，非自製作。般若論云：『須菩提言：如來無所說。此義云何？無有一法，唯獨如來說，餘佛不說故。』」當爲此處所本。

〔四〕見實叉難陀譯大方廣佛華嚴經卷四七。

〔五〕見僧璨信心銘。

廣百論云：「覺、慧等諸心、心法，非隨實有諸法轉變，但隨串習成熟種子及心所現衆緣勢力，變生種種境界差別，外道等隨其自心，變生種種諸法性相。若法性相是實有者，豈可如是隨心轉變？諸有智者，不應許彼所執現在實法有生，以必不從去、來二世，更無第三

可從生故。滅必隨生，生既非有，滅亦定無。乃至〔一〕三世行皆相待立，如長短等，何有實性？」〔二〕

又頌云：「眼中無色識，識中無色眼，色内二俱無，何能合〔三〕見色？」〔四〕依他起性，即是心、心法從緣起時，變似種種相名等塵。應知有心、心法，但無心外所執諸塵。云何定知？諸法唯識故。佛告善現：無毛端量實物可依〔五〕。

校注

〔一〕乃至：表示引文中見有删略。

〔二〕見玄奘譯大乘廣百論釋論卷四。

〔三〕「合」，原作「令」，據大乘廣百論釋論改。合，和合。大乘廣百論釋論卷七：「論曰：眼、色、識三各别無二，非和合故，無見用生。三法合時，與别無異，如何可執有見用生？」

〔四〕見玄奘譯大乘廣百論釋論卷七。

〔五〕玄奘譯大乘廣百論釋論卷一〇：「依他起性，即心、心法從緣起時，變似種種相名等塵。實自證受而增上慢，謂取外塵。然諸外塵遍計所執，無體相故非所緣緣，故非聖凡智所行境。一切有漏心及心法，唯能證受自所現塵，未能如實證餘心境。無漏世智相應心品，由性離染，自他俱證。故説依他浄智所了，與論所説理不相乖。汝嗤笑言，自呈愚昧，非顯我説與理相違。若從緣生心及心法同遍計執，皆自性空，便似空花，何能繫縛？三有含識，生死輪迴，是故依他非無體實。論者本意，決定應然。若不爾者，何緣故説妄分别縛，證空能除？誰覩龜毛能計能縛？誰見兔角能證能除？由是應知有心、心法，但無心外所執諸塵。云何定知？諸法唯識，處處經説，於此何疑？故契經言：佛告善現：無毛端量實物可依。」大般若波羅蜜多經卷三八四：「善現，若諸法中有毛端量實法相者，則菩薩摩訶薩行深般若波羅蜜多時，於一切法不應覺知無相、無念，亦無作意無漏性已，證得無上正等菩提，安立有情於無漏法。何以故？善現，諸無漏法皆無相、無念、無作意故。」

寶藏論云：「夫天地之内、宇宙之間，中有一寶，秘在形山。識物靈照，内外空然，寂寞難見，其謂玄玄。巧出紫微之表，用在虚無之間。端化不動，獨而無雙。聲出妙響，色吐華容。窮觀無所，寄号空空。唯留其聲，不見其形；唯留其功，不見其容。幽顯朗照，物理玄通。森羅寶印，萬像真宗。乃至〔一〕其寶也煥煥煌煌，朗照十方，隱寂無物，圓應堂堂。應聲、應色，應陰、應陽，奇特〔二〕無根，妙用常存。眴目不見，側耳不聞。其本也冥，其化也形，其爲也聖，其用也靈，可謂大道之真精。其精甚靈，萬有之因，凝然常住，與道同倫。故經云：隨其心浄，即佛土浄〔三〕。任用森羅，其名曰聖。」〔四〕

校　注

〔一〕乃至：表示引文中見有删略。

〔二〕「特」，諸校本作「物」。按，寶藏論作「特」。
〔三〕維摩詰所説經卷上佛國品：「若菩薩欲得浄土，當浄其心；隨其心浄，則佛土浄。」
〔四〕見寶藏論廣照空有品。

釋摩訶衍論云：「一切諸法一心量〔一〕，無心外法。以無心外法故，豈一心法與一心法作障礙事，亦一心法與一心法作解脱事？無有障礙，無有解脱，一心之法，一即是心，心即是一；無一別心，無心別一。一切諸法，平等一味，一相無相，作一種光明心地之海。」〔二〕

校注

〔一〕「一心量」，釋摩訶衍論作「唯一心量」。
〔二〕見筏提摩多譯釋摩訶衍論卷九。

寶生論偈云：「微笑降伏大魔軍，明智覺了除衆欲。於此大乘能善住，深識愛原唯自心。」〔一〕

校注

〔一〕見義浄譯成唯識寶生論卷一。

寶性論偈云：「如空徧一切，而空無分別。自性無垢心，亦徧無分別。」〔一〕

校注

〔一〕見勒那摩提譯究竟一乘寶性論卷一一切衆生有如來藏品。

金剛三昧論云：「『一切心相，本來無本，本無本處，空寂無生。若心無生，即入空寂，空寂心地，即得心空。善男子，無相之心，無心、無我，一切法相，亦復如是』〔一〕者，一切心相，種子爲本，求此本種，永無所得。若是現在，則與果俱，無本末異，如牛兩角；若已過去，則無作因，無體性故，猶如兔角。如是道理，本來法尒，故言『本來無本』。又，生滅心生，必依本處，本處既無，則不得生。當知心相本來無生，故言『空寂無生』。所入空寂，即是一心，一切所依，名之爲地，故言即入空寂之心地。」〔二〕

校注

〔一〕見金剛三昧經無相法品。

〔二〕見元曉述金剛三昧經論卷上。

分別功德論云：「有諸〔一〕沙門，行諸禪觀，或在塚間，或在樹下。時在塚間觀於死屍，夜見餓鬼打一死屍。沙門問曰：『何以打此死屍耶？』答曰：『此死屍困我如是，是以打之。』道人曰：『何以不打汝心？打此死屍，當復何益也？』於須臾頃，復有一天，以天曼陀羅華〔二〕散一臭屍。沙門問曰：『何爲散華此臭屍耶？』答曰：『由我此屍得生天上。此屍即是我之善友，故來散華，報往昔恩。』道人答曰：『何以不散華汝心中，乃散臭屍？夫爲善惡之本，皆心所爲，乃捨本求末耶？』」〔三〕

校注

〔一〕「諸」，原作「論」，據法苑珠林卷六改。

〔二〕曼陀羅華：佛經中一種天華。吉藏法華義疏卷二：「曼陀羅華者，河西道朗云：天華名也。中國亦有之，其色似赤而黃，如青而紫，如緑而紅。」慧苑新譯大方廣佛華嚴經音義卷上：「曼陀羅花，此云『悦意花』，又曰『雜色花』，亦云『柔軟聲』，亦云『天妙花』。」窺基撰阿彌陀經通贊疏卷中：「曼陀羅華者，是梵語，此云『適意華』也。光潔異香，聞者、見者身心適悦長道情故。」

〔三〕按，此處引文據法苑珠林卷六六道篇鬼神部業因部轉引。「分別功德論云」者，參見分別功德論卷三。

思益論云：「不見一切諸法是菩提相，不證一法而證諸法，是故説爲應正徧知。」〔一〕

校注

〔一〕見勝思惟梵天所問經論卷三。

此有二解：一、若迷心爲境，如日爍眼光，入室不見自物，如被外境所换。不見自心，亦復如是。二、若以悟境是心，則萬法如星宿，一心如日光，心光徧爍時，無法可披露。

金剛論云：「教中譬如星宿，爲日所映，有而不現。能見心法，亦復如是。」〔一〕釋曰：

校注

〔一〕見金剛般若波羅蜜經論卷下。

法性論〔一〕云：蓋聞之先覺曰：體空入寂，莫先於見法；尋法窮原，莫妙於得性。得性則照本，照本則達自然，達自然見緣起，見緣起斯見法也。將窮其原，必存其要。要而在用者，其唯心法乎？心法者，神明之營魄，精識之丹譽。其運轉也，弥綸於萬行；其感物也，會通於群數。統極而言，則無不在矣。

校注

〔一〕法性論：廬山慧遠著，已佚。出三藏記集卷一五慧遠法師傳：「常以支、竺舊義，未窮妙實，乃著法性論，理奥文詣。羅什見而歎曰：『邊國人未見經，便闇與理合，豈不妙哉！』」

顯性論〔一〕云：一念見性者，見性是凡、聖之本體，普徧一切，而不爲一切之所傾動。在染不染，而能辯染；在淨不淨，而能辯淨。其性不在一切法，而能徧一切法。若觀一法，即不見性；若不觀一法，亦不見性。其性不在觀，不在不觀。於一衆生身中見心性時，一切衆生悉皆見；於一微塵中見心性時，一切微塵悉皆見。以性徧凡聖、善惡故，凡處徹聖處，聖處徹凡處，善、惡相徹，本性自尒。以一切法並不得取，並不可捨，性相自尒。自性淨故，終日說不得一說，終日聞不得一聞，終日見不得一見，終日知不得一知，並非凡聖之所安立。是故經云：若我出世及不出世，此法常然〔二〕。

校　注

〔一〕顯性論：俟考。

〔二〕雜阿含經卷三三：「如來出世及不出世，法性常住。」大般涅槃經卷三四：「若佛出世及不出世，常住不動，無有變易。」

顯宗論云：我此禪門一乘妙旨，以無念爲宗，無住爲本，真空爲體，妙有爲用。夫真如無念，非念想能知；實相無生，豈色心能見！真如無念，念者即念真如；實相無生，生者即生實相。無住而住，常住涅槃；無行而行，能超彼岸。如如不動，動用無窮；念念無求，常求無念。用而常空，空而常用。用而不有，即是真空；空而不無，便成妙有。妙有即摩訶般若，真空即清淨涅槃。般若無見，能見涅槃；涅槃無生，能生般若。西天諸祖，共傳無住之心，同説如來知見〔一〕。

校注

〔一〕按，此段文字，與景德傳燈録卷三〇荷澤大師顯宗記内容相近，此顯宗論當即荷澤大師之顯宗記。荷澤大師者，釋神會，傳見宋高僧傳卷八唐洛京荷澤寺神會傳。又，據出三藏記集卷一五法祖法師傳、高僧傳卷一帛遠傳，遠弟法祚「注放光般若經及著顯宗論等」。法祚顯宗論，已佚。從這段話内容來看，不可能出西晉法祚之顯宗論。

顯正論〔一〕云：問：欲顯何義，名爲顯正？答：欲顯明一切衆生本原清淨無生心體，即是諸佛之正性也。所以者何？一切萬法，心爲其本。然其心性，都無所依，體自圓融，不礙萬法。雖應現萬法，而性自常真，無住無依，不可取捨。勝天王經云：「清淨心〔二〕性，爲諸法本，自性無本。虚妄煩惱，皆從邪念顛倒而生。」〔三〕當知此心即是最勝清淨第一義諦，一切諸佛證知所歸。問曰：定以何法爲心體？答曰：不應求心之定體。何以故？心非所緣，無無相故。亦云非能所，絶相待故；體不可染，性常浄故；非合非散，自性離故；不礙緣起，性虚融故；不可説示，名字空故；諸法虚浄，緣相離故；靈照不竭，用無盡故；果報不同，作業異故；因果宛然，不斷絶故；亦非真實，業性如幻故；又不斷絶，現施爲故；亦不可取，畢竟空故；諸法平等，一相如故；境智無差，離分別故；萬法即空，性無生故。是以一切分别，不離自心；一切諸境，不離名相。若了萬法，不了自心，分別無由能絶。乃至楞伽經云：「若彼心滅盡，無乘及乘者，無有乘建立，我説爲一乘。」〔四〕「彼心」者，即取相所得心也。「一乘」者，即離相清浄無生心也。此心悉能包含運載一切諸法，故名一乘。

校　注

〔一〕顯正論：俟考。按，大唐内典録卷五有云：「道士李少卿又上十異九迷論，道士劉進喜又上顯正論，皆塵黷佛法，無取於時。」此顯正論，應非劉進喜著「塵黷佛法」之顯正論。

〔二〕「心」，勝天王般若波羅蜜經作「法」。

〔三〕見勝天王般若波羅蜜經卷三法性品。

〔四〕見楞伽阿跋多羅寶經卷二。

法苑珠林云：「夫擁其流者，未若杜其源；揚其湯者，未若撲其火。何者？源出於水，源未杜而水不窮；火沸於湯，火未撲而湯詎息？故有杜源之客，不擁流而自乾；撲火之人，不揚湯而自止。」〔一〕故知心爲源，境爲流，不察本心源，但隨諸法轉；意如火，事如湯，不制自意地，唯從境界流。斯皆失本迷源，隨流徇末。若能頓明意地，直了心源，不求脱於諸塵，不繫縛於一法，可謂究末遇本，尋流得源矣。遂乃無功而自辦，無作而自成，顯此一心，萬法如鏡。

校注

〔一〕見法苑珠林卷七六道篇地獄部誡勗部。

歸心論〔一〕云：夫論心性者，若别説，一一生佛皆以法界爲身，一一摩耶胎内亦如是，廣狹皆等，不相妨礙；若揔説，一一生佛同在胎内，十方諸如來同共一法身，互隱互顯，互存互奪，重重互現，皆不思議法界〔二〕。説時不增，不説時不減，性海如是，豈可言盡不盡耶？

校注

〔一〕歸心論：俟考。

〔三〕「界」，諸校本作「身」。

六妙門云：此爲大根人善識法要〔一〕，不由次第懸照諸法之原，所謂衆生心也。一切法由心而起，若能反觀心性，不得心原，即知萬法皆無根本〔二〕。

校注

〔一〕法要：佛法要義。維摩詰所説經卷中文殊師利問疾品：「彼上人者，難爲詶對。深達實相，善説法要，辯才無滯，智慧無礙。」注維摩詰經卷五僧肇注「善説法要」：「善以約言而舉多義，美其善得説法之要趣也。」

〔二〕智顗六妙法門：「觀心六妙門者，此爲大根性行人善識法惡（校注者按，「惡」，當爲「要」之誤），不由次第懸照諸法之源。何等爲諸法之源？所謂衆生心也。一切萬法，由心而起。若能反觀心性，不可得心源，即知萬法皆無根本。」

頓教五位門〔一〕云：第一、識心者，語是心、見是心、聞是心、覺是心、知是心，此是第一悟，一一能知如許多心皆是一心，一心能偏一切處。第二、知身同無情身，不知痛痒、好惡，一切皆是心，不干身事，心能作人、畜，心能作魚、鳥。第三、破四大身，身即是空，空即是無生，空無内、外、中間，離一切相。第四、破五陰。色陰若有，四陰不虚；色陰若無，四陰何有？第五、見性成佛，湛然常住。

校注

〔一〕頓教五位門：俟考。

十住經序云：「以靈照故統名一心，以所緣故摠号一法。若夫名隨數變，則浩然無際；統以心法，則未始非二。」〔一〕

校注

〔一〕出釋僧衛十住經合注序，見出三藏記集卷九。高僧傳卷五釋曇翼傳：「時長沙寺復有僧衛沙門，學業甚著，爲殷仲堪所重，尤善十住，乃爲之注解。」其十住之注解已佚，序賴出三藏記集而得以保存。

十二門論序云：「論之者，欲以窮其心原，盡其至理也。若一理之不盡，則衆異紛然，有惑趣之乖；一原之不窮，則衆途扶疎，有殊致之迹。殊致之不夷，乖趣之不泯，大士之憂也。」〔一〕

校注

〔一〕出僧叡十二門論序，見出三藏記集卷一一。

般若燈論序云：「始夫萬物非有，一心如幻。心如幻故，雖動而恒寂；物非有故，雖起而無生。是以聖人説如幻之心，鑒非有之物。了物非物，則物物性空；知心無心，則心心體寂。達觀之士，得其會歸而忘其所寄，於是分別戲論，不待遣而自除；無得觀門，弗假修而已入。蕩蕩焉，不出不在，無住無依者也。」〔一〕

校注

〔一〕見法琳撰辯正論卷四。據辯正論卷四，貞觀四年「孟春，有詔波頗三藏等可就勝光伽監翻譯般若燈、大莊嚴二論」，「琳又預充執筆，迺爲序曰」，後即録序文。

華嚴論云：猶如大海，有清浄德而能影現七金山等〔一〕。衆生心海，影現六道四生，分明顯現山河大地、色空明闇等〔二〕。

校注

〔一〕李通玄撰新華嚴經論卷二：「猶如大海，以清浄德而能影現七金山、須彌寶山，四天王等所有莊嚴，莫不於中分明顯現。此經亦爾，具説如來法身性海具德莊嚴，十佛身、十蓮華藏，五位、十智、十波羅蜜、十定、十忍、因果報得諸道品法，莫不分明顯現其事。」七金山，佛經中所説圍繞在須彌山周圍的七重金山。

〔三〕按，李通玄新華嚴經論卷八有云：「以佛自體無作大悲爲母，以一切種智爲佛，以法無性無所依爲時日歲月，以一切衆生根器爲明鏡，佛於一切衆生心海任物自見，各得自法，皆令向善及得菩提。」或爲此説所本。

緣生論云：「元是一心，積爲三界。」「凡則迷而起妄，聖則悟以通真。」〔一〕

校注

〔一〕緣生論序：「原是一心，積爲三界。癡流漫遠，苦樹鬱高。欲討其際，難測其本。理極實相之門，筌窮假名之域。五因、七果、十有二分緣生之法，總備於此。凡則迷而起妄，聖則悟以通真。」按，緣生論，一卷，鬱楞迦造，隋達磨笈多譯。此序冠於論首，撰者不詳。

陀羅尼三昧法門偈云：「是法法中高，猶如須弥山。是法法中海，衆源所共歸。是法法中明，猶如星中月。是法法中燈，能破無邊闇。是法法中地，荷載徧十方。是法法中母，出生諸佛種。」〔一〕

校注

〔一〕按，善慧大士語録卷二云「大士又説陀羅尼三昧法門少分偈」，後即録此偈（少中間「是法法中海，衆源所共歸。是法法中明，猶如星中月」四句），則此偈之作者爲傅大士。

法華演秘〔一〕云：事理圓融者，即種種事稱理而徧，以真如理爲洪鑪，融萬事爲大冶，鐵汁洋溢，無異相也。若開權顯實，一切唯心者，亦先融爲本，事事無礙也。重重交映，如地獄苦報，身各自徧。難思妙事，本自如此。佛佛自覺，衆生不知。今解此知，即衆生心是佛智也。即事玄妙，入心成觀。

校注

〔一〕法華演秘：俟考。

法華玄贊疏云：「如經中説『一時』者，即是唯識時，説、聽二徒心識之上，變作三時相狀而起，實是現在隨心分限，變作短長，事緒終訖，揔名『一時』。如夢所見，謂有多生；覺位唯心，都無實境。聽者心變三世亦尔，唯意所緣，是不相應行藴，法界、法處所攝。此言『一時』，一則不定約刹那，二則不定約相續，三則不定約四時、六時、八時、十二時等，四則不定約成道已後年數時節，名爲『一時』。但是聽者根熟，感佛爲説，説者慈悲，應機爲談，説、聽事訖，揔名爲『一時』。『不定約刹那』等者，聽法之徒根器或鈍，説時雖短，聽解時長；或說者時長，聽者亦久。於一剎那，猶未能解，故非剎那。亦『不定約相續』者，猶能說者得陀羅尼，說一字義，一切皆了，或能聽者得淨耳、意，聞一字時，一切能解，故非相續。由於一會聽者根機有利有鈍，如來神力，或延短念爲長劫，或促多劫爲短念，亦不定故，揔約說、聽究竟名時。亦『不定約四時、六時、八時、十二時』者，一日、一月照四天下，長短、暄寒、近遠、晝夜諸方不定，恒二天下同起用故。又除已下，上諸天等，無此四時及八時等，經擬上地諸方流通，若說四時等，流行不徧故。亦『不定約成道已後年數時節』者，三乘凡、聖所見佛身報化，年歲短長、成道已來近遠各不同故。」〔一〕

釋曰：上所說不定約剎那時及相續時，與四時、六時、八時、十二時等及約成道已後年數時節名爲一時者，以長短不定，前後無憑，但說唯心之一時，可爲定量，無諸過失，事理相當，既亡去取之情，又絶斷常之見，不唯一時作唯識解，實乃萬義皆歸一心，則稱可教宗，深諧秘旨，能開正見，永滅群疑。所以經云：「一切諸法，以實際爲定量。」〔二〕又云：「但以大乘而爲解說，令得一切種智。」〔三〕故知但說大無過。夫言大乘者，即是一心之乘。乘是運載義，若論運載，豈越心耶？又，夫不識心人，若聽法看經，但隨名相，不得經旨。如僧崖云：「今聞經語，句句與心相應。」〔四〕又，釋法聰因聽慧敏法師說法，得自於心，蕩然無累〔五〕。乃至見一切境，亦復如是，若不觀心，盡隨物轉。是故大乘入道安心法〔六〕云：若以有是爲是，有所不是；若以無是爲是，則無所不是。一智慧門，入百千智慧門。見柱作柱解，得柱相。不作柱解，觀心是柱法，無柱相，是故見柱即得柱法。一切形色，亦復如是。故華嚴經頌云：「世間一切法，但以心爲〔七〕主。隨解取衆相，顛倒不如實。」〔八〕又，古人云：「六道群蒙，自此門出，歷千劫而不返，一何〔九〕痛哉！」〔一〇〕是知因心得道，如出必由户，何所疑乎？

校注

〔一〕見窺基撰妙法蓮華經玄贊卷一末。

〔二〕見大般若波羅蜜多經卷五七四。

〔三〕見妙法蓮華經卷五安樂行品。

〔四〕見續高僧傳卷二九周益州沙門釋僧崖傳。「釋僧崖，俗姓牟，祖居涪陵。」

〔五〕續高僧傳卷二七唐蘇州常樂寺釋法聰傳：「釋法聰，姓陳，住蘇州常樂寺。（中略）又往會稽，聽一音慧敏法師講，得自於心，蕩然無累。」

〔六〕大乘入道安心法：心賦注卷四引作大乘入道安心論。按，敦煌遺書斯二〇五四寫卷唐淨覺集楞伽師資記（收入大正藏第八五册）：「唐朝蘄州雙峰山道信禪師，承粲禪師後。其信禪師，再敞禪門，宇内流布。有菩薩戒法一本，及制入道安心要方便法門，爲有緣根熟者，説我此法要。」此大乘入道安心法，當即入道安心要方便法門，然這裏所引，不見楞伽師資記所收入道安心要方便法門。楞伽師資記所收，或非全本。

〔七〕「心爲」，原作「爲心」，據嘉興藏、清藏本、心賦注卷四及華嚴經改。

〔八〕見實叉難陀譯大方廣佛華嚴經卷一三。

〔九〕「何」，原作「切」，據本書卷六二引及心賦注卷四、觀心玄樞改。

〔一〇〕按，此説本書卷六二引及心賦注卷四云「古德云」。

百法鈔〔一〕云：「大乘一切皆是心所變故，離心之外，更無有法。即萬般造作，皆不離心；千種起言，豈超心外？」

校注

〔一〕百法鈔：不詳。參見本書卷四六注。

法界觀序云：「法界者，一切衆生身心之本體也。從本已來，靈明廓徹，廣大虚寂，唯一真之境而已。無有形貌而森羅大千，無有邊際而含容萬有，昭昭於心目之間而相不可覩，晃晃於色塵之内而理不可分。非徹法之慧目、離念之明智，不能見自心如此之靈通也。」「於是稱法界性，説華嚴經，令一切衆生自於身中，得見如來廣大智慧而證法界也。

乃至〔一〕故佛身一毛端，則徧一切而〔二〕含一切也。世界尔，衆生尔，塵塵尔，念念尔，法法尔，無有一〔三〕法定有自體而獨立者。」〔四〕

校注

〔一〕乃至：表示引文中間有删略。
〔二〕「而」，原無，據注華嚴法界觀門序補。
〔三〕「有一」，諸校本作「有」，注華嚴法界觀門序作「一」。
〔四〕見裴休注華嚴法界觀門序。按，此序冠於宗密注華嚴法界觀門卷首。

提婆傳云：提婆菩薩「博識淵覽，才辯絶倫，擅〔一〕名天竺，爲諸國所推。所愧〔二〕以爲所不盡者，唯以人不信用其言爲憂。其國中有大天，神驗〔三〕，黄金像之，坐身二丈，号曰大自在天，人有求願，能令現世如意。提婆詣廟，求入拜見，主廟者言：『天像至神，人有見者，既不敢正視，又令人退後失守百日。汝但詣門求願，何須見耶？』提婆言：『若神必能如汝所説，乃從〔四〕令我見之。若不如是，豈是吾之所欲見耶？』時人奇其志氣，伏其明正，隨入廟者數千萬人。提婆既入，天像挺〔五〕動其眼，怒目視之。提婆問：『天神則神矣，何其小也！當以精靈感人，智德伏物，而假黄金以自〔六〕多，動玻瓈以熒惑，非所望也！』即便登梯，鑿出其眼。時諸觀者，咸有疑意：『大自在天何爲一小婆羅門所困？將無名過其實，理屈其詞耶？』提婆曉衆人言：『神明遠大，故以近事試我。我得其心，故登金聚、出玻瓈，令汝等知神不假質、精不託形，吾既不慢，神亦不辱也。』言已而出，即以其夜求諸供備，明日清旦，敬祠天神。提婆先名既重，加以智參神契，其所發言，聲之所及，無不響應，一夜之中，供具精饌，有物必備。大自在天貫〔七〕一肉形，高數〔八〕四丈，左眼枯没而來在坐，歷觀供饌，歎未曾有，嘉其德力，能有所致，而告之言：『汝得我心，人得我形。汝以心供，人以質饋。知而敬我者汝，畏而誣我者人。汝所供饌，盡善盡美矣！唯無我之所須，能以見與，真上施也。』提婆言：『神鑒我心，惟命是從。』神言：『我所乏者左眼，能與我者，便可出之。』提婆言：『敬如天命。』即以左手出眼與之。天神力故，出而隨生，索之不已，從旦終朝，出眼數萬。天神讚曰：『善哉，摩納〔九〕，真上施也！欲求何願，必如汝意。』提婆言：『我稟明於心，不假外也。唯恨悠悠童蒙，不知信受我言。神賜我願，必當令我言不虛設。唯此爲請，他無所須。』神言：『必如所願。』於是而退，詣寺，受出家法，剃髮法服，周遊揚化。於天竺大國之都，四衢道中，敷高座，作三論言：『一切諸聖中，佛聖最第一；一切諸法中，佛法正第一；一切救世衆，佛僧爲第一。八方諸論士，有能壞此語者，我當斬首以謝其屈。所以者何？立理不明，是爲愚癡。愚癡之頭，非我所須。斬以謝屈，甚不惜也！』八方論士既聞此言，亦各來集而立誓言：『我等不如，亦當斬首。愚癡之頭，亦所不惜！』提婆言：『我所修法，仁活萬物。要不如者，當剃汝鬚髮以爲弟子，不斬首也。』立此要已，各撰名理，建無方論而與酬酢。智淺情近者，一言便屈。智深情遠者，極至二日，則辭理俱匱，即皆下髮。如是日日王家送衣鉢，終竟三月，度十餘萬人」〔一〇〕。釋曰：「稟明於心，不假外」者，審如斯悟〔一一〕，何往不從？故能德動明神，鑿大自在天之眼；化諧人意，度十萬外道之心。可謂救世良醫，度人妙術！不得斯旨，悲願何成？自利、利他，理窮於此。

校注

〔一〕「擅」，原作「誕」，據清藏本及提婆菩薩傳改。

〔二〕「所愧」，提婆菩薩傳作「探賾胸懷，既無所愧」。

〔三〕「驗」，提婆菩薩傳作「鑄」。按，據大正藏校勘記，宮本提婆菩薩傳作「驗」。

〔四〕「從」，清藏本作「當」，提婆菩薩傳作「但」。按，據大正藏校勘記，餘諸本提婆菩薩傳皆作「從」。

〔五〕「挺」，提婆菩薩傳作「搖」。

〔六〕「自」，原作「目」，據大正藏本提婆菩薩傳改。自多，謂自滿。按，據大正藏校勘記，餘諸本提婆菩薩傳皆作「目」。若作「目」，「多」當屬後。然無論前後句式還是句意，皆以「自」更勝。

〔七〕「貫」，清藏本作「變」，付法藏因緣傳作「作」。

〔八〕「高數」，原作「數高」，據提婆菩薩傳、付法藏因緣傳改。「高數四丈」，謂高的具體「數」爲「四丈」。

〔九〕摩納：意譯「净行青年」「儒童」等，多指婆羅門之青年。翻梵語卷六雜人名：「摩納，亦云『摩那婆』，譯曰『摩那婆』者，少年净行。」玄應一切經音義卷一：「摩納，或云『摩納婆』，或云『摩那婆』，或云『那羅摩那』，皆是梵音訛轉耳，此譯云『年少净行』，亦云『人』也。」

〔一〇〕見鳩摩羅什譯提婆菩薩傳。

〔一一〕「悟」，嘉興藏本作「語」。

天台無量壽佛疏云：「就一字説者，釋論云：所行如所説，所説即是教，如即是理，行即是行，佛即是法身，觀即般若，無量壽即解脱。當知即一達三，即三達一，一中解無量，無量中解一。於一字上達無量義，況諸字、況一題、況一經、況一切經耶？故經云：若聞首題名字，所得功德不可限量〔一〕。若不如上解者，安獲無限功德耶？」〔二〕釋云：若不歸一心解，安獲無限功德？以無量功德即一心具足，若離心，所見皆不圓滿，悉成邪倒。設具行門，皆成分限。

校注

〔一〕佛説觀無量壽佛經：「下品上生者，或有衆生作衆惡業，雖不誹謗方等經典，如此愚人，多造惡法，無有慚愧，命欲終時遇善知識，爲讚大乘十二部經首題名字。以聞如是諸經名故，除卻千劫極重惡業。」

〔二〕見智顗觀無量壽佛經疏。

起信疏云：「夫真心寥廓，絶言像於筌罤；沖漠希夷，亡境智於能所。非生非滅，四相之所不遷；無去無來，三際莫之能易。但以無住爲性，隨派分岐，逐迷悟而昇沉，任因緣而起滅。雖繁興鼓躍，未始動於心原；静鑒虚凝，未嘗乖於業果。故使不變性而緣起，染、浄恒分；不捨緣而即真，凡、聖一致。其猶波無異水之動故，即水以辯於波；水無異動之濕故，即波以明於水。是則動静交徹，真俗雙融，生死涅槃，夷齊同貫。」〔一〕

校注

〔一〕見法藏撰大乘起信論義記卷上。

安樂集云：「問：何因一念佛之力，能斷一切諸障？答：如經云：譬如有人用師子筋以爲琴絃，音聲一奏，一切餘絃悉皆斷壞。若人菩提心中行念佛三昧者，一切煩惱、一切諸障悉皆斷滅。亦如有人搆取牛、羊、驢、馬一切諸乳置一器中，若將師子乳一渧投之，直過無難，一切諸乳悉皆破壞，變爲清水。若人但能菩提心中行念佛三昧者，一切惡魔諸障直過無難。」〔一〕

校注

〔一〕見唐道綽安樂集卷上。「經云」者，佛陀跋陀羅譯大方廣佛華嚴經卷五九：「譬如有人，用師子筋以爲琴弦，音聲既奏，餘弦斷絶。一切如來波羅蜜身，出菩提心功德音聲，若樂五欲二乘法者，聞悉斷滅。譬如牛、馬、羊乳合在一器，以師子乳投彼器中，餘乳消盡，直過無礙。如來師子菩提心乳，著無量劫所積諸業煩惱乳中，皆悉消盡，不住聲聞、緣覺法中。」

寶藏論注〔一〕云：「實此非彼，實彼非此。鳥跡空文，奇特現矣」〔二〕者，破彼此也。諸法如幻，比鳥跡空文，皆從心生，奇特現矣。又云「光超日月，德越太清。萬物無作，一切無名。轉變天地，自在縱横」者，萬物不能自立，人爲作名，皆自心起。轉變天地，了一切唯心，則萬法無累其神明，即所向自由，即自在縱横。

校注

〔一〕按，高麗義天録新編諸宗教藏總録卷三海東有本見行録下，著録僧肇述寶藏論一卷，注三卷，法滋注。法滋，俟考。

〔二〕見寶藏論廣照空有品。下一處引文同。

天台涅槃疏云：煩惱與身一時者，除彼所計之一時。若是所解言一時者，此是前後而一時？一時而前後？只於一時義中，説有前後，即煩惱爲前，身屬於後。何以故？因果無二，色心體一。三道三德，一念無乖；五陰五脱，刹那理等。貴在破執，破〔一〕已，了性同空，空無前後。如炷與明一時有，要因炷有明，煩惱與身亦然。故知前後一心，一心前後，如是解者，有何差别？只恐心外取法而自異耳〔二〕。

校注

〔一〕「破」，原作「執」，據大般涅槃經疏改。

〔二〕詳見灌頂撰大般涅槃經疏卷三三。

杜順和尚〔一〕攝境歸心真空觀云：「謂三界所有法，唯是一心〔二〕，心外更無一法可得，故曰歸心。謂一切分别但由自心，曾無心外境，能與心爲緣。何以故？由心不起，外境本空。論云：由依唯識故，境本無體，真空義成故，以塵無有故，本識即不生〔三〕。由此方知，由心現境，由境顯心，心不至境，境不入心。常作此觀，智慧甚深。」〔四〕

校注

〔一〕杜順：釋法順，俗姓杜，傳見續高僧傳卷二六唐雍州義善寺釋法順傳。

〔二〕「一心」，修華嚴奥旨妄盡還源觀作「一心造」。

〔三〕真諦譯中邊分别論卷上相品：「由依唯識故，境無體義成，以塵無有體，本識即不生。」

〔四〕見法藏述修華嚴奥旨妄盡還源觀。按，還源觀述六重觀門，第一即「攝境歸心真空觀」。又，宋高僧傳卷五周洛京佛授記寺法藏傳：「昔者，燉煌杜順傳華嚴法界觀，與弟子智儼講授此晋譯之本。智儼付藏，藏爲則天講新華嚴經。」故知法藏所講華嚴，本之於杜順和尚。

唯識序〔一〕云：離心之境克湮，即識之塵斯在，帶數之名攸顯，唯識之稱兆彰。故得一心之旨，永傳而不窮；八識之燈，恒然而無盡。

校注

〔一〕唯識序：不詳。

音義

奂，呼貫反。　煌，胡光反，火光也。　眴，舒閏反，眴目也。　屍，式之反，屍柩也。　爍，書藥反，灼爍也。　撲，普木反，拂也。　冶，羊者反，銷也。　洋，与章反，水流皃也。　廓，苦郭反。　誕，徒旱反。　挺，徒鼎反，挺出也。　熒，户扃反，光明也。　鑿，在各反。　饋，求位反，餉也。　誣，武扶反。　酬，市流反。　酢，在各反，酬酢也。　匱，求位反，乏也。　諧，户皆反，和也。　沖，直弓反，和也。　漠，慕各反，沙漠也。　派，疋卦反，分流也。

戊申歲分司大藏都監開板

宗鏡録卷第一百

慧日永明寺主智覺禪師延壽集

東國義相法師〔一〕釋華嚴經云：當知此一部華嚴經雖七處九會〔二〕，而唯在十地品。所以者何？以根本攝法盡故。雖在〔三〕十地不同，而唯在初地。何以故？不起一地，普攝一切諸地功德故〔四〕。一地中雖多分不同，而唯在一念。何以故？三世九世即一念故，一切即一故。如一念，多念亦如是。一即是一切，一念即多念。陀羅尼法，主伴相成，一即爲主，一切爲伴，隨擧一法，盡攝一切。乃至〔五〕一文一句，盡攝一切。何以故？若無此，彼不成故，陀羅尼法法如是故〔六〕。經云：「如來於一語言中，演出無邊契經海。」〔七〕

校注

〔一〕義相：或作義湘，新羅高僧。宋高僧傳卷四唐新羅國義湘傳：「釋義湘，俗姓朴，雞林府人也。（中略）湘終于本國，塔亦存焉，號海東華嚴初祖也。」

〔二〕七處九會：佛説華嚴經之場所與會座。此爲唐譯華嚴經所説，晉譯則爲七處八會。按，華嚴一乘法界圖中作「七處八會」，蓋其所據爲晉譯本也。善卿編正祖庭事苑卷五：「七處九會，佛説華嚴，一、菩提場中，二、普光明殿，三、忉利天宫，四、夜摩天，五、兜率天，六、它化自在天，七、重會普光明殿，八、重會普光明殿，九、給孤獨園。」

〔三〕「雖在」，華嚴一乘法界圖作「地品中雖」。

〔四〕佛陀跋陀羅譯大方廣佛華嚴經卷一：「同一法性，覺慧廣大，甚深智境，靡不明達，住於一地，普攝一切諸地功德。」

〔五〕乃至：表示引文中間有删略。

〔六〕詳見新羅義相華嚴一乘法界圖。

〔七〕見佛陀跋陀羅譯大方廣佛華嚴經卷二。

復禮法師云：「觀業義者，夫業因心起，心爲業用，業引心而受形，心隨業而作境。然則因業受身，身還造業，從心作境，境復生心。若影隨形而曲直，猶響隨聲而大小矣。」〔一〕

校注

〔一〕見唐復禮十門辯惑論卷中觀業救捨門。復禮，俗姓皇甫，傳見宋高僧傳卷一七唐京兆大興善寺復禮傳。

慧集法師悟道頌云：「普光初學道，無邊世界動，迴天復轉地，併入一毛孔。」〔二〕

校注

〔一〕見善慧大士語録卷四附慧集法師：「闍梨俗姓王，名蚰之，吴郡富春右鄉大括里人。（中略）先，大士常謂人曰：慧集是觀音，普愍是文殊。及此迭相證明，毁傷髮膚，非此不能也。法師自是布施、放生、救苦、治病，遊行郡國，不以艱苦告勞。自唱無量樂，因説偈曰：大士兜率來，震動遊諸國，蓮華匝地生，特許迎彌勒。普光初學道，無邊世界動，迴天復轉地，并入一毛孔。爾時，人間唱此偈者，多不領解。或有會其理者，謂大士既是彌勒佛分身，法師又爲觀音降迹。經云：彌勒下生，雨華遍地。觀音登覺，方成普光如來。偈言『震動諸國』，即彌勒下生之時也。『迴天』『轉地』，即是觀音應變之跡也。」

弘沇法師〔一〕云：若人執衆生心外别有無情，佛性不徧，皆違如來藏徧法界義。唯識論云：根身、器世間，即是賴耶相分，相分不離見分〔二〕。又云：若時於所緣，智都無所得，離二取相故，真實住唯識〔三〕。如第六識緣現在心，唯一刹那，誰爲能、所？設緣三世，亦現在心，妄分能、所。若得此意，三界唯心，法界一相，亦何不適？

校注

〔一〕弘沇：傳見宋高僧傳卷六唐京師崇福寺惟慤傳附。撰有大佛頂首楞嚴經疏，據錢謙益大佛頂首楞嚴經疏解蒙鈔卷三，「蜀資中弘沇法師疏。繼崇福而作疏者，資中也。義例則取諸館陶」。

〔二〕按，此説成唯識論中未見，或爲撮述大意。

〔三〕玄奘譯成唯識論卷九：「若時於所緣，智都無所得，爾時住唯識，離二取相故。」

神鍇法師云：「一念淨心，微細如芥子，森羅萬像，猶若須弥。萬像雖復衆多，要從一心變起，離心之外，畢竟無法。是則攝相從心，云内須弥於芥子也。」〔一〕

校注

〔一〕敦煌遺書伯二〇三二寫卷維摩經疏卷五：「就唯識者，一念淨心，微細如芥，參羅万象，雖復衆多，要從一心變起，離心之外，必竟無法，是即攝境從心，故云内也。」按，此卷抄寫内容，是維摩詰所説經不思議品至入不二法門品的注疏，首題「維摩疏卷第五不思議品第六」，尾題「維摩經疏卷第五」，當爲神楷維摩經疏卷第五。「神鍇」，或作「神楷」。宋高僧傳卷四周京兆崇福寺神楷傳：「釋神楷，姓郭氏，太原人也。（中略）於經論義理，大小該通，耳聞口誦，譬鮮氎之易染。遂講攝大乘、俱舍等論，穎晤輩流，罕有齊駕。後因講淨名經，見古師判處，喟然歎曰：美則美矣，未盡善也。乃於安陸白趙山撰疏。一云在越州剡石城寺。」據義天録新編諸宗教藏總録卷一海東有本見行録上，神楷述維摩經疏七卷。新唐書藝文志則著録神楷維摩經疏六卷。

元康法師云：「明悟入者，如來説法八萬四千，所明至理，更無異道。華嚴經云：『一道出生死。』〔一〕涅槃經云：『一道清淨。』〔二〕大品經云：『一相無相。』〔三〕淨名經云：『不二法門。』〔四〕論云：『自知不隨他，寂滅無戲論，無異無分別，是則名實相。』〔五〕乃群賢所趣，衆義同歸，咸指一心之實道矣。」〔六〕

校　注

〔一〕見佛陀跋陀羅譯大方廣佛華嚴經卷五。

〔二〕見大般涅槃經卷一三，南本見卷一二。

〔三〕見大般若波羅蜜多經卷三七〇等。

〔四〕見維摩詰所説經卷中入不二法門品。

〔五〕見龍樹造、鳩摩羅什譯中論卷三觀法品。

〔六〕出處俟考。宋高僧傳卷四唐京師安國寺元康傳：「釋元康，不詳姓氏。貞觀中，遊學京邑。（中略）詔入安國寺，講此三論，遂造疏解中觀之理。别撰玄樞兩卷，總明中、百、門之宗旨焉。後不測其終。」據日僧常曉常曉和尚請來目録，元康法師有百論疏一部三卷、三論玄樞一部二卷、中論三十六門勢疏一卷。此引文中「論云」出中論，故此段引文或出其中論三十六門勢疏。

智者大師與陳宣帝書云：「夫學道之法，必須先識根原，求道由心。又須識心之體性，分明無惑，功業可成。一了千明，一迷萬惑〔一〕。心無形相，内外不居。境起心生，境亡心滅，色大心廣，色小心微。乃至知心空寂，即入空寂法門；知心無縛，即入解脱法門；知心

無相，即入無相法門；覺心無心，即入真如法門。若能知心如是者，即入智慧法門。」〔二〕

校注

〔一〕按，敦煌遺書斯二〇五四寫卷唐浄覺集楞伽師資記（收入大正藏第八五册）：「古時智敏禪師訓曰：學道之法，必須解行相扶，先知心之根原及諸體用，見現分明無惑，然後功業可成。一解千從，一迷萬惑。失之毫氂，差之千里。此非虚言。」印順認爲「古時智敏禪師」者，即智顗之訛誤：「智者正名爲智顗，智敏禪師大致爲智顗禪師的誤寫。『顗』字旁的『頁』，草書是與『文』相近的。」（印順中國禪宗史，頁六三）又，據出三藏記集卷一三僧伽跋澄傳、歷代三寶紀等，僧伽跋澄譯經，有智敏（高僧傳、開元釋教録中作「敏智」）筆受，不知是否即此「古時智敏禪師」？

〔二〕智者大師：即智顗。日僧圓仁撰入唐新求聖教目録，著録天台大師答陳宣帝書一卷。此處所引，當即出該書。

圓覺疏序〔一〕云：「夫血氣之屬必有知，凡有知者必同體，所謂真浄明妙、虚徹靈通，卓然而獨存者也。衆生之本原，故曰心地；諸佛之所得，故曰菩提；交徹融攝，故曰法界；寂静常樂，故曰涅槃；不濁不漏，故曰清浄；不妄不變，故曰真如；離過絶非，故曰佛性；護善遮惡，故曰揔持；隱覆含攝，故曰如來藏；超越玄秘，故曰密嚴國；統衆德而大備，鑠群昏而獨照，故曰圓覺：其實皆一心也。背之則凡，順之則聖。迷之則生死始，悟之則輪迴息。親而求之，則止觀定慧；推而廣之，則六度萬行。引而爲智，然後爲正智；依而爲因，然後爲正因。其實皆一法也。終日圓覺而未嘗圓覺者，凡夫也；欲證圓覺而未極圓覺者，菩薩也；住持圓覺而具足圓覺者，如來也。離圓覺無六道，捨圓覺無三乘，非圓覺無如來，泯圓覺無真法，其實皆一道也。三世諸佛之所證，蓋證此也。如來爲大事出現，蓋爲此事也。三藏十二部一切修多羅，蓋詮此也。」〔二〕

釋曰：心之一法，名爲普法。欲照此心，應須普眼虚鑒，寂照靈知，非偏小而可窮。以圓滿而能覺，故曰圓覺，此約能證也；真如妙性，寂滅無爲，具足周徧，無有缺減，故曰圓覺，此約所證也。能、所冥合，唯是一心。此一心，能爲一切萬法之性，又能現三乘六道之相，攝相歸性，曾無異轍，則世、出世間昇降雖殊，凡有種種施爲，莫不皆爲此也。離此則上無三寶一乘，下無四生九有〔三〕。

校注

〔一〕「圓覺疏序」，嘉興藏、清藏本作「裴休圓覺疏序」。

〔二〕見裴休大方廣圓覺修多羅了義經略疏序。按，此序見宗密述大方廣圓覺修多羅了義經略疏卷首。

〔三〕四生：有情衆生出生的四種方式（胎生、濕生、卵生和化生）。九有：三界中有情衆生的九處樂住之地。詳見本書卷一八注。

臺山釋礚楞伽經訣〔一〕云：佛法大旨，舉要言之，不出心爲大旨。所以楞伽經以心爲正宗，故云「佛語心爲宗，無門爲法門」。所言心者，謂佛語心；所言宗者，謂心實處。又云：迷則萬惑累心，解則真照法界〔二〕。迷則生死紛紜，解則涅槃常寂〔三〕。迷、解雖殊，莫不皆是一心隱顯。三藏法師云：「衆生之類，是菩薩佛土。」〔四〕驗此六識，即究竟果處，而惑者終日作迷解。

校注

〔一〕按，釋礚及其楞伽經訣皆不可考，此處引文，亦不見他處。

〔二〕智顗説金光明經文句卷二：「解一則千從，迷一則萬惑。」

〔三〕寶亮等集大般涅槃經集解卷一八：「僧宗曰：此理曾不暫無，但以隱顯爲異也。何者？夫解之與惑，二途而已。若乖理起惑，則生死紛紜；若扶理生解，則涅槃寂静。正以煩惱所覆，則隱而不彰。」

〔四〕出維摩詰所説經卷上佛國品。按，注維摩詰經卷一引僧肇注曰：「夫至人空洞無象，應物故形。形無常體，況國土之有恒乎？夫以群生萬端，業行不同，殊化異被，致令報應不一，是以浄者應之以寶玉，穢者應之以沙礫，美惡自彼，於我無定，無定之土，乃曰真土。然則土之浄穢，繫于衆生，故曰『衆生之類，是菩薩佛土』也。」

跋陀三藏云：「理心者，心非理外，理非心外，心即是理，理即是心。心理〔一〕平等，名之爲理；理照能明，名之爲心。覺〔二〕心理平等，名之爲佛心。會實性者，不見生死、涅槃有別，凡、聖無異，境、智一如，理、事俱融，真、俗齊觀，圓通無礙，名修大道。」〔三〕

校注

〔一〕「理」，楞伽師資記作「能」。

〔二〕「覺」，楞伽師資記無。

〔三〕唐净覺集楞伽師資記（見敦煌遺書斯二〇五四寫卷，收入大正藏第八五册）「第一、宋朝求那跋陀羅三藏」：「今言安心者，略有四種：一者、背理心，謂一向凡夫心也；二者、向理心，謂厭惡生死，以求涅槃，趣向寂静，名聲聞心也；三者、入理心，謂雖復斷障顯理，能所未亡，是菩薩心也；四者、理心，謂非理外理，非心外心，理即是心。心能平等，名之爲理；理照能明，名之爲心。心理平等，名之爲佛心。會實性者，不見生死涅槃有別，凡聖爲異，境、智無二，理、事俱融，真、俗齊觀，染、净一如。佛與衆生，本來平等一際。」則此跋陀三藏即求那跋陀羅，中天竺人，高僧傳卷三有傳。「跋陀三藏云」者，當爲後代僞託。又，敦煌遺書伯二一六二寫卷大乘開心顯性頓悟真宗論：「問曰：云何是道？云何是理？云何是心？答曰：心是道，心是理，則是心心外無理，理外無心。心能平等，名之爲理。理照能明，名之心。心理平等，名之佛心。得此理者，不見生死，凡聖無異，境、智無二，理、事俱融，染、净一如，如理真照，無非是道。自他俱離，一切行一時行，亦無前後，亦無中間，縛解自在，稱之道。」據前文，「問」者爲慧光，「答」者爲大照禪師。大照禪師，據舊唐書、釋氏稽古略等爲普寂，神秀法嗣，傳見宋高僧傳卷九唐京師興唐寺普寂傳。全唐文卷二六二有李邕撰大照禪師塔銘。大照禪師所「答」，顯然與此處所引相近。而普寂爲楞伽師資記所列求那跋陀羅之後第八代傳人之一，故「跋陀三藏云」者，或爲浄覺在普寂所説基礎上擬撰。

釋道世云：「四禪無像，三達皆空；千佛異迹，一智心同。」〔一〕

校　注

〔一〕見道世法苑珠林卷一二結集部七百結集部。道世，傳見宋高僧傳卷四唐京師西明寺道世傳。

澄觀和尚華嚴疏云：「上來諸門，乃至無盡，不離一心，一心即法界故。起信云：『所言法者，謂衆生心。』〔一〕心體即『大』，心之本智即『方廣』，觀心起行即『華嚴』，覺心性相即是『佛』。覺非外來，全同所覺，故理智不殊。理智形奪，雙亡寂照，則念念皆是華嚴性海，則物我皆如，泯同平等。爲未了者，令了自心。若知觸物皆心，方了心性。故梵行品云：『知一切法，即心自性。成就慧身，不由他悟。』〔二〕然今法學之者，多棄内而外求；習禪之者，好亡緣而内照。並爲偏執，俱滯二邊。既心境如如，則平等無礙。昔曾瑩兩面鏡，鑑一盞燈，置一尊容，而重重交光，佛佛無盡。見夫心境互照，本智雙入，心中悟無盡之境，境上了難思之心，心境重重，智照斯在。又，即心了境界之佛，即境見唯心如來，心佛重重，而本覺性一，皆取之不可得，則心境兩亡；照之不可窮，則理智交徹。心境既尔，境境相望，心心互研，萬化紛綸，皆一致也。唯證相應，名『佛華嚴』矣。」〔三〕

釋云：「今人只解即心即佛是心作佛，不知即境即佛是境作佛。今明以如爲佛，心、境皆如，心如即佛，境如焉非？又，心有心性，心能作佛；境有心性，安不作佛？以心收境，則心中見佛，是境界之佛；以境收心，境中見佛，是唯心如來。」〔四〕

校注

〔一〕見真諦譯大乘起信論。

〔二〕見實叉難陀譯大方廣佛華嚴經卷一七梵行品。

〔三〕見澄觀撰大方廣佛華嚴經疏卷三。

〔四〕見澄觀述大方廣佛華嚴經隨疏演義鈔卷一八。

華嚴錦冠〔一〕云：觀心釋「大方廣佛華嚴經」者，若約教詮義，則有多門。若不攝歸一心，於我何預？夫言「大」者，即是心體，心體無邊，故名爲「大」；「方」是心相，相具德相之法，故名「方」；「廣」是心用，心有稱體之用；「佛」是心果，心解脱處名「佛」；「華」是心因，心所引行，喻之以「華」；「嚴」是心功，心能善巧嚴飾，目之爲「嚴」；「經」是心教，心起名言，詮顯此理，故名爲「經」。然「心」之一字，雖非一切，能爲一切。觀者以三大中具四法界，對彼四界，故成四觀。法本如是，故依法而觀。若依此悟解，念念即是華嚴法界，念念即是毗盧遮那法界也。

校注

〔一〕按，義天新編諸宗教藏總録卷一海東有本見行録上大華嚴經注疏類著録有錦冠鈔四卷，或二卷，傳奥述。後引文亦見法界圖記叢髓録卷下之二引，云「華嚴錦冠鈔云」。故此華嚴錦冠，當即傳奥錦冠鈔。傳奥，詳見本書卷六注。

肇論注〔一〕云：「近而不可知者，其唯物性乎」〔二〕者，尚書云：天生萬物，唯人之靈〔三〕。有情、無情爲萬物也；靈是心之性，亦即萬物之性也。即物之性空，目擊而非遥，雖近而不可知也。故論云：遠不可見，如空中鳥跡；近不可見，如眼中之藥〔四〕。遠喻三祇至道，近喻即真不見也。

校注

〔一〕按，此肇論注，不詳。

〔二〕見肇論物不遷論。
〔三〕書泰誓上：「惟天地，萬物父母；惟人，萬物之靈。」
〔四〕大般涅槃經卷二八：「遠不可見，如空中鳥跡；近不可見，如人眼睫。」

如上所引祖教，委細披陳，可以永斷纖疑，圓成大信。若神珠在掌，寶印當心，諸佛常現目前，法界不離言下。是以從初標宗，於一心演出無量名義。無量名義，不出理智。非理不智故，理外無智；非智不理故，智外無理。亦攝智從理，離體無用；攝用歸體，體性自離。故體即非體，即一切法，如虛空性，空性亦空，畢竟寂滅，斯滅亦滅，不知以何言故，强名之無盡真心耳。今還攝無量義海，摠歸一句，乃至無句，一字一點，卷舒自在，不動一心，究竟指歸，言思絶矣。

又，此乃是内證自心，真性絶待，無依平等法門。如華嚴疏鈔云：「『悟一切法自性平等』〔一〕者，入於諸法真實之性故。謂真實性中，無差别相，無種種相，無無量相，萬法一如，何有不等？此真實性，依何立故？復次，明證無依法，所謂不依於色、不依於空。若萬法依空，空無所依。今萬法依真，真無所依，即無依印法門故，捨離世間。世間即有種種差别，斯則性尚不立，何況於相？亦不依空立色，亦不依色立空，亦無異無不異，無即無不即，斯

見即絶，强名内證尔。」〔二〕

校注

〔一〕見實叉難陀譯大方廣佛華嚴經卷七三。

〔二〕見澄觀述大方廣佛華嚴經隨疏演義鈔卷八八。

問：如上解釋引證，皆是祖佛之言，何不自語？

答：我若自語，一切茫然，罔措津涯，豈有申問之處？設祖佛之教，皆是隨他意語，曲順時機。是以世尊言：三世諸佛所説之法，吾四十九年不加一字〔一〕。又，經云：先佛已説，後佛隨順〔二〕。若能如是了達，則知佛語是自語，自語是佛語。故本師云：一切外道經書，皆是佛説，非外道説〔三〕。又云：釋迦如來語、提婆達多語，無二無別。若於此不信不明，皆成二見。常縈分別凡、聖之想，恒生取捨自、他之情，欲紹吾宗，無有是處。

校注

〔一〕楞伽阿跋多羅寶經卷三：「如世尊所説：『我從某夜得最正覺，乃至某夜入般涅槃，於其中間乃至不説一字，亦不已説、當説，不説是佛説。』」參後注。

〔二〕波羅頗蜜多羅譯般若燈論釋卷一五觀涅槃品：「於先佛所説法，自解自證故，一切諸法皆先佛已説，今佛隨順而説，不加一字。」

〔三〕本師：即釋迦牟尼，佛教以釋迦牟尼爲根本教師。「本師云」者，大般涅槃經卷八：「所有種種異論、呪術、言語、文字，皆是佛説，非外道説。」

問：前標宗章已廣説唯心之旨，何故十帙之中，卷卷委曲重説？

答：此是秘要之門，難信之法，轉深轉細，難解難知，悉抱疑情，盡居惑地。夫疑者，於諸諦理猶豫爲性，能障善品爲業故。疑有多種，略説具三：一、疑自，謂己不能入理；二、疑師，謂彼不能善教；三、疑法，謂於所學，爲令出離？爲不出離？況如有病之人疑自、疑醫、疑藥，病終不愈〔一〕。若具前三疑，終不能決定信入。今宗鏡所録，皆是正直捨方便，但説無上道，隨聞一法，盡合圓宗，實可以斷深疑、成大信〔二〕。

校注

〔一〕澄觀述大方廣佛華嚴經隨疏演義鈔卷二〇：「疑略有二：一、通相説，於諸諦理猶豫爲性，能障不疑善品爲業。二者、五蓋中疑，略有三種：一、疑自，謂己不能入理；二、疑師，爲彼不能善教；三、疑法，謂於所學，爲令出離？爲不出離？如有病人疑自、疑醫、疑藥，病終不愈。」

〔二〕妙法蓮華經卷一方便品：「今我喜無畏，於諸菩薩中，正直捨方便，但説無上道。菩薩聞是法，疑網皆已除，千二百羅漢，悉亦當作佛。」

如清涼記云：「謂聞空莫疑斷，是即事之空，非斷滅故；聞有莫疑常，非定性有，從緣有故。聞雙是莫疑兩分，但雙照二諦，無二體故；聞雙非莫疑無據，以但遮過，令不著故。又，聞空莫疑有，是即有之空故；聞有莫疑空，是即空之有故。聞雙是莫疑雙非，是即非有無爲有無故；聞雙非莫疑雙是，是即有無方是非有無故。」〔一〕

校注

〔一〕見澄觀述大方廣佛華嚴經隨疏演義鈔卷二〇。

是知諦了一心，群疑頓斷，則有不能有，空不能空，凡不能凡，聖不能聖，豈世間言語是非之所惑哉？如佛藏經云：「佛告舍利弗：『須弥山王爲高大不？』『高大，世尊。』『舍利弗，四天下中，普雨大石，皆如須弥，有人以手承接此石，無有遺落如芥子者，於意云何？爲希有不？』『希有，世尊。』『舍利弗，如來所説一切諸法，無生無滅，無相無爲，令人信解，倍爲希有。舍利弗，譬如有人以一切衆生置左手中，右手接舉三千世界山河、草木，皆能令是一切衆生同心喜樂，其意不異，於意云何？爲希有不？』『希有，世尊。』『舍利弗，如來所説一切諸法，無生無滅，無相無爲，令人信解，倍爲希有。』」〔二〕

校注

〔一〕見佛藏經卷上諸法實相品。

此宗鏡文所以前後廣引者，只爲此心深奥故難信，秘密故難知，乃至菩薩大智，尚須佛力所加，豈況淺劣而能知者！如寶雨經云：「佛言：云何菩薩深信如來意業秘密？若諸菩薩聞於如來意之秘密，謂如來所有意樂、法義依止於心，依心而住，一切菩薩、聲聞、緣覺及諸有情，無能知者，唯除如來之所加持。」〔一〕是以雖前引後證，文廣義繁，則語語内而利益根機，聞聞中而驚新耳目，何厭重説，起此慢心？所以本師云：行住坐卧，常説妙法。又云：我於得道夜及涅槃夜，是二夜中間，常説般若〔二〕。是以機多生熟，信有淺深，前聞熏而未堅，後聞熏而方入。

校注

〔一〕見佛説寶雨經卷六。

〔二〕龍樹造、鳩摩羅什譯大智度論卷一：「佛二夜經中説：佛初得道夜，至般涅槃夜，是二夜中間所説經教，一切皆實不顛倒。」

如大智度論云：「譬如摇樹取果，熟者前墮，若未熟者，更須後摇。又如捕魚，前網不盡，後網乃得。」〔一〕又云：「復次，是般若波羅蜜相甚深，難解難知，佛知衆生心根有利鈍：鈍根者少智，爲其重説；若利根者，一説二説便悟，不須種種説。譬如駃馬下一鞭便走，駑馬多鞭乃去。如是等種種因緣故，經中重説無咎。」〔二〕

又，「問曰：上來數説，是般若波羅蜜甚深因緣，今何以復重説？答曰：處處説甚深，多有所利益。凡人不知，謂爲重説。譬如大國王，未有嫡子，求禱神祇，積年無應。時王出行，夫人産子男，遣信告王：『大夫人産男。』王聞喜而不答，乃至十反。使者白王：『向所白者，王不聞也？』王曰：『我即聞之，久來願滿故，喜心内悦，樂聞不已耳。』即敕有司，賜此人百萬兩金，一語十萬兩。王聞使者言，語語中有利益，非是重説，不知者謂爲重。處處説甚深亦如是，佛與菩薩、須菩提知大有利益，須菩提聞佛説深般若不能得底，轉覺甚深。處處聽者處處聞甚深，得禪定、智慧利益等，凡夫人謂爲重説」〔三〕。

且如國王聞於一語，有多利益，賜十萬兩金，此乃增生死根，成於識樂。今聞宗鏡卷卷之中、文文之内，重重唱道，一一標宗，長菩提根，成於法樂，盡大地爲黄金，未酬一字！請不生怠猒於頻聞，令已達者重堅信心，使未入者速發聞慧。

校注

〔一〕見龍樹造、鳩摩羅什譯大智度論卷七。

〔二〕見龍樹造、鳩摩羅什譯大智度論卷三六。

〔三〕見龍樹造、鳩摩羅什譯大智度論卷七一。

問：此宗鏡門，還受習學不？

答：學則不無，略有二義：一者、若論大宗根本正智，不從心學，非在意思，圓明了知，不因心念。故台教云：「手不執卷，常讀是經；口無言音，徧誦衆典；佛不説法，恒聞梵音；心不思惟，普照法界。」〔一〕此論上上根器聞而頓悟，親自證時。二者、若未省達，亦有助發之力，印可之功。或機思遲迴，乃至中根下品，及學差別智門，須依明師，以辯邪正。先以聞解信入，後以無思契同〔二〕。須得物物圓通，事事無滯，方乃逢緣對境，不失旨迷宗。故云：「會萬物爲自己者，其唯聖人乎？」〔三〕又，若約大綱，應須自省，設有相助，亦指自知。

校注

〔一〕見智顗説妙法蓮華經玄義卷八上。

〔二〕李通玄撰新華嚴經論卷一七："一切修道者，初以聞解信入，次以無思契同。"

〔三〕見肇論涅槃無名論通古第十七。

如有學人問先德〔一〕：如何是禪？

答：悟自理爲禪。

校注

〔一〕按，此後問答，未見他處。"學人""先德"者，不詳。

問：如理心性，但是假名，何者是實？

答：有三阿僧祇百千名号，但假施設，實相無相如虚空，須自反悟。

問：悟後更有何法？

答：只箇悟處是法，從緣發明，反得自理。

問：此性還可示人令見不？

答：還示渠教自省達即得，不是眼見、耳聞、意知之事。此箇真精妙明性，不同太虚木石，天生靈妙不思議，即自性佛法僧。若不悟，推求欲見，一毫亦不可得。但離前塵好醜，即是自家本心。若一毫不盡，與佛道者，無有是處。

問：見色但見色，如何見心？

答：即思思之，是阿誰見色？

問：豈不是當境者全是，不應更求見？

答：自思量看，是之與不是，莫問他人。若直下見，更不啚度。佛法只在方寸，心外斷行蹤，但一心一智慧，離内外中間取受，三際理玄，便入無爲道。

問：悟何心是道？

答：悟心無心即是道。

問：請爲指示。

答：指示了也，汝自不見。

問：是何物教學人見？

答：教渠直下見也，不是物。

又，先德問：即今見何物？

答：見本心。

問：見與本心，爲別？不別？

答：不別。真如體上，自有照用，以明故，得名爲見；以不動故，得名爲心。又，自性清浄名照，常見自性名用。故知此心目前顯露，何須問答？豈假推窮？即圓滿門，是成現法。

如有學人問忠國師〔一〕：和尚，如何是解脱心？答：解脱心者，本來自有，視之不見，聽之不聞，摶之不得，衆生日用而不知，此之是也。此乃直指，目擊道存，今古常然，凡聖共有。

校注

〔一〕忠國師：釋慧忠，傳見宋高僧傳卷九唐均州武當山慧忠傳。

夫宗鏡所録，皆是佛説。設有菩薩製作、法師解釋，亦是達佛説意，順佛所言。以此土衆生皆以聞慧〔一〕入三摩地故，須以音聲爲佛事，顯示正義，破除邪執，非言不通。此有二義：

一者、約畢竟門，則實不可説。如起信論云：「一切諸法，從本已來，離言説相，離名字相，離心緣相。」〔二〕又云：「復次，究竟離妄執者，當知染法、浄法皆悉相待，無有自相可説。是故一切法從本已來，非色、非心，非智、非識，非有、非無，畢竟不可説相。而有言説者，當知如來善巧方便，假以言説引導衆生。得其旨趣者，皆爲離念歸於真如，以念一切法，令心生滅，不入實智故。」此是引導一切初發菩提心人且令自利，理行成就，歸於實智，究竟指歸宗鏡矣。

二者、約方便門，是利他行，故云「如來善巧方便，假以言説引導衆生」。

又，不可一向執發〔三〕言爲非，起念成過。何者？以即言無言，即念無念。是知言言契道，念念歸宗。若分別門，不無二説；若畢竟門，言思絶矣。

校注

〔一〕聞慧：指由聽聞教法而具有的智慧。

〔二〕見真諦譯大乘起信論。下一處引文同。

〔三〕「發」，磧砂藏本作「法」。按，作「發」是。

問：如上所立一心之旨，能攝無量法門，融通一切，此心爲復能含一切法、能生一切法？爲復自生、他生、共生、無因生？

答：此心不縱不横，非他非自。何者？若云心含一切法，即是横；若云心生一切法，即是縱。若云自生，心不生心；若云他生，既不得自，云何有他？若云共生，自、他既無，將何爲共？若云無因生，有因尚不生，況無因乎？

問：心非四性者，教中云何説意根生意識？心如工畫師，無不從心造〔一〕，則是自生；又云心不孤起，必藉緣而起，有緣思生，無緣思不生〔二〕，則是他生。又云所謂六觸因緣生六受，得一切法〔三〕，則是共生；又云十二因緣，非佛、天、人、脩羅作，性自尔〔四〕，則無因生。既屬教文，云何成過？

答：諸佛隨緣差別，俯爲〔五〕群機，生善破惡，令入第一義理，皆是四悉方便權施，空拳誑小兒，誘度於一切。

校注

〔一〕實叉難陀譯大方廣佛華嚴經卷一九夜摩宫中偈贊品：「譬如工畫師，不能知自心，而由心故畫，諸法性如是。心如工畫師，能畫諸世間，五藴悉從生，無法而不造。」

〔二〕詳見摩訶般若波羅蜜經卷一七夢行品。

〔三〕詳見摩訶般若波羅蜜經卷七十無品。

〔四〕摩訶般若波羅蜜經卷二二道樹品：「一切法本性爾，非佛作，非聲聞、辟支佛作，亦非餘人作，一切法無作者故。」智顗説、灌頂記摩訶止觀卷五上：「或言離生一切法，聞者歡喜，如言十二因緣非佛作，非天、人、修羅作，其性自爾。」

〔五〕「爲」，疑「應」之誤。一行撰大日經疏指心鈔卷三：「俯應群機，是隨順衆生義。」

問：既非縱橫，不墮四性，則一切法是心、心是一切法不？
答：是則成二。
問：如是則一切不立俱非耶？
答：非亦成二。如文殊言：「我真文殊，無是文殊。若有是者，則二文殊。然我今日，非無文殊，於中實無是非二相。」〔一〕

校注

〔一〕見大佛頂如來密因修證了義諸菩薩萬行首楞嚴經卷二。

問：既無二相，宗一是不？
答：是非既乖大旨，一二還背圓宗。
問：如何得契斯旨？
答：境、智俱亡，云何説契？
問：如是則言思道斷，心智路絶矣。
答：此亦强言，隨他意轉，雖欲隱形，而未亡跡。
問：如何得形跡俱亡？

答：本無眹跡，云何欲亡？

問：如是則如人飲水，冷煖自知，當大悟時，方合斯旨？

答：我此門中，亦無迷悟、合與不合之道理。撒手似君無一物，徒勞苦〔一〕説數千般〔二〕。此事萬種況不成，千聖定不得，大地載不起，虚空包不容，非大器人，無由擔荷。如古德云：盡十方世界覓一人爲伴不得〔三〕。又云：只有一人承紹祖位，終無第二人〔四〕。如若未親到，徒勞神思，直饒説玄之又玄，妙中更妙，若以方便，於稱揚門中助他信入，一期傍讚，即不然。若於自己分上親照之時，特地説玄説妙，起一念殊勝不可思議之解，皆落魔界。所以圓覺經云：「虚僞浮心，多諸巧見，不能成就圓覺。」

校注

〔一〕「苦」，冥樞會要卷下作「謾」。參後注。

〔二〕裴休集黄檗山斷際禪師傳心法要：「撒手似君無一物，徒勞謾説數千般。」

〔三〕按，祖堂集卷一八仰山和尚：「所以我若説禪宗旨，身邊覓一人相伴亦無，説什摩五百七百？」仰山慧寂「身邊覓一人相伴亦無」與此説相近。又，景德傳燈録卷二一福州安國慧球禪師：「梁開平二年，玄沙將示滅。閩帥王氏遣子至問疾，仍請密示：『繼踵説法者誰乎？』玄沙曰：『球子得。』王氏默記遺旨，乃問鼓山國師曰：『卧龍法席，孰當其任？』鼓山舉城下宿德具道眼者十有二人，皆堪出世，王氏亦默之。至開堂日，官寮與僧侶俱會法筵，王氏忽問衆曰：『誰是球上座？』於是衆人指出師，王氏便請陞座。師良久，謂衆曰：『莫嫌寂寞，莫道不堪！未詳涯際，作麽生論量？所以尋常用其音響聊撥一兩下，助他機發道。盡十方世界覓一人爲伴侣不可得。』」慧球，福州玄沙師備禪師法嗣，泉州莆田人。

〔四〕按，古尊宿語録卷三黄檗斷際禪師宛陵録：「忽有一人出來，不於一名一相上作解者，我説此人，盡十方世界覓者箇人不可得，以無第二人故，繼於祖位。」然單行本黄檗斷際禪師宛陵録中無此説。

又，先德偈云：得之不得天魔得，玄之又玄外道玄。抛卻父孃村草裏，認他黄葉作金錢〔一〕。百丈竿頭快散〔二〕手，不須觀後復觀前〔三〕。如今但似形言跡，紋綵生時，皆是執方便門，迷真實道，並是認他黄葉唤作金錢。若大悟之時，似百丈竿頭放身，更不顧於前後。此宗鏡中是一切凡聖大捨身命之處，不入此宗，皆非究竟。

校注

〔一〕大般涅槃經卷二〇：「嬰兒行者，如彼嬰兒啼哭之時，父母即以楊樹黄葉而語之言：『莫啼莫啼，我與汝金。』嬰兒見已生真金想，便止不啼，然此楊葉實非金也。」

〔二〕「散」，嘉興藏本作「撒」。

〔三〕按，此偈未見他處。全唐詩補編卷五六據此收録。

問：畢竟如何？

答：亦無畢竟。

問：前云「不入此宗，皆非究竟」，此又云何稱「無畢竟」？

答：前對增上慢人未得爲得，認虚妄爲真實，執顛倒作圓常，爲破情塵，權稱究竟。今論見性，豈言虚實耶？

問：以此通明之後，如何履踐？

答：教誰履踐？

問：莫不成斷滅不？

答：尚不得常住，云何斷滅？

問：乞最後一言。

答：化人問幻士，谷響答泉聲。欲達吾宗旨，泥牛水上行。

問：此録括略微細，理事圓明，於慕道人，得何資益？

答：若第一義中，無利無功德；就世俗門内，似有於稱揚。揔有二途，能俾初學：一者、爲未信人，令成正信，攝歸一念，不外馳求；二者、爲已信人，助成觀力，理行堅固，疾證菩提。步步而不滯寶所功程，念念而流入薩婆若海。似乘廣大之輦，立至寶坊；如駕堅牢之船，坐登覺岸。

問：集此宗鏡，有何功德？

答：此不思議大威德法門，但有見聞，深獲善利。如一塵落嵩嶽之崗隴，已帶陵雲；一滴露入滄海之波瀾，便同廣潤。可謂直紹菩提之種，全生諸佛之家。何況信解受持，正念觀察，爲人敷演，傳布施行？約善利門，無法比喻。功德無盡，非種智而不可稱量；利樂何窮，過太虛而莫知邊際。以滿空珍寶，供養恒沙如來，化十方衆生，盡證辟支佛果，未若弘宣斯旨，開演此宗。以兹校量，莫能儔比，可謂下佛種子於衆生身田之中，抽正法芽向煩惱欲泥之内，然後七覺華發，菩提果成，展轉相生，至無盡際。

如華嚴探玄記云：「於遺法中，見聞信向此無盡法，成金剛種子，當必得此圓融普法。如經云吞服金剛喻、小火廣燒喻〔一〕，又如兜率天子從地獄出，得十地無生忍，展轉利益，不可窮盡〔二〕，皆由宿聞此法爲本因故。頌云：雖在於大海，及劫盡火中，決定信無疑，必得聞此經。」〔三〕

校　注

〔一〕實叉難陀譯大方廣佛華嚴經卷五二：「見聞供養諸如來，所得功德不可量。於有爲中終不盡，要滅煩惱離衆苦。譬人吞服少金剛，終竟不消要當出。供養十力諸功德，滅惑必至金剛智。如乾草積等須彌，投芥子火悉燒盡。」

〔二〕詳見實叉難陀譯大方廣佛華嚴經卷四八如來隨好光明功德品。
〔三〕見法藏述華嚴經探玄記卷一。「頌云」者，見十地經論卷二。

大智度論云：受持般若，校量功德，於是持邊〔一〕，「正憶念最勝。今如諸佛憐愍衆生故，爲解其義，令易解，勝自行正憶念。是時，佛欲廣分別福德故，説言：『若有人盡形壽供養十方佛，不如爲他解説般若義。』此中説勝因緣：『三世諸佛皆學般若成無上道。』乃至〔二〕教恒河沙世界中人，令得聲聞、辟支佛道，不如爲他人演説般若波羅蜜義。此中説因緣：『是諸賢聖皆從般若波羅蜜出故』」〔三〕。

校注

〔一〕「受持般若，校量功德，於是持邊」，大智度論作「今受、持、讀、誦、説，於受、持邊」。
〔二〕乃至：表示引文中間有删略。
〔三〕見龍樹造、鳩摩羅什譯大智度論卷六〇。

首楞嚴經云：「佛告阿難：『若復有人，徧滿十方所有虚空，盈滿七寶，持以奉上微塵諸佛，承事供養，心無虛度，於意云何？是人以此施佛因緣，得福多不？』阿難答言：『虛空無盡，珍寶無邊。昔有衆生施佛七錢，捨身猶獲轉輪王位，況復現前虛空既窮，佛土充徧，皆施珍寶？窮劫思議尚不能及，是福云何更有邊際？』佛告阿難：『諸佛如來，語無虛妄。若復有人身具四重、十波羅夷〔一〕，眴息即經此方、他方阿鼻地獄，乃至窮盡十方無間，靡不經歷，能以一念將此法門，於末劫中開示未學，是人罪障應念消滅，變其所受地獄苦因，成安樂國，得福超越前之施人百倍、千倍、千萬億倍，如是乃至筭數譬喻所不能及。』』〔二〕所以讚弘此典，善利無邊，謂首楞嚴經以如來藏心爲宗。如來藏者，即第八阿賴耶識。密嚴經偈云：「如來清淨藏，世間阿賴耶，如金與指鐶，展轉無差別。」〔三〕以諸佛了之，成清淨藏；異生執之，爲阿賴耶。如真金隨工匠爐火之緣，標指鐶之異名，作圓小之幻相〔四〕，金體不動，名、相妄陳，類真心隨衆生染、淨之緣，成凡、聖之異名，現昇、沉之幻相，心性不動，名、相本空。認假名而二見俄分，悟真體而一心圓證。迷悟即於言下，法喻皎在目前，昧之者歷劫而浪修，達之者當體而凝寂。

校注

〔一〕四重：四種嚴厲禁止作犯的重罪：殺、盜、淫、妄語。　十波羅夷：十種嚴厲禁止作犯的重罪：殺、盜、淫、妄語、酤酒（賣酒）、説四衆過（談論出家、在家男女佛教徒之過失）、自讚毀他、慳惜加毀（慳惜財、法，毀謗布施財、法之事）、瞋心不受悔（起瞋心亦不接受對方之追悔）、謗三寶（謗佛、法、僧）。參見本書卷二六注。

〔二〕見大佛頂如來密因修證了義諸菩薩萬行首楞嚴經卷一〇。

〔三〕見地婆訶羅譯大乘密嚴經卷下阿賴耶微密品。

〔四〕「相」，諸校本作「根」。

法華經云：「我滅度後，能竊爲一人説法華經乃至一句，當知是人則如來使，如來所遣，行如來事，何況於大衆中廣爲人説？」〔一〕「竊爲一人」者，竊者，私也。若私地只爲一人説此一句，此人則是從一心真如中遣來作使，告報異生，直了一如之理，即是行真如中事。以真如無邊至一切處故，則所得法利亦隨真如之性，無量無盡。又云：「當知是人與如來共宿，則爲如來手摩其頭。乃至〔二〕入如來室，著如來衣，坐如來座。」以要言之，持此經人，四威儀中，舉足下足，皆不離一心真如諸佛行處矣。

校注

〔一〕見妙法蓮華經卷四法師品。下一處引文同。

〔二〕乃至：表示引文中間有删略。

鴦崛魔羅經云：「若人過去曾值諸佛，供養奉事，聞如來藏，於彈指頃暫得聽受，緣是善業，諸根純熟，所生殊勝，富貴自在。是衆生今猶純熟，所生殊勝，富貴自在，由彼往昔曾值諸佛，暫得聽聞如來藏故。」〔一〕乃至〔二〕「佛告鴦崛魔羅：『非是如來爲第一難事，更有難事。鴦崛魔羅，譬如士夫擔須弥山王及大地、大海經百千歲，此爲大力第一難不？』鴦崛魔羅白佛言：『是如來境界，非彼聲聞、緣覺所及。』佛告鴦崛魔羅：『彼非大力，非爲甚難。若以大海一塵爲百億分，百千億劫持一塵去，乃至將竭，餘如牛跡，復能擔負須弥山王、大地河海百千億劫，而彼不能於正法住世餘八十年時，演説如來常恒不變如來之藏。唯菩薩，人中之雄，能説如來常恒不變如來之藏，護持正法，我説此人第一甚難』」〔三〕。

校　注

〔一〕見央掘魔羅經卷二。

〔二〕乃至：表示引文中間有刪略。

〔三〕見央掘魔羅經卷四。

又，法華見寶塔品云：「若接須弥，擲置他方，無數佛土，亦未爲難。若以足指，動大千界，遠擲他國，亦未爲難。」又云：「假使有人，手把虛空，而以遊行，亦未爲難。」又云：「假使劫燒，擔負乾草，入中不燒，亦未爲難。我滅度後，若持此經，爲一人説，是則爲難。」〔一〕故知竭海移山，非無爲之力，任使躡虚履水，皆有漏之通，曷若開諸佛心，演如來藏，紹菩提種？入一乘門，能託聖胎，成真佛子。何以故？謂得本故，如從源出水，因乳得酥。

校注

〔一〕見妙法蓮華經卷四見寶塔品。

如鴦崛魔羅經云：「復次，文殊師利，如知乳有酥故，方便鑽求，而不鑽水，以無酥故。如是，文殊師利，衆生知有如來藏故，精勤持戒，淨修梵行。復次，文殊師利，如知山有金故，鑿山求金，而不鑿樹，以無金故。如是，文殊師利，衆生知有如來藏故，精勤持戒，淨修梵行，言：『我必當得成佛道。』復次，文殊師利，若無如來藏者，空修梵行，如窮劫鑽水，終不得酥。」〔一〕

校注

〔一〕見央掘魔羅經卷四。

故知入宗鏡中，見如來性，菩提道果應念俱成，如下水之舟，似便風之火。若背宗鏡，不識自心，設福智齊修，終不成就，如求乳鑽水，離山鑿金，任歷三祇，豈有得理？如宗鏡所録前後之文，皆是諸佛五眼所觀、五語〔一〕所説，無一言而不諦，非一義而不圓，可俟後賢，決定信入。如月上經偈云：「假動須弥山倒地，脩羅住處皆悉滅，大海枯涸月天墜，如來終不出妄言。假使十方衆同心，或火成水水成火，無量功德最大尊，利益衆生無異説。大地虚空成渾沌，百刹同入芥子中，羅網可用縛猛風，如來終不有妄語。」〔二〕以兹誠實，可徧傳持，功德無邊，言思罔及。所以唯識論偈云：「作此唯識論，非我思量處，諸佛妙境界，福德施群生。」〔三〕斯論大旨，非情識知解之所思量，乃是大覺不思議絶妙境界。以此弘揚不思議無盡之福，悉用普施一切法界無量含生，同入此宗，齊登佛地。華嚴疏主藏法師〔四〕發願偈云：「誓願見聞修習此，圓融無礙普賢法，乃至失命終不離，盡未來際願相應。以此善根等法性，普潤無盡衆生界，一念多劫修普行，盡成無上佛菩提。」〔五〕

校注

〔一〕五語：佛陀説法的五種語言。子璿集首楞嚴義疏注經卷二之一：「佛有五語，謂真語、實語、如語、不誑語、不異語。無僞曰真，稱理曰實，不變曰如，心境相應曰不誑，懸見未然曰不異也。」

〔二〕見隋闍那崛多譯佛説月上女經卷下。

〔三〕見天親造、般若流支譯唯識論。

〔四〕華嚴疏主：即澄觀。澄觀注解大方廣佛華嚴經卷帙數百，世稱「華嚴疏主」。宗密大方廣圓覺修多羅了義經略疏卷下二有云：「華嚴疏主清凉國師大和尚。」宋高僧傳卷一五唐吴郡雙林寺志鴻傳云釋志鴻撰搜玄録，「大曆中，華嚴疏主澄觀披尋，乃爲序冠于首」。藏法師，即法藏。故「華嚴疏主」後，或脱一「引」字，參後注。

〔五〕按，此説見澄觀述大方廣佛華嚴經隨疏演義鈔卷九〇引，云「賢首法師發願偈云」。賢首法師，即法藏。

音　義

沇，余准反。　鍇，苦駭反。　鑠，書藥反，銷鑠。　嗑，於盖反，日色也。　鑑，監懺反，鏡也，誡也。　茫，莫郎反，滄茫也。　措，倉故反，舉也。　津，將隣反。　涯，五佳反，水際也。　捕，蒲故反，捉也。　駑，乃都反。　嫡，都歷反，正也，君也。　俾，并弭反，使也，從也。　輦，力展反。　嵩，息弓反，山高也。　隴，力腫反。　瀾，落干反，大波也。　躡，尼輒反，蹈也。　酥，素姑反。　渾，户昆反，渾濁也。

戊申歲分司大藏都監開板

附録一　歷代序跋

一、御製重刊宗鏡録序

蓋惟宗爲教本，教屬宗枝。無教非宗，全波是水；非宗無教，全水是波。有偏圓頓漸之名言，無淺深高下之别義。譬水本無淨染，但有空明，粉入而白呈，硃來而赤現，不能離赤、白而别存水質，豈可混粉硃而謂即水真？水與粉硃，了無交涉，粉硃在水，不礙圓常。迨其粉奠硃沉，水亦無餘無欠，了知硃來粉入，水原不即不離。又如零雨滋生而勾萌甲坼，挹泉爲饎而釋叟烝浮。至於柯條枝葉既長，而雨乃點點在中；黍稷稻粱既盛，而泉則顆顆涉入。不特水相無住，並且水性皆空。然而枝條柯葉，皆是水所圓成；黍稷稻粱，孰非水之常住？雖則餘無有水，實皆水有無餘，水譬真如，餘同教乘。内水而外餘，異餘而同水，人我之見，本也；有餘而成諸變幻，無餘而返其真常，動靜之相，根也。水不與餘爲增減，餘自與水相去來，生死之真源也。見餘而全昧夫水，悟水而正受其餘，聖凡之虚説也。迥無所有，塵刹熾然；實有非無，龜毛可貫。故知達宗履教，教是真宗；遺教談宗，宗非本教。未明宗要，難涉教藩，既握宗綱，須探教網。或乃迷源棄本，執相徇名，顛倒情塵識浪之中，徘徊因滅果生之内。將釋迦法空之座，椓作碇樁；化迦葉上行之衣，黏爲膠漆。一塵遮眼，銀海迷茫；半句纔通，鐵圍突兀。縱聞龍藏十二分，秖堪熏諸善根；若同拂席五千人，豈免成大我慢？至若初賫般若資糧，乍進菩提大道，雖曰一念迴光，即同本得，無如千生結習，其力未充。便乃歇學屏聞，廢修弛行，斥他水母借蝦爲眼，不是己光；卻類寒蟬抱露鳴清，先成我執。夫真空無量，覺海無邊，必須舉足下足，躡盡真空，方是無行而行，深度覺海，豈得沿循此岸，中止化城！取一捨諸，望梅畫餅，歷觀禪侶，良用慨然，瞻望古錐，曷勝仰止？

如宋慧日永明寺妙圓正修壽禪師，紹隆覺位，了徹微言，性行雙圓，乘戒兼至，朕披其著述，欽厥風規，更爲震旦第一導師，真到空王最上妙乘。安居寶所而法財充溢，非同守藏之夫；高坐蓮花而瑞彩旁騰，莫測化雲之現。其萬善同歸、唯心訣、心賦諸書，朕既刊之，琬琰布在叢林，普願有口者徧嘗，庶幾無心人直達。若夫宗鏡録者，舉一心爲宗，照萬法如鏡，所録百卷，括盡三乘，實乃寶藏圓詮，如來心印。住宗師自在之位，棹佛母智度之航，共坐淨名方丈之中，同登彌勒毘盧之閣，義味周足，中邊妙融，直截深通，精微該括，圓攝不内外微塵法界，深入無自性真實惟心。算明大涅槃海裏萬萬波紋，盡從無所得胸中一一流出。卷中無句，句中無字，但現赫赫光明日輪，從表徹裏，從裏徹空，遍界翏翏清淨寶月。

如摩尼珠，迴光返照而明暗色空重重交映；如獅筋絃，響絶群音而山林草木處處應空。色在珠邊，而無色寶珠不離赤白青黄之内；聲流絃外，而無聲妙絃即在宫商角徵之中。不一不多，非純非雜，絶思絶議，難讚難名。能使奪弄精魂者，爽然自疑；足令學識依通者，迷而知返。既悟必讀，方踏末後一關；未了先觀，亦識正宗的旨。五乘道果，來朝∴字寶王；十法界因，並仰群生慈父。聽不聞而覩莫見，曰虚空之虚空；迷不減而悟不增，乃平等之平等。信乎尊勝無上，實爲宗教俱融，人果能妙達斯宗，必不言打破此鏡。

世傳禪師誕降，實惟慈氏下生，朕謂不必慈氏再來，現同慈氏本説。特爲重刻，用廣其傳，布在今兹，盡未來際，俾學者知宗、教、律之共貫，入聞、思、修之三摩。以知寂不二之一心，契空有雙融之中道。出生普賢願海，幻住夢存；常遊圓覺道場，隨緣無礙。直向今生了卻，何妨歷劫修持？圓無爲之行，結空花之果，四生同沐，三有均霑，將禪師之法施，益以無邊，而朕之期願，亦爲少慰矣。是爲序。

雍正十二年甲寅四月初八日。

（乾隆藏本宗鏡録卷首）

二、御製重刊宗鏡録後序

朕讀禪師唯心訣，嘉其盡善盡美，無比無儔，乃遍求禪師平生著述流傳宇内者覽之。其宗鏡録一百卷，朕實欣悦讚歎，不能自已。至矣哉，禪師慈願如此其弘大，徹悟如此其真到，導人如此其微妙，自性如此其明圓也！夫如來五千教典，雖有小乘大乘之説，然所爲小乘大乘者，乃隨時説法而有，亦隨人聽法而分。如來所説小乘，即是大乘。且所説大乘，實無有法名爲大乘。悟者聽之，皆是大乘，本無小乘。不悟者未明小乘，安得妄談大乘！歷來宗門直指本心，先期自悟，將一切大乘、小乘並稱之爲教典，皆在所簡，不令人於語言文字上推求，心意識知邊卜度。迨其弊也，岐教於宗，知求别傳於教外，不知妙旨之仍在教中，抑又過已。學人既得自證自悟，豈能不取佛祖言教，印合真歸，成其圓信？顧大藏浩瀚，誠古人所云象負之而難勝，龍藏之而不盡。又且截瓊枝而寸寸是玉，析栴檀而片片皆香。自必閲之而雙眼難周，誦之而一期莫畢。若非禪師弘大慈力，纂此妙典，孰能囊括群經之要旨，廓通三乘之圓詮，使人直達寶所乎？

朕謂達摩西來以後，宗門中述佛妙心，續紹慧命，廣濟含生，利益無盡者，未有若禪師此書者也。學人觀此，可不必泛覽大藏矣。魔民仰面唾雲，謂法眼流弊，不數傳而宗鏡出焉，義解沙門倚以爲説。若斯謬論，謗大般若，自墮無間，所不足道。乃此書歷宋、元、明以迄於今，宗門古德不乏具眼，而從未有稱道贊揚、標爲第一希有者，亦可異也。朕既重刊廣布，序而傳之，使名山古刹中禪侶，家有隨侯之珠。序有不盡，復述此以宣朕尊崇褒美之至意，使天下後世讀斯書者，知爲最尊最勝云。

雖然，如是元音，不關文字，若不自性自度，而於此中尋思覓解，即爲背覺而合塵。譬之買匵還珠，認漚爲海，雖能成誦得如瓶瀉水，亦能爲人詮解講説，究於自己曾何少分相應耶？禪師百卷書中，下寧誥戒，反復申明此旨者，不一而足，學人所宜猛省。苟非了達本性，親證自心，而欲於意下求通，言中取則，將蒸砂豈能成飯？他寶寧濟己貧？埋没自己絶待英靈，塗汙佛祖金口正典，不特將禪師喫緊爲人無盡法施，付諸火宅，即朕今日拂拭之於故紙陳言之中，弘闡褒揚，期與真修參侶共嘗甘露妙味，一片諄切勸勉之心，亦屬唐捐矣！禪師不云乎：「不得一向離之而起絶言之見，亦不得一向即之而成執指之愚。」此事如人飲水，冷暖自知，自在學者，朕奚能少助焉？

雍正十二年甲寅五月朔日。

（乾隆藏本宗鏡録卷首）

三、上諭

朕於永明壽禪師宗鏡録，欣服敬禮，得未曾有。特爲天下後世禪侣拈出，重刊廣布，親製序文，有曰：「既悟必讀，方踏末後之一關；未了先觀，亦識正宗之的旨。」又恐學人尋章摘句，不求了證自心，辜負古佛妙典，爲是重製後序，以申明之。朕之勤惓訓諭，指示後學之意，實爲無已。

嘗聞湧泉欣有言：「見解人多，行解人萬中無一。」蓋人果到得行解地位，自必宗亦通、説亦通。但説通而未宗通，其説必非真通，所不必道。若宗通而於説通未到至圓至明處，究爲見解到而行解未到。蓋行解一分，則説通一分；行解十分，則説通十分。説通之真際，即宗通之真際也。岐宗、教而爲二者，皆未入圓宗之門外漢耳。釋迦牟尼世尊所説法，多至於三藏十二分，末後拈花授記摩訶迦葉，以逮西天四七，流入震旦，俾衆生一超直入如來地，燈傳無盡，慧命不絶。釋迦牟尼佛誠爲恒河沙數衆生大慈悲父矣。其自達摩西來，曹溪南邁，歷唐、宋、元、明以迄於今，古德上賢乘時輩出，莫不闡佛元音，自他兼利。然而圓通方廣、放大光明，一如世尊佛在世轉輪，不動一心而演諸義，不壞諸義而顯一心。震諸經大海之潮音，了一心離微之密旨，囊括無遺，纖毫不立。如開圓滿寶藏，聽貧子之歸攝；如決甘露天池，洽渴人之斟掬。法施無窮無盡，慈恩無量無邊，挺生震旦，爲釋迦牟尼世尊佛後一人，作衆生慈父，其書與三藏十二分媲美者，惟有此古佛妙典耳。非其行解與佛相亞，奚能宗通、説通如是乎？

夫達摩之時，震旦緇侶多執滯教相，將三藏十二分作此土經史子集一例觀之，尋文索義，背覺合塵，埋没卻世尊不説説、迦葉不聞聞之妙旨。既迷失家寶，如同衣内之珠，而世尊所示覓珠之方，又成盲人之疑象。達摩爲救其弊，是以直指一心，單提向上，期夫震旦學佛人如是了達，如是頓圓。然後於不二法中，現妙神通；無心性内，成大佛事。將六度萬行齊圓，而三藏十二分具舉。豈曰有拈花一宗，便可不必有三藏十二分也？世謂教外别傳由達摩而入震旦，不知達摩未來之先，及雖同時而未見達摩者，如誌公、如僧肇、如南嶽思輩，皆從三藏十二分了徹心宗，洞明此事。其以達摩爲東土初祖者，乃宗門叙其源流如是耳，豈可云震旦宗旨自達摩始，而三藏十二分非此元音？此宗雖稱教外别傳，究而論之，無内外，故曰宗。教固不得而外宗，宗又安得而外教也？非同非異，故曰宗。教固豈得異於宗，宗并不得云同於教也。如使教典果有外於宗、異於宗者，則世尊滅度後，迦葉何以集諸弟子於賓鉢羅窟，令阿難述佛種種經教？其後馬鳴何爲以博通諸經見稱，而龍樹又何以造諸論偈垂世乎？且釋迦牟尼佛説法四十九年，俱是説此拈花妙旨，若謂所説在拈花之外，而拈花在所説之外，不特所説皆與本分間隔，而拈花又何以能該恒河沙數法門乎？將見一輪有阻，千車盡滯修途；安在一法纔通，萬象迷歸心地也。

曹溪以降，每以片語單詞、擎拳竪拂，勘驗學人果否自性自度。至於一舉數百萬言，大小三乘全該並顯，不恤眉毛拖地，掉廣長舌，出和雅音。於一芥子中剖出八萬四千須彌山王，舉八萬四千須彌山王納歸一芥子，於言語道斷處演出無邊諸佛音聲，於心行處應現無方真實慈化，上下千百年内，實罕其人，唯一永明出興震旦，而宗徒轉謂曹溪門庭無此法式，實乃罪同謗佛。吾宗無語句，亦無一法與人者，豈可以啞羊爲無語句，以頑空爲無一法與人耶？既爲宗徒，而輕蔑教典，業已墮空，入狂參知見，奚得藉口圓宗耶？十方禪侣，草鞵行脚，得古人片語單詞，聞諸方擎拳竪拂，一般於謦欬邊推求、意根下卜度，然則何不向此書尋討其實究竟？如曰此是語言文字，豈多許則爲語言文字，少許即非語言文字乎？夫心解則一切解，心縛則一切縛。若心解者，無關語言文字之多少；若心縛者，與其縛向古人片語單詞、諸方擎拳竪拂邊，何如縛向如來教典中，姑且隨喜華光妙雲之爲愈乎？朕雖曰悟後讀之，更得進步，而未證自心者，不得於此尋思見解，然朕固曰未了先觀，亦識正宗之的旨也。且宗徒既已掃棄教典，謂是語言文字，而復好工偈頌，真光武所謂懸羊頭賣馬肉者，堪發一笑。宗徒中由文學諸生出家，自幼讀書，循其故業而作偈頌，尚不足怪。至於本不識字之人，因欲悟宗旨，乃從事於偈頌，豈非首越而之燕耶？

若乃欲以偈頌取悦於學士大夫，使爲外護，具是汙濁心行，而又指斥教典，謂之語言文字，豈免墮無間之獄？且出家兒欲工偈頌，入於詩賦之流，捨本分之當學，而學門外之別學，況學必不到家，徒供文儒嗤笑。夫欲所作偈頌不至見笑大方，亦非積數十年學力不能，則此數十年業已不依本分。若將此數十年心力用於宗、教，即曰解路推求，要必近朱者赤，近墨者黑，所解既在正路中，亦可有因解得悟之一日。即使不悟，熏習而成異熟果，不與作偈頌者之雕琢浮辭、拾狐唾者之瞞心亂統相去霄壤乎？

教典浩瀚，畢生莫竟，觀禪師此書，則釋迦牟尼佛三藏十二分具在是矣。朕向實未閲教典，因洞明此事後，爰取從上宗師爲人機緣，於幾暇時披尋翻閲，因而識得永明古佛實爲震旦第一導師。及觀師著述，又識得宗鏡録一書爲震旦宗師著述中第一妙典。朕生平遇一佳味，必思人人共嘗；契一妙理，必思人人共曉。今既閲此第一妙典，何忍不以開示後學？是以剴切懇到言之，不憚再四。夫朕豈執著教相者？朕於何文、何經、何典有所滯惑耶？知朕者自知之。惟願天下後世學侶決定無疑，勇猛堅固，永不退轉，誦讀受持。先以聞解信入，後以無思契同，齊達此宗，交光此鏡，不虚古佛當年將大覺不思議絶妙法施，普度一切無量舍生之大慈悲心、如實至語，是朕所厚望也。特諭。

雍正十二年甲寅十二月初八日。

（乾隆藏本宗鏡録卷首）

四、御録宗鏡大綱序

宗鏡録者，永明壽禪師約舉佛祖大意、經論圓詮，刊落餘文，單標至要，俾覺王所授之旨、大德相傳之心，到眼分明，指掌斯在。語其少則不立一字，語其多則該徧恒沙。無一點一畫而非佛心，無一言一句而異佛口。不二圓通之旨，與難思教海歷歷相應；大千方便之門，皆無際真心重重交照。舉一心以立宗要，若天母之乳千兒；攝萬法以歸鏡中，如瞳人之印來物。五千華藏，一字中王，不減不增，無欠無剩。未來大士，句下自契靈源；博地凡夫，開卷多聞妙法。即使未得未證，亦不離正位之中；如其頓圓頓成，將永斷纖毫之惑。挽天河以注甘露，信口可嘗；開龍藏以施寶珠，任人探取。絶思絶議，罕比罕儔；利自利他，無邊無量。誠爲紹祖佛之真子，破魔外之將軍，救衆生之慈父，教百世之宗師也！朕讀茲書，良深嘉悦，是以付諸剞劂，散在香林蘭若之中。復爲述其指歸，弁諸卍字靈文之首，欲宣朕諄切期望之意，普勸後賢，特再頒丁寧訓諭之文，昭示來學矣。

茲念古佛篹集教文，目爲宗鏡，其間曾宣金口，深表本懷，謂一爲好略之人，撮其樞要，精通的旨，免覽繁文；二爲執總之人，不明别理，微細開演，性相圓通，截二我生死之根，躡一味菩提之道。仰群經之大旨，直了自心；遵諸聖之微言，頓開覺藏。去彼依通之見，破其邪執之情。深信正宗，方知月不在指；回光返照，便見性不徇文。此古佛悲含同體，慈起無緣，以虚空中之風，吹蓮華上之水，滅大海裏之燄，蘇無根樹之苗者也。

然而此書行世千有餘年，肉眼昏蒙，不知寶貴。固緣末世緇流，多愚少慧，亦以篇章浩瀚，意怠情煩。雖縮教海爲一盂，而飲者腹猶易漲；雖開義天於一線，而觀者目尚未周。今爲好略者俯徇機宜，如實垂示；爲執總者明條要目，直截區分。揀天龍女如意之珠，更取如意中之如意；握金剛王無雙之劍，更求無雙内之無雙。萬幾餘暇，乙夜繙披，親御鉛丹，録其綱骨，刊十存二，舉一蔽諸。此乃過去法王助朕不住於相之布施，所冀當來佛子同朕永弘斯道之深心。用述所懷，明詔學者，爰爲頒布，安樂有情。昔之本録百卷，比此非繁；而今摘録如干，較彼非簡。猶夫五千教典，入宗鏡而無餘；宗鏡百篇，括教典而無剩。然古佛述兹宗鏡，非令人置教典而不觀，則朕今刊此要文，又豈令人置宗鏡而不閲？作宗鏡者，正爲闕教典之梯航，則删宗鏡者，即爲入宗鏡之嚮導矣！惟願盡未來際徧法界中，上上根人一聞千悟，中下之侣依正脩行，庶幾不立纖塵，同遊斯鏡。凡有心者，皆入此宗，無一緣輕福薄而不得妙聞之人，無一業重障深而不生圓信之者。慧日高騰於覺海，破長夜之昏衢；德雲飛駕於性天，棄小乘之仄徑。同來廣濟於含識，用以仰報夫佛恩，則此法利之普沾，長與虚空而無盡，古佛與朕所同願歟！是爲序。

雍正十二年甲寅十二月初一日。

（乾隆藏本御録宗鏡大綱卷首）

五、奉敕重刊宗鏡録後跋

佛語心爲宗，無門爲法門。未悟之者，不可滯句迷宗；既達之人，寧復守空遺法？苟或纖塵未脱，縱聞三藏十二分，究爲數他珍寶，不濟己貧。如起絲髮未圓，饒能一定八萬劫，未免終落空亡，受兹輪轉。蓋相與名之關鎖，非智鑰而莫開；理與事之荆榛，離慧刃其奚斷？爲破空有而談有空，果其盡執忘情，自然明心見性。所以馬鳴、龍樹不遮心性之宗，護法、陳那特彰空有之論。迨夫騰、蘭詣漢，初祖遊梁，禪宗既岳峙於中華，義學亦揚波於震旦。然義非宗外之義，宗非義外之宗。如僧肇、永嘉、清涼諸大師，莫不宗圓而義了，還以演義而明宗。匪隔髓皮，奚生畛域？後世法門日謝，去聖彌遥，但效依通，不求親證。狂禪則永迷義海，義解則輕撥禪宗。於無過失法中，謬生簡棄；於無一絲毫處，妄起紛拏。杵臼繩箕，各説象身之似；鵠雪貝稻，孰明乳色之真？凝波水以成冰，忽捨冰波而求水；

鎔盤金而爲釧，轉執盤釧而非金。惑有千歧，門迷不二。宋永明智覺禪師者，古佛應世，度生爲心，妙證真如，深徹源底，欲演不傳之祕教，用開累劫之迷途，爰括三藏之繁文，總示一乘之妙理，製斯宗鏡，覺彼庸愚。要使滯寂狂參，舉足而全彰機用；蒸砂學子，轉盼而頓獲圓通。求其妙，字字皆出於佛心；語其功，言言可成於正果。總持萬法，貫徹五乘。十方三界之中邊，彌勒威音之兩畔，龍宮祕藏之寶字，竺土大仙之金文，莫不卷舒於百卷之中，管攝於一心之内。毛吞巨海，芥納須彌，不一不多，非文非字。

欽惟我皇上聖人在位，慈父現身，成中和位育之豐功，證常樂我净之妙諦，萬幾餘暇，隨喜真詮，發此瑶緘，再三嘉嘆。千年而上，旦暮遇之，丙夜已過，展誦未已。謂東土導師第一，實惟永明；而覺海最勝津梁，無逾宗鏡。凡夫肉眼，莫辨靈文，故紙塵編，埋斯上寶。若非醫王顯示藥中之水，孰令貧子得還衣内之珠？於是親製序文，刊施流布，戴頒諭旨，開示深明。懸佛日於中天，光含大地；爍明珠於性海，照耀恒沙。不特妙圓正修古佛永明遇聖主而莊嚴顯現，將使百千萬億未來大士聆玉音而親證真常。斯文與日月而俱長，則斯福被人天而無盡矣。

臣僧超海、臣僧通理、臣僧廣持，奉敕校文，分讀分句，情推識解，幾竭心思。正亥鼫魚，閲更寒暑，雕鐫既竣，恩命重申，獲紀因緣，附名卷末。伏念臣僧超海等，宿根暗鈍，現業流深，濫厠法門，罔識心要，幸以多劫浄因，恭逢一人聖化，敢明所契，用告同參。海等初承校理之時，莫測高深之旨，自心是自心，宗鏡是宗鏡，尋枝摘葉，豈知皆爲世尊手内之花？窺户循牆，未由得禮彌勒閣中之佛。受轉於語言文字，未脱乎見聞覺知，此時亦一鏡中人也。

既蒙皇上朝夕提撕，發明本分，則謂三藏十二部，總是誑兒空拳；八萬四千門，無非止啼黄葉。窮諸玄辨，若一毫置於太虚；竭世樞機，似一滴投於巨壑。既了自心，何須宗鏡？好與青龍疏鈔，付之一炬，此時又一鏡中人也。

復蒙皇上誨人不倦，及節應時，頓悟法體周圓，進得竿頭一步，頭頭合道，物物明宗，乃知既了自心，一切如鏡。若言打破此鏡，只緣未識自心。從兹行利他行，不妨於無説中立説；行自利行，正好於無聞中顯聞。所謂拾礫盡成真金，攬草無非妙藥。焚疏鈔者，正德山之敗闕；製宗鏡者，實永明之真慈。是乃此日鏡中人也。

海等現前所證如此。永明妙旨，寧止於斯？夫三界唯心，萬法唯識，同歸此鏡，皆入斯宗。以不住住者，方以無知知；以無知知者，方以無證證。當來真參佛子，十方講誦法師，願共勉旃，毋淹化壘。我皇上剖析混沌，揭露圓明，整飭法門，接續慧命，以此無上甘露妙味，普施恒沙有情衆生，悉令具正徧知，同來入大圓覺。

讀茲書者，若乃不達自心，不期實證，依舊齊文定旨，逐語分宗，徒執宗教一貫之文言，而違不立文字之妙旨，則深負皇上諄切訓諭之至恩，大非古佛誘掖提持之本意。凡諸同志，尚其念茲！

時雍正十三年歲次乙卯四月佛誕日，臣僧超海等熏沐敬跋。

附録二　智覺禪師自行録

永明壽禪師顯跡五代宋初，我世宗憲皇帝嘉其專修浄業，普利衆生，錫封妙圓正修智覺禪師，標爲佛門正宗。其書如宗鏡録、萬善同歸集、心賦，已入大藏。武林黄君松石搜訪散佚，又得師山居詩及永明道蹟，既梓於維揚。而自行録一編，爲師百八實修，尤下學上達之津筏。嘗攜之京師，雲間大司寇張公以見之晚，不及奏列藏函爲憾。公薨，任子伯耕請校刊流布，以資公冥福。讀是編者，敬信持行，人人如獲師印彌陀塔，其亦公之神所默啓夫！

西原居士蔣恭棐爲識其緣起，時乾隆十年夏五月朔日。

慧日永明寺智覺禪師自行録

永平道者山大雲峰禪寺嗣祖居幻沙門釋文沖重校編集

恭惟古聖罔伐己能，緬想前賢靡彰自德，然釋典有先自行化他之教，儒宗標内舉不避親之文，師常示徒云：

因觀弘明集中，先德有檢覆三業門云：夫剋責之情猶昧，審的之旨未彰，故以事檢校心，凡所修習，既知不及，彌增疏忽。何謂檢校？檢〔一〕我此身從旦至中，從中至暮，從暮至夜，從夜至曉，乃至一時一刻、一念一頃，有幾心、幾行、幾善、幾惡，幾心欲摧伏煩惱，幾心欲降伏魔怨，幾心念三寶四諦，幾心悟苦空無常，幾心念報父母恩慈，幾心願代衆生受苦，幾心發念菩薩道業，幾心欲布施持戒，幾心欲忍辱精進，幾心欲禪寂顯慧，幾心欲慈濟五道，幾心欲勸勵行所難行，幾心欲超求辨所難辨，幾心欲忍苦建立佛法，幾心欲作佛化度群生。

上已檢心，次復檢口，如上時刻，從〔二〕旦已來，已得演説幾句深義，已得披讀幾許經典，已得理誦幾許文字，已得幾回歎佛功德，已得幾回稱菩薩行，已得幾回讚歎隨喜，已得幾回回向發願。

次復檢身，如上時刻，已得幾回屈身禮佛幾拜，已得幾回屈身禮法禮僧，已得幾回執勞掃塔塗地，已得幾回燒香散花，已得幾回掃除塵垢正列供具，已得幾回懸旛表刹合掌供養，已得幾回遶佛恭敬十百千匝。

如是檢察，會理甚少，違道極多。白浄之業，纔不足言，煩惱重障，森然滿目。闇礙轉積，解脱何由？如上校察，自救無功，何有時閑議人善惡？故須三業自相訓責，知我所作幾善幾惡。

校記

〔一〕「檢」，原無，據廣弘明集卷二七淨住子淨行法檢覆三業門第七補。
〔二〕「從」，原無，據廣弘明集卷二七淨住子淨行法檢覆三業門第七補。

是以若不自先檢責，何以化導群機？故菩薩爲度衆生，故先自修行。所以淨名經云：「資財無量，攝諸貧民。奉戒清淨，攝諸毁禁。以忍調行，攝諸恚怒。以大精進，攝諸懈怠。一心禪定，攝諸亂意。以決定慧，攝諸無智。」又經云：自持戒，勸他持戒；自坐禪，勸他坐禪。大智度論云：本師釋迦牟尼佛不捨穿針之福。祖師龍樹菩薩釋云：如百歲翁翁舞。何以故？爲教兒孫故。况未居究竟位，全是自利門。從十信初心，歷十住、十行、十回向、十地，直至等覺佛前普賢位，猶自利利他門。登妙覺位，至佛後普賢，方純是利他之行。

是以行明因示誨次，遂請問所行，或因師自説，編紀二三。既自治之行可觀，則攝化之門弗墜，有斯益故，乃敢叙焉。今具録每日晝夜中間總行一百八件佛事，具列如後：

第一、一生隨處常建法華堂，莊嚴淨土。

第二、常晝夜六時，普爲一切法界衆生代修法華懺。

第三、常修安養浄業，所有毫善，悉皆念念普爲一切法界有情，同回向往生。

第四、或時坐禪，普願一切法界衆生同入禪智法明妙性。

第五、每夜上堂説法，普爲十方禪衆、法界有情同悟心宗一乘妙旨。

第六、每日常念妙法蓮華經一部七卷，逐品上報四重深恩、下爲一切法界二十五有含識，願證二十五種三昧，垂形十界，同化有情。

上報四恩者，一報師長訓誘恩，二報父母養育恩，三報國王荷負恩，四報施主供給恩。下爲二十五有者，一爲地獄界證離垢三昧，二爲旁生界證不退三昧，三爲餓鬼界證心樂三昧，四爲修羅界證歡喜三昧，五爲南閻浮提證如幻三昧，六爲東弗婆提證日光三昧，七爲西瞿耶尼證月光三昧，八爲北鬱單越證熱燄三昧，九爲四天王證不動三昧，十爲三十三天證難伏三昧，十一爲燄摩天證閱意三昧，十二爲兜率天證青色三昧，十三爲化樂天證黄色三昧，十四爲他化自在天證赤色三昧，十五爲初禪證白色三昧，十六爲梵王天證種種三昧，十七爲二禪證雙三昧，十八爲三禪證雷音三昧，十九爲四禪證霔雨三昧，二十爲阿那含天證照鏡三昧，二十一爲無想天證空三昧，二十二爲空處天證常三昧，二十三爲識處天證樂三昧，二十四爲無所有處天證我三昧，二十五爲非想非非想天證浄三昧。

第七、每日常誦般若心經八卷，普爲法界八苦衆生離苦解脱。

第八、每日常讀大方廣佛華嚴浄行品，依文發一百四十大願，普令一切法界衆生見聞之中皆得入道。

第九、常六時誦千手千眼大悲陀羅尼，普爲一切法界衆生懺六根所造一切障。

第十、常六時誦加句佛頂尊勝陀羅尼，普爲法界一切衆生懺六根所作一切罪。

第十一、普爲一切法界衆生，晝夜六時，皈命敬禮三寶。及晨朝，禮十方佛。一、禮佛寶：稽首圓滿遍知覺，寂静平等本真源。相好嚴特非有無，慧光普照微塵刹。一心敬禮十方三世盡虚空遍法界微塵刹土中一切常住佛寶兩足尊、此界他方人間天上法寶、真身舍利形像一一塔廟。唯願三寶威神，覆護所有諸佛住處，願與法界一切衆生一一分身悉往禮拜。雖不得能禮之身、所禮之佛，然不壞幻相，影現法界。二、禮法寶：稽首湛然真妙法，甚深十二修多羅。非文非字非言宣，一音隨類皆明了。一心敬禮十方三世盡虚空遍法界微塵刹土中一切常住法寶離欲尊、天上人間龍宫海藏十二部經、一切聖典。同前禮佛，運心所有經卷之處，一一分身悉往禮拜。三、禮僧寶：稽首清浄諸賢聖，十方和合應真僧。執持禁戒無有違，振錫攜瓶利含識。一心敬禮十方三世盡虚空遍法界微塵刹土中一切常住僧寶衆中尊、寶刹浄土巖阿石室諸大菩薩、緣覺、聲聞、一切賢聖。同前禮佛，運心所有僧住之處，一一分身悉往禮拜。

次執爐云：嚴持香花，如法供養。願此香花雲，以爲光明臺，供養一切佛，經法諸菩薩，聲聞緣覺衆，及一切天仙，受用作佛事。普願一切法界衆生，悉入我供養法界海中，同證無生一實境界。一心擎爐，觀此香烟，變爲珍珠、瓔珞、香臺、寶樓、天衣、妙樂、異果、華雲，種種供具，供養十方諸佛，大作佛事。

禮十方佛：一心敬禮東方善德佛，盡東方法界一切諸佛；一心敬禮東南方無憂德佛，盡東南方法界一切諸佛；一心敬禮南方栴檀德佛，盡南方法界一切諸佛；一心敬禮西南方寶施佛，盡西南方法界一切諸佛；一心敬禮西方無量明佛，盡西方法界一切諸佛；一心敬禮西北方華德佛，盡西北方法界一切諸佛；一心敬禮北方相德佛，盡北方法界一切諸佛；一心敬禮東北方三乘行佛，盡東北方法界一切諸佛；一心敬禮上方廣衆德佛，盡上方法界一切諸佛；一心敬禮下方明德佛，盡下方法界一切諸佛。

第十二、每日普爲法界一切衆生禮釋迦如來真身舍利寶塔，願罪滅福生，障消道現。

第十三、自製大乘悲智六百願文，每日普爲一切法界衆生發願禮拜。

第十四、晨朝，禮和尚本師靈鷲山中釋迦牟尼佛，普願一切法界衆生紹隆三寶。

第十五、晨朝，禮妙法蓮華經真净妙法，普願一切法界衆生同證法華三昧，咸生彌陀淨方。

第十六、晨朝，禮阿闍黎金色世界大智文殊師利菩薩摩訶薩，普願一切法界衆生入法界門，開根本智。

第十七、晨朝，普爲一切法界衆生頂戴阿彌陀佛行道，承廣大之願力，慕極樂之圓修。

第十八、晨朝，普爲一切法界衆生旋繞念一字王心陀羅尼，普願圓證心王，居總持位。真言曰：唵部淋潑。

第十九、晨朝，普爲一切法界衆生旋繞念釋迦牟尼佛，願繼能仁成寂滅忍。

第二十、晨朝，普爲一切法界衆生旋繞念文殊師利菩薩摩訶薩，願成無性妙慧，作法王之子。

第二十一、午時，禮皈依主安樂世界阿彌陀佛，普願一切法界衆生頓悟自心，成妙淨土。

第二十二、午時，禮大方廣佛華嚴經不思議藏，普願一切法界衆生入緣起性德之門，遊毗盧大願之海。

第二十三、午時，禮懺悔師銀色世界大行普賢菩薩摩訶薩，普願一切法界衆生了罪性空，成無生懺。

第二十四、午時，普爲一切法界衆生旋繞念觀世音本身陀羅尼，普願具圓通身，成普門行。真言曰：唵悉羅毗婆尼薩訶。

第二十五、午時，普爲一切法界衆生旋繞念多寶佛，願分身散形，同證一乘。

第二十六、午時，普爲一切法界衆生旋繞念普賢菩薩摩訶薩，願成差別之智門，運無始終之妙行。

第二十七、午時，普爲一切法界衆生頂戴觀音行道，成觀音實際之身，運同體大悲之行。

第二十八、黄昏，禮教授師兜率天宫當來下生彌勒尊佛，普願一切法界衆生成無等真慈，繼一生補處。

第二十九、黄昏，禮大般若波羅蜜多經清浄法藏，普願一切法界衆生行無所得之方便，具一切種智之圓門。

第三十、黄昏，禮同學法侣寶陀洛山大慈大悲救苦觀世音菩薩摩訶薩、盡十方法界一切菩薩摩訶薩，普願一切法界衆生入圓通門，運法界行。

第三十一、黄昏時，普願一切法界衆生旋繞念文殊心陀羅尼，普願入阿字門，了無生性。真言曰：阿囉跛佐曩。

第三十二、黄昏時，普爲一切法界衆生旋繞念釋迦牟尼分身佛，願廣布身雲，八相成道。

第三十三、黄昏時，普爲一切法界衆生旋繞念觀世音菩薩摩訶薩，願具十四無畏，福佑衆生。

第三十四、黄昏時，普爲一切法界衆生頂戴釋迦寶塔行道，普爲紹隆佛種，永爲法界福田。

第三十五、初夜，禮證明師七寶塔中過去多寶佛、盡十方三世一切諸佛，普願一切法界衆生不違本願，助轉法輪。

第三十六、初夜，禮大寶積經真如海藏，普願一切法界衆生依了義經，通佛妙旨。

第三十七、初夜，禮慈悲導師安樂世界大勢至菩薩摩訶薩及一切清浄大海衆，普願一切法界衆生引導利濟衆生，同了唯心浄土。

第三十八、初夜，普爲一切法界衆生旋繞念觀音蓮華部心陀羅尼，普願具大悲門，圓自在慧。真言曰：唵阿盧勒繼娑嚩訶。

第三十九、初夜，普爲一切法界衆生旋繞念彌勒慈尊佛，願生内院，親成法忍。

第四十、初夜，普爲一切法界衆生旋繞念大勢至菩薩摩訶薩，願攝諸根，浄念相繼，託質蓮臺。

第四十一、初夜，普爲一切法界衆生頂戴法華經行道，盡入法華三昧，同歸究竟一乘。

第四十二、中夜，禮十方釋迦牟尼分身佛，普願一切法界衆生不動道場，分身百億。

第四十三、中夜，禮大般涅槃經諸佛祕藏，普願一切法界衆生明自性心，住祕密藏。

第四十四、中夜，禮大慈大悲救苦地藏菩薩摩訶薩，普願一切法界衆生證無垢三昧，度惡趣衆生。

第四十五、中夜，普爲一切法界衆生旋繞念佛頂金輪陀羅尼，普願無見頂相作法輪王。真言曰：唵齒臨。

第四十六、中夜，普爲一切法界衆生旋繞念藥師琉璃光佛，願成本願風輪，往生寶刹。

第四十七、中夜，普爲一切法界衆生旋繞念藥王菩薩摩訶薩，願作大醫王，救度一切。

第四十八、中夜，普爲一切法界衆生頂戴華嚴經行道，咸入海印三昧，頓悟法界圓宗。

第四十九、後夜，禮東方滿月世界藥師琉璃光佛，普願一切法界衆生發大誓心，攝無邊衆。

第五十、後夜，禮般若波羅蜜多心經無生奧典，普爲一切法界衆生冥合真心，了無所得。

第五十一、後夜，禮藥王菩薩摩訶薩，普願一切法界衆生説妙法藥，除煩惱病。

第五十二、後夜，普爲一切法界衆生旋繞念金剛經心中心陀羅尼，普願證金剛三昧，堅固佛身。真言曰：唵烏倫尼薩婆訶。

第五十三、後夜，普爲一切法界衆生旋繞念阿彌陀佛，願成無上慧，攝化有情。

第五十四、後夜，普爲一切法界衆生頂戴大般若經行道，願入無住觀門，成就無生法忍。

第五十五、後夜，普爲一切法界衆生旋繞念地藏菩薩摩訶薩，願布無緣慈，救拔三塗苦。

第五十六、稍暇時，旋繞行道，普願一切法界衆生得紫金光身，相好圓滿。

第五十七、看讀大乘經典，普願一切法界衆生同明佛慧。

第五十八、晝夜六時，普爲一切法界衆生念七如來名號：念寶勝如來，願一切衆生積劫塵勞，悉皆清浄；念離怖畏如來，願一切衆生離五怖畏，得涅槃樂；念廣博身如來，願一切衆生咽喉廣大，禪悦充足；念甘露王如來，願一切衆生飲甘露味，成大菩提；念妙色身如來，願一切衆生離醜陋形，相好圓滿；念多寶如來，願一切衆生永離貧窮，法財具足；念阿彌陀如來，願一切衆生離惡趣形，神栖浄土。

第五十九、晨朝，普爲一切法界衆生受持大乘六念：一念佛，願成佛身；二念法，願轉法輪；三念僧，欲覆護衆；四念戒，欲滿諸願；五念施，捨諸煩惱；六念天，欲滿天中天一切種智。

第六十、晝夜六時，普爲盡十方一切法界衆生逐方焚香，供養十方面三寶，願此香變爲珍寶、瓔珞、樓臺、寶閣、音樂、花果、衣服、飲食，種種供具等，供養十方諸佛。

第六十一、晝夜六時，普爲盡法界衆生逐方皈命十方面三寶，願入三乘之聖位，成五分之法身。

第六十二、晝夜六時，普爲十方法界衆生讚歎三寶，願具梵音聲，色像第一。

第六十三、晨朝，普爲十方面衆生代發菩提心，並願念念圓滿無上菩提，直至後心，無有間斷發菩提心。真言曰：唵冐地喞多母怛播那野弭。

第六十四、晝夜六時，普爲盡法界衆生散花供養十方面三寶，願此花滿法界虚空界，大作佛事，令一切衆生皆得依報嚴浄，常居妙土散花。真言曰：唵薩婆怛他薩多布社摩尼吽吽。

第六十五、晨朝，普爲盡十方面衆生擎爐焚香，懺悔先業，念七佛滅罪陀羅尼，普願三業無假，畢竟清浄。真言曰：離波離波諦求訶求訶諦陀羅尼諦尼訶羅諦毗唎尼諦摩訶迦諦真靈乾諦薩訶。

第六十六、晨朝，普爲十方面一切法界衆生授菩薩戒，願承三寶威神，一一現前，皆得親受。

第六十七、晨朝，普爲盡十方面衆生念施戒陀羅尼，普願具佛律儀，謹潔無犯。真言曰：娑囉波羅提藥叉呬唎陀野薩婆訶。

第六十八、午時，普爲盡十方面衆生擎爐焚香，念諸佛心中心真言，普願發真妙心，開佛知見。真言曰：唵摩尼達哩吽發吒。

第六十九、黄昏時，普爲盡十方面衆生擎爐焚香，念阿彌陀佛心真言，悉願證悟佛心，同生安養。真言曰：唵阿密栗多帝際賀囉吽。

第七十、初夜，普爲盡十方面衆生擎爐焚香，念般若大悲心陀羅尼，悉願諦了自心，圓明般若。真言曰：怛姪他揭諦揭諦波羅揭諦波羅僧揭諦菩提薩婆訶。

第七十一、中夜，普爲盡十方面衆生擎爐焚香，念七俱胝佛母準提大明陀羅尼，悉願安法界胎，孕菩提子。真言曰：稽首皈依蘇悉諦，頭面頂禮七俱胝，我今稱讚大總持，惟願慈悲垂加護。曩謨引颯鉢多（二合引）喃（引）三藐迦三没馱（引）俱胝（引）喃（引）怛你也（二合）他（引）唵（引）左隸祖隸尊提薩嚩（二合引）訶。

第七十二、後夜，普爲盡十方面衆生擎爐焚香，念阿字一切佛心智門陀羅尼，悉願入無生門，具真佛智。真言曰：南無三滿多勃陀喃阿。

第七十三、晝夜六時，普爲一切法界衆生受持金剛鈴、金剛杵、跋折羅等，先加持鈴杵。真言曰：唵嚩日羅健茶虎。次振鈴警覺盡虚空界一切如來。真言曰：唵嚩日羅（二合）庢瑟姹。次振此鈴遍周法界，大作佛事，警悟一切愚昧異生，願一聞鈴音，覺悟摩訶般若波羅蜜多。

第七十四、晝夜六時，修行五悔，懺滌六根，普爲一切法界四恩、二十五有、十二類生，承三寶力，對十方佛前志心懺悔：與一切法界衆生，從無始有神識以來至於今日，因無明妄造一切生死，隨逆順境，起愛憎心，鼓動六根，造塵沙罪。從多劫來，眼根因緣貪著色故，貪愛諸塵，以受塵故，受此人身世所生處。或著諸色，色壞我眼，爲恩愛奴，故色使我經歷三界。爲此弊使，盲無所見，眼根不善，傷害我多。十方諸佛常在不滅，我濁惡眼障故不見。今始覺悟，誦持大乘不思議藏，皈命普賢、一切世尊，令我與法界衆生眼根所造一切重罪畢竟清浄。

懺悔耳根：從無始來，耳根因緣隨逐外聲，聞妙音時，心生惑著；聞惡聲時，起百八種煩惱賊害。如此惡耳，報得惡事，恒聞惡聲，生諸攀緣。顛倒聽故，墮落惡道、邊地邪疆，不聞正法，處處惑著，無暫停時，坐此竅聲，勞我神識。十方諸佛，常在説法，我濁惡耳障故不聞。今始覺悟，誦持大乘功德海藏，皈命普賢、一切世尊，令我與法界衆生耳根所作一切重罪畢竟清浄。

懺悔鼻根：從無始來，坐此鼻根聞諸香氣，迷惑不了，動諸結使，諸煩惱賊卧者皆起，因此分別，墮落生死。十方諸佛功德妙香充滿法界，我濁惡鼻障故不聞。今始覺悟，誦持大乘清浄妙藏，皈命普賢、一切世尊，令我與法界衆生鼻根所造一切重罪畢竟清浄。

懺悔舌根：從無始來，舌根所造不善惡業，貪著美味，損害衆生，破諸禁戒，開放逸門。又以舌根起口過罪，妄言綺語，兩舌惡口，誹謗三寶，讚歎邪見，非法説法，法説非法。諸惡業刺，從舌根出；斷正法輪，從舌根起。以是因緣，當墮惡道，百劫千生，永無出期。諸佛法味，彌滿法界，我濁惡舌障故，不能説法。今始覺悟，誦持大乘諸佛祕藏，歸命普賢、一切世尊，令我與法界一切衆生舌根所造一切重罪畢竟清浄。

懺悔身根：從無始來，身根不善，貪著諸觸，顛倒不了，煩惱熾然，起三不善，謂殺、盜、婬。與諸衆生，作大怨結，乃至破塔壞寺，焚燒經像，用三寶物，無有羞耻。如是等罪，無量無邊，從身業生，説不可盡。十方諸佛，常放浄光，照燭一切，我濁惡身障故不覺，唯知貪著麤弊惡觸，現受衆苦，後受地獄、畜生、餓鬼等種種諸苦，没在其中，不覺不知。今始覺悟，誦持大乘真實法藏，皈命普賢、一切世尊，令我與法界一切衆生身根所造一切重罪畢竟清浄。

懺悔意根：從無始來，意根不善，貪著諸法，狂愚不了，隨所緣境，起貪嗔癡，八邪八難，無不經歷。如此意根，即是一切生死根本，衆苦之源，如經中說：釋迦牟尼名毗盧遮那，遍一切處。當知一切諸法即是佛法，妄想分别，受諸熱惱，是則于菩提中見不清浄，于解脱中而自纏縛。今始覺悟，誦持大乘圓滿法藏，皈命普賢、一切世尊，令我于一切法界衆生意根所造一切重罪，乃至六根所起無量無邊惡業罪障，已起今起，未來應起，斷相續心，畢竟清浄。

第七十五、晝夜六時，同與一切法界衆生勸請十方一切諸佛，現出應世，常轉法輪，將般涅槃惟願久住，遍衆生界盡出苦輪，皆達本心，同歸浄海。

第七十六、晝夜六時，同與法界一切衆生隨喜十方諸佛諸大菩薩無盡功德，及一切凡夫所作漏與無漏一切微細善根，皆入圓因，同成種智。

第七十七、晝夜六時，同與法界一切衆生回向，從無始來至於今日，三業所作，一念善根，盡用普施一切法界衆生，回向無上菩提，同生西方浄土。

第七十八、晝夜六時，同與一切法界衆生發願，與一切法界衆生親證法華三昧，頓悟圓滿一乘。臨命終時，神識不亂，濁業消滅，正念現前，隨願往生西方浄土，皈命彌陀佛，成就大忍心，遍入法界中，盡於未來際，護持正法藏，開演一乘門，圓滿佛菩提，修習普賢行，廣大如法界，究竟若虚空，誓與諸含靈，一時成佛道。

第七十九、每日普爲一切法界衆生，晝夜六時一心焚香，皈命天王，別置道場，盡形供養，承菩薩威光，安然履道。

第八十、每日普爲一切法界衆生，晝夜六時，念天王心。真言曰：唵悉唎曳莎婆訶。

第八十一、每日普爲一切法界衆生，晝夜六時，念天王護身真言，願諸衆生身安道隆，永消魔患。真言曰：唵藥義瓦惹薩訶。

第八十二、普爲一切法界衆生，晝夜六時，別建道場，供養般若，誦摩訶般若波羅蜜多，課念名號，悉願諸衆生承大威德法門，發明十方佛慧。

第八十三、普爲一切法界衆生，晝夜六時，別建道場，供養觀音尊像，六時旋繞，課誦名號，願諸衆生五眼圓明，十身顯現。

第八十四、普爲一切法界衆生，晝夜六時，別置香花，供養妙法蓮華經，同悟究竟一乘，咸證法華三昧。

第八十五、每夜普爲一切法界衆生，常施一切曠野鬼神及水陸空行一切饑餓衆生等食及水。

第八十六、每夜常與九品鬼神、法界衆生，受三皈依法。

第八十七、每夜常施一切鬼神、六道冥官三昧耶戒。真言曰：唵三昧耶薩怛𡁠（蒲禁切）。

第八十八、每夜常爲一切鬼神、法界衆生説三乘法。

第八十九、受持穢跡陀羅尼，普願一切法界衆生所向之處，身心内外境界，悉皆清淨。真言曰：唵（引）佛舌屈聿（唯律切）摩訶鉢囉恨那㖃（音許）勿汁勿醯摩尼微吉微摩那棲唵斫急那烏深暮屈聿𠺕𠺕（呼含切）吽（于令切）泮泮泮泮泮（音潑）娑訶。

第九十、晝夜六時，受持内外五供養陀羅尼，願一切法界衆生，内外心境，理事無礙，悉成供養之具，供養無量如來，遍至十方，大作佛事。真言曰：唵薩利縛怛他薩哆度波補瑟波逸波阿迦末利補左茗伽三母囉野三母囉野三摩曳薩娑訶。

第九十一、受持回向真言。一回向真如實際，心心契合；二回向無上菩提，念念圓滿；三回施法界一切衆生，同生淨土。真言曰：唵三摩囉微羅摩莎羅摩訶斫迦囉𡁠吽。

第九十二、受持往生真言，願臨終命時，與一切法界衆生同生淨土。念往生呪一遍。

第九十三、普爲一切法界衆生受持一切如來大寶出生灌頂陀羅尼，悉願決定成就無上菩提，爲法王之真子。真言曰：唵薩婆怛他薩多尼摩羅三婆吠吽吽。

第九十四、晝夜六時，普爲一切法界衆生打鐘，先願此鐘聲周遍法界，大作佛事，奉請十方一切凡聖四衆，各具威儀，隨衆行道；次願此鐘聲周遍法界，警覺一切長夜生死，皆得惺惺；後願此鐘聲周遍法界，普願一切三塗八難受苦衆生聞此皆解脱。仍書破地獄真言，於中口誦三遍，願破諸地獄，閉惡趣門，聲遍十方。受苦一切衆生聞此鐘聲，悉皆解脱。破地獄真言曰：喃謨阿瑟吒始帝喃三藐三勃陀俱胝喃惹羅嚩囉薩斯地利地利薩婆訶。

第九十五、晝夜六時，普爲一切法界衆生受持錫杖，願振此錫聲，周遍法界，大作佛事，覺悟一切地獄衆生，離苦解脱；覺悟一切饑渴衆生，口中悉是甘泉；覺悟一切蟲獸，悉皆開道回避，皈命解脱。

第九十六、常時採鮮花，供養一切尊像，普爲一切法界衆生善根柔軟，成就妙圓。

第九十七、常勸一切人念阿彌陀佛，因修净業及修福智二嚴，習戒定慧、六度萬行熏修等，乃至廣結香花净會，供養大齋，種種施爲，恒有導首。

第九十八、常與四衆授菩薩戒。

第九十九、常印施天下彌陀佛塔、般若寶幢、楞嚴、法華等經及諸神呪，勸十種受持，三業供養。

第一百、三衣之外，所有財帛，逐時旋施，作有爲功德，救濟貧苦，供養衆生，常放一切生命，慈覆有情。

第一百一、遇緣廣施醫藥，願盡未來際，常作醫王，普救一切衆生身心重病。

第一百二、常帶持大佛頂，普願一切法界衆生，永祛魔障。

第一百三、常帶持大隨求等一百道不可思議神呪，普願一切法界衆生所求如意。

第一百四、常香、花、燈、水、幡、蓋等種供養道場，精嚴佛事。

第一百五、常供養悲敬二田，或潑棄盪鉢之水，乃至一唾，皆施餓鬼衆生。或施畜生一摶之食，皆令發無上菩提心。

第一百六、常焚香供養僧伽黎大衣，每披挂之時，恒發誓願，與一切法界衆生常服如來無上福田之衣，具足如來微細禁戒。

第一百七、每受粥飯之時，恒發願先供養法界一體三寶，廓周沙界，大作佛事，十方施主六度圓滿，一切飢渴衆生法喜充足。爲補飢瘡，修西方浄業，成無上菩提，故受此食。今此食者，不潤生死身，惟成佛果法身。願定慧今增長，施生之時，普施六道衆生，具足六波羅蜜。

第一百八、常纂集製作祖教妙旨宗鏡録等，法施有情，乃至内外搜揚，寄言教化，共六十一本，總一百九十七卷：

宗鏡録一部百卷
萬善同歸集三卷
明宗論一卷
華嚴寶印頌三卷
論真心體訣一卷
唯明訣一卷
正因果論一卷
坐禪六妙門一卷
靈珠讚一卷
坐禪儀軌一卷
華嚴論要略一卷
布金歌一卷
警睡眠法一卷
住心要箋一卷

唯心頌一卷
華嚴十玄門一卷
華嚴六相義一卷
無常偈一卷
出家功德偈一卷
定慧相資歌一卷
施食文一卷
文殊靈異記一卷
大悲智願文一卷
放生文一卷
文殊禮讚文一卷
羅漢禮讚文一卷
華嚴禮讚文一卷
警世文一卷
發二百善心斷二百惡心文一卷

觀音禮讚文一卷
法華禮讚文一卷
大悲禮讚文一卷
佛頂禮讚文一卷
般若禮讚文一卷
西方禮讚文一卷
普賢禮讚文一卷
十大願文一卷
高僧讚三卷一千首
上堂語録五卷
加持文一卷
雜頌一卷
詩讚一卷
山居詩一卷
愁賦一卷

物外集十卷五百首
吴越唱和詩一卷
雜牋表一卷
光明會應瑞詩一卷
華嚴感通賦一道
供養石橋羅漢一十會祥瑞詩一卷
觀音靈驗賦一道
示衆警策一卷
神栖安養賦一道
心賦一道七千五百字
觀心玄樞三卷
金剛證驗賦一道
法華靈瑞賦一道
雜歌一卷
勸受菩薩戒文一卷

受菩薩戒儀一卷

右總前每日所行一百八件佛事，乘戒兼急，權實雙行，體用相收，理事無礙。今引萬善

自行録一卷

同歸集後偈，以顯圓修。頌曰：

菩提無發而發，佛道無求而求。妙行無行而行，真智無作而作。興悲悟其同體，行慈深入無緣。無所捨而行檀，無所持而具戒。修進了無所起，習忍達無所傷。般若悟境無生，禪定知心無住。鑒無身而具相，證無説而談詮。建立水月道場，莊嚴性空世界。羅列幻花供具，供養影響如來。懺悔罪性本空，勸請法身常住。回向了無所得，隨喜福等真如。讚嘆彼我虚玄，發願能所平等。禮拜影現法會，行道步躡真空。焚香妙達無生，誦經深通實相。散花顯諸無著，彈指以表去塵。施爲谷響度門，修集空花萬行。深入無生性海，常遊如幻法門。誓斷無染塵勞，願生唯心浄土。履踐實際理地，出入無礙觀門。降伏鏡像魔軍，大作夢中佛事。廣度如化含識，同證寂滅菩提。

自行録（終）

自行録跋

夫心者，乃萬法之本源，智慧之靈府也。只因歷劫染習深厚，障蔽妙明，種種幻妄，紛紛不息，故生生汩没於輪迴之中，備受楚毒，昇墜不常，何可而得已也！及今四衆人等，回向佛乘，雖依佛祖明訓，修持正法，以作出世之津梁，奈功行悠悠，光陰虚度，不能勇猛精進，速取無上正等菩提。

今閲永明壽祖自行録一書，每日所行一百八件功行之事，行願雙持，自他兼利，無有片刻虚費光陰，至此方見壽祖是古佛再來，非予等下劣凡愚所敢望也。今刻此録，惟願同人興決烈之志，開特達之懷，切不可望洋而退。但量己力，於此録中，或取一二則、三五十則，逐日精進，以爲常課，切不可懈怠心生，一暴十寒而虚度光陰也。果能如是，自然功不浪施，漸入漸深，漸廣漸厚，至於無上菩提，不期然而得也。如其不修實行，豈不辜負發心出家之志也。伏願此録流傳四方，目睹親聞者，追古德之勤修，滿平生之志願，早授靈山記莂，廣度一切含識。是爲跋。

時維道光癸卯嘉平月佛成道日，武林古門地菴苾蒭梅嶼謹識。

竊維咸豐庚申、辛酉兩次兵災，余妻室子弟姪等均皆同時殉難。迨於同治甲子歲，杭城收復，余由越地回省，室如懸罄，形單影隻，淚如泉湧，欲剃髮爲僧，罪孽根深，至不得已，再整門庭，即於是歲季秋，五體投地，立願爲善。至今時日已久，屢爲佛恩護佑，余信更深。光緒己卯歲，進山瞻拜南山浄慈寺側永明壽禪師古塔，惟久遠失修，余即解囊裝整，中興三寶，建造山門、兩傍念佛堂、客堂、僧房、香積厨。於庚辰歲，一律完竣。始於己卯歲四月佛誕日開設，每月十七日啓建蓮社法華道場，莊嚴浄土，禮塔念佛。惟恐居士路途遠近不等，特設素齋供養，以安跋涉之勞。

去歲臘底，幸得許君贈有永明壽禪師自行録一卷，余伏誦之下，不勝歡喜安養。緣是書原板兵燹無存，伏念禪師躬行一百八件，功德無量無邊，余心慕而力未逮焉。惟有捐資重刊刷印，佈送十方，俾大衆等宣揚，以廣流傳，庶幾佛法遠行。謹跋。

附録三　歷代主要延壽傳記資料

一、宋高僧傳

宋錢塘永明寺延壽傳　　贊寧

釋延壽，姓王，本錢塘人也。兩浙有國時爲吏，督納軍須，其性純直，口無二言，誦徹法華經，聲不輟響。屬翠巖參公盛化，壽捨妻孥，削染登戒。嘗於台嶺天柱峰九旬習定，有鳥類尺鷃，巢棲于衣襵中。乃得韶禪師決擇所見，遷遁于雪竇山，除誨人外，瀑布前坐諷禪默。衣無繒纊，布襦卒歲。食無重味，野蔬斷中。漢南國王錢氏最所欽尚，請壽行方等懺，贖物類放生。汎愛慈柔，或非理相干，顔貌不動。誦法華計一萬三千許部。多勵信人營造塔像。自無貯畜，雅好詩道，著萬善同歸、宗鏡等録數千萬言。高麗國王覽其録，遣使遺金線織成袈裟、紫水精數珠、金澡罐等。以開寶八年乙亥終于住寺，春秋七十二，法臘三十七。葬于大慈山，樹亭誌焉。

（卷二八興福篇）

二、景德傳燈録

道原

前天台山德韶國師法嗣

杭州慧日永明寺智覺禪師延壽，餘杭人也，姓王氏。總角之歲，歸心佛乘。既冠，不茹葷，日唯一食。持法華經，七行俱下，纔六旬，悉能誦之，感群羊跪聽。年二十八，爲華亭鎮將，屬翠巖永明大師遷止龍册寺大闡玄化。時吴越文穆王知師慕道，乃從其志，放令出家，禮翠巖爲師，執勞供衆，都忘身宰。衣不繒纊，食無重味，野蔬布襦，以遺朝夕。尋往天台山天柱峰九旬習定，有鳥類尺鷃，巢于衣襵中。暨謁韶國師，一見而深器之，密授玄旨，仍謂師曰：「汝與元帥有緣，他日大興佛事，密受記。」

初住明州雪竇山，學侶臻湊。咸平元年，賜額曰資聖寺。師上堂曰：「雪竇遮裏，迅瀑千尋，不停纖粟。奇巖萬仞，無立足處。汝等諸人向什麽處進步？」時有僧問：「雪竇一徑如何履踐？」師曰：「步步寒華結，言言徹底冰。」建隆元年，忠懿王請入居靈隱山新寺，爲第一世。明年，復請住永明大道場，爲第二世，衆盈二千。僧問：「如何是永明妙旨？」師曰：「更添香著。」曰：「謝師指示。」師曰：「且喜勿交涉。」師有偈曰：「欲識永明旨，門前一湖水。日照光明生，風來波浪起。」

問：「學人久在永明，爲什麽不會永明家風？」師曰：「不會處會取。」曰：「不會處如何會？」師曰：「牛胎生象子，碧海起紅塵。」問：「成佛成祖，亦出不得。六道輪迴，亦出不得。未審出箇什麽不得？」師曰：「出汝問處不得。」問：「承教有言，一切諸佛及佛法皆從此經出。如何是此經？」師曰：「長時轉不停，非義亦非聲。」曰：「如何受持？」師曰：「若欲受持者，應須用眼聽。」問：「如何是大圓鏡？」師曰：「破砂盆。」

師居永明道場十五載，度弟子一千七百人。開寶七年，入天台山度戒約萬餘人。常與七衆受菩薩戒。夜施鬼神食，朝放諸生類不可稱算，六時散華。行道餘力，念法華經一萬三千部，著宗鏡録一百卷，詩偈賦詠凡千萬言，播于海外。高麗國王覽師言教，遣使齎書，叙弟子之禮，奉金線織成袈裟、紫水精數珠、金澡罐等。彼國僧三十六人親承印記，前後歸本國，各化一方。以開寶八年乙亥十二月示疾，二十六日辰時焚香告衆，跏趺而亡。明年正月六日，塔于大慈山。壽七十二，臘四十二。太宗皇帝賜額曰壽寧禪院。

（卷二六）

三、禪林僧寶傳

惠洪

永明智覺禪師

智覺禪師者，諱延壽，餘杭王氏子。自其兒稚，知敬佛乘。及冠，日一食，誦法華經，五行俱下，誦六十日而畢，有羊群跪而聽。年二十八，爲華亭鎮將。嘗舟而歸錢塘，見漁船萬尾戢戢，惻然意折，以錢易之，放于江。裂縫掖，投翠巖永明禪師岑公，學出世法。會岑遷止龍册寺，吴越文穆王聞其風悦慕，聽其棄家，爲剃髮。自受具，衣不繒纊，食無重味，持頭陀行。嘗習定天台天柱峰之下，有烏類尺鷃，巢衣襵中。時韶國師眼目出間，北面而師事之。韶曰：「汝與元帥有緣，它日大作佛事，惜吾不及見耳。」初説法於雪竇山。建隆元年，忠懿王移之于靈隱新寺，爲第一世。明年，又移之于永明寺，爲第二世，衆至二千人，時號慈氏下生。

指法以佛祖之語爲銓準，曰：「迦葉波初聞偈曰：『諸法從緣生，諸法從緣滅。我師大沙門，嘗作如是説。』此佛祖骨髓也。龍勝曰：『無物從緣生，無物從緣滅。起唯諸緣起，滅唯諸緣滅。』乃知色生時但是空生，色滅時但是空滅。譬如風性本不動，以緣起故動。

儻風本性動，則寧有静時哉？密室中若有風，風何不動？若無風，遇緣即起。非特風爲然，一切法皆然。維摩謂文殊師利曰：『不來相而來，不見相而見。』文殊乃曰：『如是，居士。若來已，更不來；若去已，更不去。所以者何？來者無所從來，去者無所至。所可見者，更不可見。』此緣起無生之旨也。」

僧問：「長沙偈曰：『學道之人未識真，只爲從來認識神。無始時來生死本，癡人唤作本來人。』豈離識性别有真心耶？」智覺曰：「如來世尊於首楞嚴會上，爲阿難揀别詳矣，而汝猶故不信。阿難以推窮尋逐者爲心，遭佛呵之。推窮尋逐者，識也。若以識法隨相，行則煩惱，名識不名心也。意者，憶也。憶想前境起於妄，並是妄識，不干心事，心非有無，有無不染；心非垢净，垢净不汙。乃至迷悟凡聖，行住坐卧，並是妄識，非心也。心本不生，今亦不滅。若知自心如此，於諸佛亦然。故維摩曰：『直心是道場，無虚假故。』」

智覺以一代時教流傳此土，不見大全，而天台、賢首、慈恩性相三宗又互相矛盾，乃爲重閣，館三宗知法比丘，更相設難，至波險處，以心宗旨要折中之。因集方等秘經六十部，西天此土聖賢之語三百家，以佐三宗之義，爲一百卷，號宗鏡録，天下學者傳誦焉。

僧問：「如和尚所論宗鏡，唯立一心之旨，能攝無量法門，此心含一切法耶？生一切法耶？若生者，是自生歟？從他而生歟？共生無因而生歟？」答曰：「此心不縱不横，非他非自。何以知之？若言含一切法，即是横。若言生一切法，即是縱。若言自生，則心豈復生心乎？若言他生，即不得自，矧曰有他乎？若言共生，則自他尚無有，以何爲共哉？若言無因而生者，當思有因。尚不許言生，況曰無因哉？」僧曰：「審非四性所生，則世尊云何説『意根生意識，心如世畫師，無不從心造』，然則豈非自生乎？又説『心不孤起，必藉緣而起。有緣思生，無緣思不生』，則豈非他生乎？又説『所言六觸，因緣生六受，得一切法』，然則豈非共生乎？又説『十二因緣，非佛天人修羅作，性自爾故』，然則豈非無因而生乎？」智覺笑曰：「諸佛隨緣差別，俯應群機，生善破惡，令入第一義諦。是四種悉檀，方便之語，如以空拳示小兒耳，豈有實法哉！」僧曰：「然則一切法是心否？」曰：「若是即成二。」僧曰：「審爾，則一切不立俱非耶？」曰：「非亦成二。汝豈不聞首楞嚴曰：『我真文殊，無是文殊。若有是者，則二文殊。然我今日，非無文殊，於中實無是非二相。』」僧曰：「既無二相，宗一可乎？」曰：「是非既乖大旨，一二還背圓宗。」僧曰：「如何用心，方稱此旨？」曰：「境智俱亡，云何説契？」僧曰：「如是則言思道斷，心智路絶矣。」曰：「此亦强言，隨他意轉，雖欲隱形，而未忘跡。」僧曰：「如何得形迹俱忘？」曰：「本無朕跡，云何説忘？」僧曰：「我知之矣！要當如人飲水，冷暖自知。當大悟時節，神而明之。」曰：

「我此門中，亦無迷悟、明與不明之理。撒手似君無一物，徒勞辛苦説千般。此事非上根大器，莫能荷擔。先德曰：『盡十方世界，覓一人爲伴，無有也。』又曰：『止是一人承紹祖位，終無第二人。』若未親到，謾疲神思。借曰玄之又玄，妙之又妙，但是方便門中，旁贊助入之語，於自己分上，親照之時，反視之，皆爲魔説。虚妄浮心，多諸巧見，不能成就圓覺。但以形言迹，文彩生時，皆是執方便門，迷真實道。要須如百尺竿頭，放身乃可耳。」僧曰：「願乞最後一言。」曰：「化人問幻士，谷響答泉聲。欲達吾宗旨，泥牛水上行。」

又嘗謂門弟子曰：夫佛祖正宗，則真唯識，纔有信處，皆可爲人。若論修證之門，則諸方皆云：「功未齊於諸聖。」且教中所許，初心菩薩皆可比知，亦許約教而會。先以聞解信入，後以無思契同。若入信門，便登祖位。且約現今世間之事，衆世界中，第一比知，第二現知，第三約教而知。第一比知者，且如即今有漏之身，夜皆有夢，夢中所見好惡境界，憂喜宛然，覺來牀上安眠，何曾是實？並是夢中意識思想所爲，則可比知覺時之事，皆如夢中無實。夫過去、未來、現在三世境界，元是第八阿賴耶識親相分，唯是本識所變。若現在之境，是明了意識分別。若過去、未來之境，是獨散意識思惟。夢、覺之境雖殊，俱不出於意識，則唯心之旨，比況昭然。第二現知者，即是對事分明，不待立況。且如現見青、白等物時，物本自虚，不言我青、我白，皆是眼識分與同時意識計度分別爲青爲白，以意辨爲色，以言説爲青，皆是意、言自妄安置，以六塵鈍故，體不自立，名不自呼。一色既然，萬法咸爾，皆無自性，悉是意言，故曰「萬法本閑而人自鬧」。是以若有心起時，萬境皆有；若空心起處，萬境皆空。則空不自空，因心故空；有自不有，因心故有。既非空非有，則唯識唯心。若無於心，萬法安寄？又如過去之境，何曾是有？隨念起處，忽然現前。若想不生，境亦不現。此皆是衆生日用，可以現知。不待功成，豈假修得？凡有心者，並可證知。故先德曰：如大根人知唯識者，恒觀自心，意言爲境。此初觀時，雖未成聖，分知意言，則是菩薩。第三約教而知者，大經云：三界唯心，萬法唯識。此是所現本理，能詮正宗也。

智覺乘大願力，爲震旦法施主，聲被異國。高麗遺僧航海問道，其國王投書，叙門弟子之禮，奉金絲織成伽梨、水精數珠、金澡缾等，并僧三十六人，親承印記，相繼歸本國，各化一方。

以開寶八年乙亥十二月示疾，二十六日辰時，焚香告衆，跏趺而化。明年正月六日，塔于大慈山，閲世七十有二，坐四十有二夏。

（卷九）

四、新修往生傳

杭州慧日永明寺智覺禪師延壽　　王古

餘杭人，姓王氏。總角之歲，六旬之内，誦法華經全袟。既冠，不茹葷，日惟一食。長爲縣衙校。壯年慕道，棄吏業，投翠巖禪師出家。衣不繒纊，食不重味。爾後參見韶國師，授以心法。初住天台智者嵓，九旬習定，有烏巢衣裓中。修法華懺，經七年，禪觀中見觀音菩薩親以甘露灌于口，遂獲觀音辨才，下筆成文，盈卷乃已。志求西方浄土。著神棲安養賦、證驗賦、萬善同歸集、宗鏡録共數百卷。住持雪竇山院，朝暮演法。夜則念阿彌陀佛，行道發願。日課一百八事，未嘗癈輟。錢忠懿王請住永明，徒衆二千，晝夜修持，愈精進。學者參問，則壁立千仞，總心爲宗，以悟爲訣。日暮往别峰，行道念佛，自爲難繼，不欲强衆，然密相隨者，常及百人。夜静，四旁行人聞山中螺唄天樂之聲，伺求之，見師於山腹中平夷處旋繞行道。忠懿王歎曰：「自古求西方者，未有如是！」住永明十五年，度弟子一千七百人，常與七衆授菩薩戒。夜施鬼神食，晝放生命，不計其數，皆迴向浄土。至開寶八年二月二十六日，晨起焚香，告衆加趺而逝。

没後數年，有僧結囊訪師所居寺并真塔之所在，勤拳瞻禮，數日不已。問之，答曰：「某名契光，撫州人也，素不知師名，昨因疾死，至陰府，見所司殿宇，若王者居，閱文籍曰：『汝未當死，速返。』遣人護送之，仰觀殿間，掛畫僧像，王焚香頂拜。乃問獄吏：『此何人，王奉之勤？』吏曰：『凡人之生死，無不由此者。唯此一人，不經于此。王欲識之，乃畫其像，是杭州永明寺壽禪師也，今已西方九品上生矣。自釋迦滅度已來，此方九品上上生方第二人，王所以奉之之勤耳。』某既得生，晝夜思想聖人真身塔骨之難遇，是以不遠千里而來耳。」問撫州僧者，法名志全，其人雖已老，今浄慈長老圓照禪師親見之問之，如所傳云。（卷下）

五、釋門正統　宗鑑

延壽，字沖元，號抱一子。丹陽王氏，遷于餘杭。生周睟，因二親諍在高榻，自擲于地，驚抱之而諍以息。長乃歎曰：「丈夫不可墜於凡倫。」立身行道，光顯宗親，莫如爲學。晝夜不懈，俄有所成。如對雪吟江邊，千里海濤深，蟾蜍徹旦光，不沈人所歎。伏年十六，獻講德詩、齊天賦於錢武肅。二十一，悟世無常，從釋誦蓮經，羝羊伏聽。三十四，依龍册寺慧日永明師落剃受具。一食三衣，長坐不卧。朝供堂僧，夜習禪定。參韶國師，宴坐天柱峰。尺鷃巢于衣裓，時不去。歎曰：「鵲巢覆頂也。祇如此，自是工夫不到耳。」暑天洮米見蟲，恨以資身損物。入國清，修法華懺，夜見神人持戟，師訶之。答曰：「久積浄業，方得抵此。」中夜旋遶，見普賢像前蓮華在手，因思夙有二願：一則終身誦蓮經，一則畢世利群品。上智者院羅漢堂，作二鬮，曰「一心禪定」，曰「誦經萬善生浄土」，冥心自期：於此二途，倘遂其一，須七度拈得爲驗。擲於佛前，拈至七度，並得「萬善生浄土」鬮，篤志浄業於天柱峰。誦經三載，禪觀中蒙觀音甘露灌口，獲觀音辨，下筆盈軸，著五賦曰神棲安養、法華靈瑞、華嚴感通、觀音應現、金剛證驗。又萬善同歸集及雜文數百卷。入雪竇，聚徒十載。夜念阿彌陀佛，行道發願，日課一百八。事於西湖浄慈。石崖鐫刻聖像，修法華懺，以「法華」名堂。

國初，忠懿王請爲靈隱開山。又爲永明第二代，衆至二千，號「慈氏下生」。王請出山，賜智覺號，所至普爲四衆授菩薩戒。江南廟神降語：「我於延壽長老處受戒，今有祭奠，祇用蔬素。」又常放生，奏乞西湖爲放生池，撰放鰕序云：「救一期湯炭之苦，減萬家食噉之寃。」嘗曰：「四分律文是佛壽命，理無分隔，近代禪宗翻成忌諱。後生新學，觸事面牆，罔辨威儀，寧知觸浄？人自執著，妙見本通。」遂長講律文，常行布薩。

時王城戒壇累歲不開，台州禁童行未通經業，不可剃染。師特以聞，咸與剃度。撰垂誡文曰：「近嗟末世誑説一禪，只學虚頭，全無實解。步步行有，口口説空，自不責業力所牽，更教人撥無因果，便説飲酒食肉，不礙菩提；行盜行婬，無妨般若云云。饒汝鍊得到此田地，亦未可順汝意在，直待證無量聖身，始可行世間逆順事。」且云：「不依地位修行，盡屬天魔外道。」

時高麗國主致書問道，奉金綫織成伽梨、水精數珠、金澡瓶，遣三十六僧傳法歸國，各化一方。

在淨慈，慨天台、賢首、慈恩互相同異，建閣於寢堂兩廡，館其徒精法儀者，博閱義海，更相質問，而以心宗之衡準平之，集大乘經、論六十餘部，西天、此土賢聖之言三百家證成唯心之旨，爲宗鏡録一百卷。

開寶乙亥十二月二十六日，焚香告衆，趺坐而逝，塔于大慈山。壽七十四，臘四十。

李詠史曰：七返俱拈淨土鬮，畢生不退事精修。神棲安養已成賦，宜以慈容掛九幽。

無州僧見雙王禮師畫像。

僧寶傳云：予讀自行録，録其行事曰百八件，計其狀貌枯悴尪劣。及覩畫像，凛然豐碩，眉秀拔氣，和如春味。其平生如千江月，研其説法，如禹治水、孔子聞韶、羿之射、良之御、孫子用兵、左丘明太史公文章。嗚呼，真乘非願而至者乎？

鎧菴曰：讀山谷詩云：「從此永明書百卷，自公退食一鑪香。」因閲之。及兩函，寶積實云：此書無規矩，不若看止觀。今悟境觀二字，可爲几杖。服味者一言之力也。至哉！規矩之説。若以十大章、十境、十乘觀之，真所謂至方足以方天下之不方，至圓足以圓天下之不圓，曰盡未來際不復易轍，荆溪豈欺我哉！今二書具在，識者並取而深究之，則規矩有無斷可見矣！

（卷八護法外傳）

六、龍舒增廣浄土文

王日休

國初永明壽禪師

禪師名延壽，本丹陽人，後遷餘杭。少誦法華經。初爲縣衙校，多折官錢，勘之，止是買放生命。罪當死，引赴市曹。錢王使人探之：若顔色變即斬之，不變來奏。臨斬，顔色不變，乃貸命，遂爲僧。於禪觀中見觀音以甘露灌其口，乃獲觀音辯才。下筆盈卷，著萬善同歸集、宗鏡録等共數百卷。住持雪竇、永明，日課一百八事，精進以修西方。既坐化，焚畢爲一塔，有僧每日遶塔禮拜。人問其故，僧云：「我撫州僧也，因病至陰府，命未盡放還，見殿角有僧畫像一軸，閻羅王自來頂拜。我問：『此僧何人？』主吏云：『此杭州永明寺壽禪師也。凡人死者，皆經此處，唯此一人不經此處，已於西方極樂世界上品上生。王敬其人故，畫像供養。』我聞之故，特發心來此遶塔作拜。」以此見精修西方者爲陰府所重。（卷五）

七、法華經顯應録

宗曉

杭州智覺禪師

師諱延壽，餘杭人也。自兒稚時，知敬佛乘。弱冠，習誦法華，五行俱下，纔六十日而畢，時有羊跪而聽焉。嘗爲北郭税務專知官，見魚鰕輒買放生，盡盗官錢並爲放生用。事發坐死，錢王遣使視之：若懼即殺之，否即捨之。洎臨刃，其色不變，遂赦其罪。因投明州翠巖出家，文穆王賜與剃落。

嘗於國清行法華三昧，夜見神人持戟而入，師呵其擅入，神曰：「久種浄業，方到此中。」又中夜行道次，普賢前供養蓮華忽在手，因思二願：一願終身常誦法華，二願畢生廣利群品。憶此二願，復樂禪寂，莫能自決，遂作二鬮：一曰「一心禪定」，一曰「誦經萬善莊嚴」。於此二途有一功成者，須七返拈著。遂精禱佛祖，信手拈之，乃七番並得「誦經萬善」鬮，由此一意專修净業，遂往天柱峰誦經三載。禪觀中，見觀音以甘露灌于口，從此發觀音辯才。

初住雪竇，後選永明，衆至二千人，時號彌勒下生。勤大精進，日行一百八事。平生誦法華經一萬三千許部。著宗鏡録百卷，敕入大藏。至大宋開寶中示疾，焚香告衆，加趺而寂。師事跡大宋僧傳、僧寶傳、寶珠集並委載。以官錢〔市〕放生用，見東坡大全。

（卷下）

八、樂邦文類

宗曉

大宋永明智覺禪師傳

師諱延壽，本丹陽人，後遷餘杭。總角之歲，誦法華經，五行俱下，經六旬而畢。嘗爲北郭稅務專知官，見魚鰕輒買放生，後盜官錢並爲放生用。事發坐死，領赴市曹。錢王使人視之：若悲懼即殺之，否則捨之。而彼澹然無異色，乃捨之。

因投明州翠巖出家。次參韶國師，發明心要。初往天台智者巖，九旬習定，有鳥尺鷃，巢于衣裓中。於國清行法華懺，夜見神人持戟而入，師呵其何得擅入，對曰：「久積浄業，方到此中。」又中夜旋遶次，見普賢前供養蓮華忽然在手，因思夙有二願：一願終身常誦法華，二願畢生廣利群品。憶此二願，復樂禪寂，進退遲疑，莫能自決，遂上智者禪院作二鬮：一曰「一心禪定鬮」，二曰「誦經萬善莊嚴浄土鬮」。冥心自期曰：「儻於此二途有一功行必成者，須七返拈著爲證。」遂精禱佛祖，信手拈之，乃至七度，並得「誦經萬善生浄土鬮」。由此一意，專修浄業。遂振錫金華天柱峰，誦經三載。禪觀中見觀音以甘露灌于口，從此發觀音辯才。

初住雪竇山，晚詔住永明寺。徒衆常二千，日課一百八事。學者參問，指心爲宗，以悟爲決。日暮，往别峰行道念佛，旁人聞山中螺貝天樂之聲。忠懿王嘆曰：「自古求西方者，未有如此之切也！」遂爲立西方香嚴殿，以成師志。至大宋開寶八年二月二十六日，晨起焚香告衆，跏趺而逝。

（卷三）

九、人天寶鑑

曇秀

永明壽禪師，先丹陽人，父王氏，因縻兵寇，歸吴越爲先鋒，遂居錢塘。師生有異才，及周，父母有諍，人諫不從，輒於高榻奮身于地，二親驚懼，抱泣而息諍。長爲儒生。年三十四，往龍册寺出家受具。後苦行自礪，唯一食，朝供衆僧，夜習禪法。尋往台之天柱峰，九旬習定，有尺鷃巢于衣裓。暨謁韶國師，一見深器之，密授玄旨，仍謂師曰：「汝與元帥有緣，他日大興佛事。」

初住明之資聖，至建隆元年，忠懿王請居靈隱新寺，爲第一世。明年，請居永明道場。衆盈二千，皆頭陁上行，願爲僧者。師即奏王，與度牒剃染。因僧問：「如何是永明旨？」師示偈曰：「欲識永明旨，西湖一湖水。日出光明生，風來波浪起。」

又僧問：「學人久在永明，爲甚不會永明家風？」師曰：「不會處會取。」僧云：「不會處如何會？」師曰：「牛胎生象子，碧海起紅塵。」

開寶七年謝事，歸華頂峰。頌曰：「渴飲半掬水，飢飡一口松。胸中無一事，高卧白雲峰。」

偶讀華嚴，至「若諸菩薩不發大願，是菩薩魔事」，遂撰大乘悲智願文，代爲群迷日發一徧。在國清修懺，至中夜旋繞次，見普賢像前供養蓮華忽然在手，從是一生散華供養。感觀音大士以甘露灌口，獲大辯才。

著宗鏡一百卷。寂音曰：「切嘗深觀之，其出入馳騖於方等契經者六十本，參錯通貫此方異域聖賢之論者三百家，領略天台、賢首而深談唯識，率折三宗之異義，而要歸於一源。故其横生疑難，則釣深賾遠；剖發幽翳，則揮掃偏邪。其文光明玲瓏，縱横放肆，所以開曉自心成佛之宗，而明告西來無傳之的意也。」

禪師既寂，叢林多不知名。熙寧中，圓照禪師始出之，普告大衆曰：「昔菩薩晦無師智、自然智而專用衆智，命諸宗講師自相攻難，獨持心宗之權衡以準平其義，使之折中。精妙之至，可以鏡心。」於是衲子争傳誦之。

元祐間，寶覺禪師年臘雖高，猶手不釋卷，曰：「吾恨見此書晚矣。平生所未見之文，功力所不及之義，備聚其中。」因撮其要處爲三卷，謂之冥樞會要，世盛傳焉。後世無是二大老，叢林無所宗尚！舊學者日以慵墮，絶口不言；晚至者日以窒塞，游談無根而已。何從知其書，講味其義哉？脱有知之者，亦不以爲意，不過以謂祖師教外别傳，不立文字之法，豈當復刺首文字中耶？彼獨不思達磨已前，馬鳴、龍樹亦祖師也，而造論則兼百本契經之義，泛觀則借讀龍宫之書。後達磨而興者，觀音、大寂、百丈、黄檗亦祖師也，然皆三藏精微，該練諸宗，今其語具在，可取而觀之，何獨達磨之言乎！

聖世逾遠，衆生根劣，趣慮褊短，道學苟簡。其所從事，欲安坐而成，譬如農夫墮於耕耘，垂涎仰食，爲可笑也！師嘗願曰：「普願十方學士一切後賢，道富身貧，情疏智密，闡揚佛祖心宗，開鑿人天眼目。」實録等。

一〇、佛祖統紀

志磐

法師延壽，字沖玄，總角誦法華經，五行俱下，六旬而畢。吴越錢氏時，爲税務專知，用官錢買魚鰕放生。事發，當棄市，吴越王使人視之曰：「色變則斬，不變則舍之。」已而色不變，遂貸命。因投四明翠岩禪師出家。衣不繒纊，食無重味。復往參韶國師發明心要。嘗謂曰：「汝與元帥有緣，他日當大作佛事，惜吾不及見耳。」初往天台智者岩，九旬習定，有鳥巢於衣裓。古得切，衣角也。後於國清行法華懺，夜見神人持戟而入，師訶之曰：「何得擅入？」對曰：「久積浄業，方到此中。」夜半遶像，見普賢前蓮花在手。遂上智者岩作二鬮：音鳩，鬭手取也。一曰「一生禪定」，二曰「誦經萬善莊嚴浄土」。乃冥心精禱，得「誦經萬善鬮」，乃至七度。於是一意專修浄業。振錫金華天柱峰，誦經三載，禪觀中見觀音以甘露灌其口，遂獲辯才。

初，演法於雪竇。建隆元年，本朝大祖受禪之年。忠懿王請住靈隱。二年，遷永明，今浄慈。日課一百八事，未嘗暫廢。學者參問，指心爲宗，以悟爲則。日暮，往别峰行道念佛，旁人聞螺貝天樂之聲。忠懿王歎曰：「自古求西方者，未有如此之專切也。」乃爲立西方香嚴殿以成其志。居永明十五年，弟子一千七百人。常與衆授菩薩戒，教施鬼神食，晝放生命，皆悉回向莊嚴浄土，時人號爲「慈氏下生」。開寶八年二月二十六日晨起焚香告衆，加趺而化，賜號「智覺禪師」。

師道播海外，高麗國王致書獻物，叙弟子禮。師以天台、賢首、慈恩三宗互有同異，乃館其徒之知法者，博閲義海，更相質難，師以心宗之衡以準平之。又集大乘經論六十部、兩土聖賢三百家之言，證成唯心之旨，爲書百卷，名曰宗鏡。又述萬善同歸集，指歸浄土，最得其要。

師既亡，起塔山中。有僧來自臨川，曰：「我病中入冥，得放還，見殿室有僧像，閻羅王自來頂拜。我問此像何人，主吏曰：『杭州壽禪師也。聞已於西方上品受生，王敬其人，故於此禮耳。』」崇寧中，追謚「宗照禪師」。見本傳、龍舒文、臨安志。

（卷二六浄土立教志第十二之一）

一一、五家正宗贊

紹曇

永明智覺禪師

師諱延壽，嗣韶國師，餘杭王氏子。自幼知敬佛乘，既冠，不茹葷酒，日惟一食，持法華七行俱下，感群羊跪聽。年二十八，爲華亭鎮將。屬翠巖參禪師遷止龍册，大闡玄化，師遂求出家。請于朝，文穆王從其志。禮參爲師，執勞供衆，身惟一布衲。後往天台天柱峰，九旬習定，有烏類斥鷃，巢于衣襵中。暨謁國師，一見深器之，密授玄旨，仍謂師曰：「汝與元帥有緣，他日大作佛事，惜吾不及見耳。」

初住雪竇，上堂：「雪竇者裏，迅瀑千尋，不停纖粟；奇巖萬仞，無立足處。汝等諸人，向甚麽處進步？」僧問：「雪竇一徑，如何履踐？」曰：「步步寒華結，言言徹底冰。」又偈曰：「孤猿叫落中巖月，野客吟殘半夜燈。此景此時誰得意，白雲深處坐禪僧。」

建隆元年，忠懿王請入靈隱，爲第一世。明年，請住永明，爲第二世。

僧問：「如何是永明旨？」曰：「更添香著。」曰：「謝師指示。」曰：「且喜没交涉。」有偈曰：「欲識永明旨，門前一湖水。日照光明生，風來波浪起。」

僧問：「學人久在永明，爲什麽不會永明家風？」曰：「不會處會取。」曰：「不會處如何會？」曰：「牛胎生象子，碧海起紅塵。」

師著宗鏡録一百卷，播於海外。高麗國王覽師言教，遣使賫書，叙弟子禮。又遣僧三十六人問道，皆承印記，前後歸本國，各化一方。以開寶八年十二月二十六日示寂淨慈，塔于大慈山。

贊曰：一出頭來，風標迥别。棄華亭鎮將，腰佩寶刀；依龍册老僧，身被布衲。誦法華七行俱下，感群羊跪聽座隅；習大定三月方回，有斥鷃巢栖衣襵。天台得片言悟旨，念念幻緣空；乳峰指一路通玄，步步寒花結。迅瀑千尋，不停纖粟，探水丈痕深；奇巖萬仞，迥絶躋攀，望崖心路絶。牛胎生象子，垂示太分明；碧海起紅塵，家風重滿洩。枕藜床喚回清夢，野客吟殘半夜燈；倚蒲團坐斷白雲，孤猿叫落中巖月。著宗鏡一百餘卷，點鐵成金；印高麗三十六僧，證龜作鱉。

潛行密用，佛眼亦難窺。真精進幢，慧日峰前亘百世，光明燦發。法眼至此三世，師雖印高麗三十六僧，然傳燈不載名字、機緣，兹不及贅。

（卷四法眼宗）

元敬　元復

一二、武林西湖高僧事略

五代智覺壽禪師

師名延壽，字沖元，餘杭王氏。少爲華亭鎮將，以官錢放生，坐死，及市，顔色不變，文穆王異之，放令出家，居龍册寺。執勞供衆，日唯一食，長坐不卧。得法於天台韶國師。初住雪竇，尋歸西湖。建隆二年，忠懿王請爲永明第二代。居十五年，衆常二千，署智覺號。移天台，所居夜施食，朝放生，六時散花行道，日課一百八事，未常暫廢。餘力誦法華經，計一萬三千部。别號抱一子。

先是師於禪觀中蒙觀音大士以甘露灌口，獲大辯才。著宗鏡録百二十卷，以會天台、賢首、慈恩異同之弊。詩偈幾千萬言，傳播海外。高麗國王致書叙弟子禮，奉金線織成袈裟、紫水晶數珠、金澡缾爲獻。

開寶八年示寂，塔於淨慈山。

贊曰：佛無異法，取舍不同，我以一鏡，照彼三宗。甘露所灌，淵流莫窮，宜爾異國，翕然嚮風。

一三、廬山蓮宗寶鑑

普度

永明壽禪師

師名延壽，字沖玄，號抱一子，丹陽人。父王氏。生而早異，父母有諍，即從高榻奮身于地，二親息諍。長爲儒，十六歲獻吴越王齊天賦，衆推間世之才。欲出家，父母不聽，遂刺心血濡毫，斷葷，終期副心。三十四歲，依龍册寺永明大師落髮受具，朝供衆夜習禪。

因覽智度論云：佛世一老人求出家，舍利弗不許。佛觀此人曩劫採樵，爲虎所逼上樹，失聲念南無佛。有此微善，遇佛得度，獲羅漢果。師念世間業繫衆生不能解脱，惟念佛可以誘化，乃印彌陀塔四十萬本，勸人禮念。一日，懺堂遶旋次，忽普賢像前蓮華在手。因思宿願，進退未決，遂作二紙鬮：一曰「一心禪定」，一曰「萬善生淨土」。中夜，冥心自期曰：「於此二途功行成者，須七度拈起。」並得「萬善生淨土鬮」，一無間隔。於是每日誦經禮佛，念佛説戒，施食放生，日行利益事一百八件，未嘗暫怠。

越王創淨慈寺，命住持，賜智覺禪師號。會三宗師德，製宗鏡録一百卷，萬善同歸集、神棲安養賦等九十七卷，並行于世。

師志誠殷重，專以念佛勸人同生淨土，世稱宗門之標準，淨業之白眉。臨終，預知時至，殊勝甚多，荼毗舍利，鱗砌于身。

嘗有僧死入冥，見閻王殿左供養畫僧一幀，禮拜勤致，云是永明壽禪師，此人生西方上品，故禮敬之。

一四、佛祖歷代通載

念常

杭州慧日永明智覺禪師示寂，諱延壽，餘杭人，姓王氏。總角之歲，歸心佛乘。既冠，不茹葷，日唯一食。持法華，七行俱下，纔六旬，悉能誦之，感群羊跪聽。年二十八，爲華亭鎮將。屬翠岩永明大師遷止龍册寺，大闡玄化。時吴越文穆王知師慕道，乃從其志，放令出家。禮翠岩爲師，執勞供衆，都亡身宰。衣不繒纊，食無重味。野蔬衣襦，以遣朝夕。尋往天台天柱峰，九旬習定，有鳥類尺鷃，巢于衣褶中。既謁韶國師，一見深器之，密授玄旨，仍謂師曰：「汝與元帥有緣，他日大興佛寺。」

初住明州雪竇山，學侶臻湊。師上堂曰：「雪竇這裏，迅瀑千尋，不停纖粟；奇岩萬仞，無立足處。汝等諸人，向什麽處進步？」時有僧問：「雪竇一徑，如何履踐？」師云：「步步寒花結，言言徹底冰。」

建隆元年，忠懿王請住靈隱山新寺，爲第一世。明年，復請住永明大道場，爲第二世，衆盈二千。僧問：「如何是永明旨？」師曰：「更添香著。」曰：「謝師指示。」曰：「且喜没交涉。」

師有偈曰：「欲識永明旨，門前一湖水。日照光明生，風來波浪起。」

居永明十五年，度弟子千七百人。開寶七年，入天台山，度戒萬餘人。常與七衆受菩薩戒，夜施鬼神食，朝放諸生類，六時散花。行道餘力，念法花經一萬三千部，著宗鏡録一百卷，詩偈、賦詠凡千萬言。高麗國王覽師言教，遣使齎書，叙弟子禮，奉金縷袈裟、紫晶數珠、金澡灌等。彼國僧三十六人，親承印記歸國，各化一方。

開寶八年乙亥十二月二十六日辰時，焚香告衆，跏趺而逝。壽七十二，臘四十二。明年，建塔于大慈山焉。宋太宗賜額曰「壽寧禪院」云。

（卷一八）

一五、釋氏稽古略

覺岸

杭州慧日永明智覺禪師，名延壽，餘杭王氏。總角之歲，歸心佛乘，不茹葷，日唯一食。持法華經，七行俱下，纔六旬，悉能誦之，感群羊跪聽。年二十八，爲華亭鎮將，志慕真乘。吴越文穆王元瓘知師在道，乃從其志，禮龍册寺翠巖參禪師剃染，執勞供衆，都忘身宰。衣不繒纊，食無重味。野蔬布襦，以遺朝夕。尋往天台山天柱峰，九旬習定，斥鷃巢衣襵中。暨謁韶國師，一見而深器之。悟於玄旨，乃謂師曰：「汝與元帥有緣，他日大興佛事。」

師初住雪竇，嘗有偈曰：「孤猿叫落中巖月，野客吟殘半夜燈。此境此時誰會意，白雲深處坐禪僧。」

吴越忠懿王弘俶請師開山靈隱新寺。明年，遷永明大道場，衆盈二千。僧問：「如何是永明妙旨？」師曰：「更添香著。」僧曰：「謝師指示。」師曰：「且喜沒交涉。」僧禮拜，師曰：「欲識永明旨，門前一湖水。日照光明生，風來波浪起。」

師居永明十五年，度弟子一千七百人，常與七衆授菩薩戒，夜施鬼神食，放諸生類不可稱算。六時散花行道，餘力念法華經計萬三千部。著宗鏡録一百卷，吴越王爲制前後兩序，頒入大藏流行。今浄慈方丈曰宗鏡堂。師之詩偈、賦詠凡千萬言，播於海外。高麗國王覽師言教，遣使齎書，叙弟子之禮，奉金線織成僧伽黎衣、紫水晶念珠、金澡罐。彼國之僧三十六人，承印可記莂，前後歸高麗，各化一方。

宋太祖開寶七年，師入天台山度戒約萬餘人。明年十二月二十六日辰時，焚香辭衆，跏趺而逝。世壽七十二，僧臘四十二。次年建塔於大慈山。宋太宗賜額曰「壽寧禪院」。

師嗣天台韶國師，韶嗣清涼法眼益禪師，六祖青原派也。嗣壽之法者，杭州乾明津禪師、富陽子蒙和尚。徑山舊相圖行業碑。

（卷三周太祖條）

一六、諸上善人詠

道衍

永明智覺禪師

化旺南屏孰與倫，誦經萬善妙嚴身。徑登上品蓮臺去，直得閻王敬禮勤。

宋智覺禪師，諱延壽，丹陽人，姓王氏，後遷餘杭。總角之歲，誦法華經，五行俱下。嘗爲北郭稅務專知官，見魚蝦輒買放生，侵盜官錢，並爲放生。事發坐死，俾赴市曹。錢王使人視之，若悲懼即殺之，否則舍之。而彼澹然無異色，乃舍之。投翠岩寺出家，參韶國師，發明心要。初往天台智者岩，九旬習定，有鳥如尺鷃，巢于衣裓中。嘗於國清行法華懺，夜見神人持戟而入，師呵之，對曰：「久積淨業，方到此中。」又中夜旋繞次，見普賢前供養蓮花忽然在手，因思夙有二願：一願終身常誦法華，二願畢生廣利群品。憶此二願，復樂禪寂，進退遲疑，莫能自決。遂上智者禪院作二鬮：一曰「一心禪定」，一曰「誦經萬善莊嚴淨土」，冥心自期曰：「於此二途，有一切行必成者，須七返拈著爲證。」遂精禱佛祖，信手拈之，七度並得「誦經萬善莊嚴淨土鬮」。由此一意專修，每日晝夜行一百八件佛事。初住雪竇，晚詔住永明寺。徒衆二千，學者參問，指心爲宗，以悟爲決。有宗鏡録一百卷行世，有四偈勸禪人兼修淨土，及撰神栖安養賦。

開寶八年二月二十六日，晨起焚香告衆，跏趺而逝。

後杭州一僧死入冥界，見閻羅王殿供養一畫幢，王晨昏頂禮。僧問主吏曰：「此何人也，王日奉之？」曰：「此杭州永明壽禪師也。世人未有不經王按而得生者，此禪師徑往西方至上品上生，王故敬奉。」其僧再甦，遂往杭州永明尋禮遺像，乃具言之。塔建于大慈山。

一七、往生集

袾宏

永明壽禪師

錢氏吴越延壽，杭州餘杭人，依四明翠岩禪師出家。參天台韶國師，發明心要，嘗行法華懺。中夜見普賢蓮花忽然在手，因思宿願未決，登智者岩，作二鬮：一曰「一心禪定」，一曰「萬行修淨土」。冥心精禱，七拈皆得「淨土」，於是一意專修。

後住永明，日課一百八事。夜往別峰，行道念佛，旁人時聞螺貝天樂之音。忠懿王嘆曰：「自古求西方，未有如此之專切者也。」乃立西方香嚴殿，以成其志。在永明十五年，弟子千七百人。常與衆授菩薩戒，施鬼神食，放諸生命，皆悉迴向莊嚴淨土，時號「慈氏下生」。開寶八年二月二十六日，晨起焚香告衆，趺坐而化。後有僧來自臨川，經年遶其塔。人問故，曰：「我病入冥，見殿左供一僧像，王勤致禮敬。密詢其人，則曰：『此杭州永明壽禪師也。凡死者，皆經冥府，此師已徑生西方上上品矣。王重其德，故禮敬耳。』」

贊曰：永明佩西來直指心印，而刻意浄土，自利利他，廣大行願，光昭於萬世，其下生之慈氏歟？其再生之善導歟？

（卷一沙門往生類）

一八、八十八祖道影傳贊

德清

永明壽禪師傳

杭州慧日永明延壽智覺禪師，餘杭王氏子。總角歸心佛乘，既冠，不茹葷，日惟一食。持法華經，六旬能誦。年二十八，爲華亭鎮將。吴越文穆王知師慕道，乃從其志，遂禮龍册寺翠巖爲師，執勞忘身從事。衣不繒纊，食不重味，野蔬布襦，以遺朝夕。尋往天台山，九旬習定，有鳥巢于衣襵中。既謁韶國師，一見深器之，密授玄旨，仍謂曰：「汝與元帥有緣，他日大興佛事。」

初住雪竇，僧問：「雪竇一徑，如何履踐？」師曰：「步步寒花結，言言徹底冰。」師有偈曰：「孤猿叫落中宵月，野客吟殘半夜燈。此境此時誰得意，白雲深處坐禪僧。」

錢忠懿王請開山靈隱。明年，遷永明，衆盈二千。居十五載，度弟子一千七百人。入天台山，度戒約萬人，放諸生類不可稱計，日作一百八件方便。行道餘力，持法華經，計萬三千部。著宗鏡録百卷，詩、偈、賦凡千萬言。海外高麗王遺書，叙弟子禮。彼國僧三十六人，皆承印記。青原下十世。

贊曰：乘大願輪，出爲法瑞，總持門開，衆行畢備。懸一心鏡，朗照萬物，佛日中天，無幽不燭。（卷四）

一九、永明道跡

大壑

永明道蹟序

衆生之情，處處執著；菩薩教化，處處破除。如嬰兒疾病，爲乳所傷，良醫審證，止乳與藥，疾則旋已。又病久困，爲藥所傷，智人知之，遣醫罷藥，患亦隨愈。然不妨乳有哺養之益，藥有療治之功。止乳是權，而概奪則餒死者必相藉矣；遣醫是暫，而例遣則沈痼者必無幸矣。三乘對治者，療煩惱之妙藥也；衆善齊臻者，養法身之乳湩也。滯之則礙正知見，故菩提達磨而降，皆絶言思，以止遣之，廢之則乖圓融門。故永明大師嗣，與渾事理，而以身範焉。

大師，法眼之嫡孫，韶師之真子。妙契單傳，親蒙記莂。然禪宗不立文字，而師樂説無礙，百卷河懸。禪宗呵斥坐禪，而師跏趺九旬，鷃巢衣裓。禪宗指決唯心，無他淨土，而師經行持念，角虎示人。禪宗但貴眼正，不貴行履，而師萬善同歸，勤行百八。所以抑虚濫，示之隄防；導因地，趍於極果。真金出冶，盛作莊嚴；大海吞流，不辭涓滴。真祖位大成之聖法王，金輪之尊者也。大師示寂後，塔於大慈山，院曰壽寧。圮廢湮泯，址歸俗士。淨慈僧壑公者，夙懷遺蹟，號慕詢求於蓁莽中，竟得設利。緇白瞻禮，如重霾餘，慧日再見。僉謀於法堂之背建窣堵波，用嚴供養。併彙緝遺事，附以圖讚，目曰永明道蹟，傳布四衆。於戲，洪波白浪，靈骨具存潭北、湘南。塔樣無改，育王七寶，古佛一錐，於未添香前，共著眼目。

萬曆丁未首夏望日歇菴居士陶望齡書於會稽法華山天衣精舍。

永明道跡目録

凡三十二條

雪竇示衆
中興靈隱
浄慈開山
永明升座
華臺課經
别峰行道
營塔鎮潮
古佛互證
高麗歸依
天台説戒
法食施鬼
勸念往生
降伏神煞
演法雨花
預知時至

茶毗遺瑞
閻君禮像
雉兒聽法
鋪張儒術
權寄僊蹤

永明道跡目録（終）

陸樹聲贊曰：稽首智覺稱大雄，靈根卓穎超神童。諸佛海藏固無極，法華經藏猶難窮。師當能言義已竟，誦感群羊時跪聽。長爲監守靡國儲，捐生贖生奚憚誅。臨市悦豫如登假，人主感悟釋其械。不獨刑逃世并逃，放生猶覺度生高。如來所有一切法，維師一身爲總括。彌陀爲塔願無疆，一一塔放無量光。佐彼慈尊白玉相，能令堪忍知西向。師於別峰稱佛名，螺貝天樂空中生。宗鏡開函照異域，高麗王者遥屬目。金線伽黎紫晶珠，黄金澡瓶執贄殊。異國冥都兩傾注，十方皈敬想如是。

馮夢禎贊曰：夫神之於形也，猶春在花枝，春殘則花謝，神往則形徂。劇工如宋人鏤玉爲瓣，或混其真，似其如化，工無工乎！葉公嘗工畫龍，見真龍而怖走。寫生固不足以當生，而況無生乎？壽師爲像則不然，譬夫摩尼神珠，非色非空，非生非滅，亘燿幽顯，雨諸珍寶。觀至幽若冥界衰，殺生髏如閻羅。恒展幀以投誠，知師深證無生。以無生生相，度無盡衆生，而無度生相，斯爲永明師之妙相也歟？

五代杭州慧日永明寺智覺禪師，諱延壽，字沖玄，號抱一子，本丹陽人，後遷餘杭，遂家焉。父王公，母某氏。師生方能言，坐高榻，值父母反目，奮躍而下，跪泣於地。親感悦，永偕琴瑟。

曹學佺贊曰：師當孩提時，便知奮擲身命，感化所天。後踐法王之位，調御群靈者，其進力有自矣。經言：頻伽在㲉，聲逾衆鳥。狻猊出胎，威懾百獸。物固有天縱者，吾生欲辦未來於今日，尚荏苒流光，瞻仰童真，寧無慚德也歟？

師總角時，即歸心佛乘，不茹葷，日唯一食。持法華經，七行俱下。每展卷時，感群羊跪聽。

葛寅亮曰：只這件，有等玲利漢聞言不信。顧此蠢然者，爾反有一段入處，豈不可怪？轉下看去，鸜鵒證果，蚯蚓談經，物愈微，神通愈顯。夫此猶屬有知，未爲奇特。至于頑石點頭，大駭人矣。從是諦觀那説法的，果是壽禪師麽？這聽法的，還是羊麽？咦，上林春色早，花鳥總宜人。

師年十六，爲儒生，時吴越文穆王元懽鎮杭州，師獻齊天賦，衆推間世之才，咸欲官之。黄汝亨贊曰：爲依佛耶？自獻金門。爲宗儒耶？誰名沙門？賦心賦神，東踊西升。吴越之師，清泰之君，齊天中天之壽，壽無量而無名。名可求兮，彌勒入補處以稱尊。惟儒與佛，不隔一塵。

師嘗爲餘杭庫吏，後遷華亭鎮將，督納軍需，屢以庫錢買魚、蝦等物放之。事發，坐死，領赴市曹。虞淳貞曰：物我同體兮，何放生而罹死？謂非同體兮，何入死而出生？王法、佛法，即異而成，至人無己，惟慈是膺。盖視蟣蠓猶大覺，臨藁街如化城。宋旭贊曰：慷慨臨刑思灑然，不妨多費放生錢。君王感宥重加敬，遂得傳燈繼祖筵。

吴越王遊於江上，夢老人引魚蝦數萬至，云：「此皆税務官所放者，願王免其辠。」王竊而使人探之，師臨死地，面無慼容。典刑者怪而詰之，師曰：「吾於庫錢毫無私用，爲贖生命耳。今死，當徑生西方極樂上品，又何慼焉？」探者覆命，王釋之。蘇子瞻志林云：禪師應以市曹得度，故菩薩乃現市曹以度之。學出死入生法，得向死地走一遭，抵三千年修行。余自竄逐海上，去死地稍近，心頗憂之，願學永明壽師放生以證阿羅漢果，敬以亡母蜀郡太君程氏遺留簪珥，盡買放生，以薦父母冥福。師兒時，即以出家爲念。父母不聽，遂斷葷，刺心血，濡毫寫經，終期副願。至年三十，吴越王知師慕道，乃從其志，放令出家。捨妻孥，投龍册寺翠巖禪師，削染登戒。執勞供衆，都忘身宰。衣不繒纊，食無重味。野蔬布襦，以遣朝夕。

潘之恒贊曰：嘗觀世智辯聰之士，有欲割塵俗而白首無能者；有辭親出家，躭染世緣而黑業日深者。若師金門獻賦，嘗推間世之才；華亭備軍，早擅脱穎之秀。當强仕之年，卒斷煩惱之髮，爲靈山法臣，而化敷異境。嗚呼，師真人傑也哉！

師嘗習静於天台智者巖，跏趺不起者九旬。有鳥似斥鷃，巢衣中育雛，定起乃去。

金學曾曰：壽師在天台斥鷃巢衣一事，此聖師定中不思議境界，與如來鵲巢其頂相似。非機忘議盡、心同木石者，未易臻此。即如鴿就如來影中，頓無驚怖，豈莊生沙鷗之喻耶？余未達其境，不能贊一詞。惟不能贊一詞，然後見禪定不可思議之妙也，具眼者以爲何如？

師從定起，尋往天台山德韶國師，執弟子禮，北面師事之。時國師眼目天人，一見而深器焉。密授心印，仍謂師曰：「汝與元帥有緣，他日當大興佛事，惜吾不及見耳！」

朗士吴之鯨贊曰：法王闡法，亦資法力。如空鼓風，若助之翼。韶師示讖，法緣夙植。靈鷲宗風，南屏主席。竹祖桐孫，世食其德。大劫不壞，緣緣空寂。薪盡火傳，請問慧月。

師於國清中夜旋繞，見普賢所執蓮花忽然在手，因思宿有二願，進退未決，遂登智者禪院，作二紙鬮：一曰「一心禪定」，一曰「萬善生净土」，冥心禱曰：「於此二途，功易成者，須七拈著。」信手拈之，乃至七度，一無間隔，由是一意專脩净業。

比丘洪恩贊曰：心欲生天，夢想輕舉。心存佛國，聖境冥現。夢矢穢者得財，夢棺器者得位，此處世出世念慮正倒之有徵也。方師行道，感斯瑞應。夫普賢爲萬行之師，蓮花表一乘之法，豈師之功階真净，果證妙圓之先眹者歟？

師一生隨處常建法華懺堂，莊嚴浄土，晝夜六時普爲法界衆生代脩法華懺。後於國清寺結壇脩禮，夜見神人持戟而入，師呵之曰：「何得擅入？」對曰：「久積浄業，方到此中。」

鄭之惠贊曰：師懺衆生，誰爲師懺？漫漫長夜，千古不旦。虞公開士，録我儀範。舉似介公，釵公攸相。九原可作，玄珠有粲。巍巍華臺，悠悠法藏。恍惚見之，手蓮牙象。

師嘗振錫金華天柱峰，誦法華經三載。一夜，禪定中見觀音乘空而來，以甘露灌其口，從此遂發無礙辯才，下筆盈卷。

江鏷贊曰：若云有法難脩，試做三年之攻苦；若云有脩難證，試參一滴之甘涼。斥鷃成巢，現師定體，三年一日也；雉兒立化，現師慧體，一滴千江也。夫是之謂妙法。

周廣順二年，師説法於明州雪竇山，學者輻輳。師上堂云：「雪竇這裏，迅瀑千尋，不停纖粟；奇巖萬仞，無立足處。汝等諸人，向甚麽處進步？」時有僧問：「雪竇一逕，如何履踐？」師云：「步步寒花結，言言徹底冰。」

元美王世貞心賦序云：天竺古先生説法四十九年，至竟無一法可説，未覺則萬語不爲多，覺則一字不爲少。嗚呼，是何壽老之言之多也！夫亦爲學人地也，當四十九年説法，一法而諸經異名。諸學人者，尋名而狥之，則益遠矣。

建隆元年，大檀越吴越國錢忠懿王弘俶見靈隱傾廢，請師復興，重創殿宇。前後計一千三百餘間，及四面圍廊。自三門遶至方丈，左右相通。禪師實爲靈隱中興之祖。

比丘袾宏贊曰：鷲嶺頻伽音，冷泉功德水。彌陀也自飛來，數朵青蓮擁翠。感動惡發王，高占善權位。登樓滄海日懸，説法巫山雨霈。至今直指不欹斜，一鏡兩湖無向背。

吴越忠懿王於顯德元年敕建永明禪寺，即今淨慈寺也。賜智覺禪師號，命師住持，爲第一世。會三宗師德，集宗鏡録一百卷、萬善同歸集、神棲安養賦、心賦、詩偈等九十七卷，頒入大藏流行。居永明十五載，手度弟子二千餘人。嗣師之法者，杭州乾明津禪師、富陽子蒙和尚。

虞淳熙贊曰：門外一湖水，堂上一輪鏡。鏡中西子妍，湖裏菱花映。錯認涉入重重，法眼便增翳病。若箇永明旨？誰爲智覺境？牽回長耳疥癩兒，驚起灰心五百聖。師升座。僧問：「如何是永明妙旨？」師曰：「更添香著。」曰：「謝師指示。」師曰：「且喜没交涉。」僧禮拜。師曰：「聽取一偈：欲識永明旨，門前一湖水。日照光明生，風來波浪起。」

傳如述紫柏大師言：古今禪教相非、性相相忌久矣。唯壽師宗鏡録括三藏，會五宗，故其卷以百計，學者多望洋。觀師升坐，直拈西子一湖，擲向當臺。風動波起，日照明生。道是禪是教，是性是相，比量非比量，唯識非唯識，一涉擬議，便入黑山鬼窟，非永明旨矣，況諸宗義學筌蹄乎？後之覽宗鏡者，具隻眼始得。古之伯牙絶絃，匠石輟斤，讀斯語不能不爲二師感也。

慧日峰迤西，巖洞峆岈，湖山映帶，禪師每日必於此巖誦妙法蓮華經，垂化共計萬三千部，嘗感諸天雨花，臺仍舊名云。

李培贊曰：止觀明執禪呵教，名之曰愚；泥教箴禪，名之曰狂。狂愚之過雖小，不同邪見，輪轉盖無差別。吾師乎禪徹唯心，了一字之本空；經宣上乘，達海藏之無礙。天之所以雨花者，殆表解行兩全之妙因者歟？

師居永明，日課一百八事，未嘗暫怠。至暮，每獨往別峰行道念佛，然密從之者，常數百人。清宵月朗，空中時聞螺貝天樂之聲，感忠懿王聞而歎曰：「自古求西方者，未有若是之切至也。」特爲建西方香嚴殿於赤巖，以成其志。

屠本畯贊曰：禪師道高德盛，爲法眼宗師，猶自晝夜躬行一百八事。行道致天樂聞空，念佛感國王頌德，直入普賢無疲厭行海者。昔有贊師光昭萬古，爲再生之善導，語不綺矣。今之卑功行而談本體，假機權而希實際者，所由殆與師旨，不亦異乎！

錢塘古稱羅刹江，其潮汐之險，不減瞿塘三峽。錢王有吴越時，築捍海塘，工役難就，曾以萬弩射潮頭，終不能殺其勢。開寶三年，師奉詔於月輪峰建創六和塔，高九級，五十餘丈，用以爲鎮。自是潮習故道，居民德之。

來宗道贊曰：昔者陽侯肆虐，妄窺吾滸之民室，即神龍後身，逞萬弩不足以當。師之築塔，夫弓矢之與窣堵均物也，要之非師之願力，冥有所持耶？今塔漸圮而潮勢日橫矣，安得檀越莊嚴多寶若開寶年。知師身在寂光，當助歡喜。

後漢乾祐三年十一月二日，吴越王以誕辰飯僧於永明寺。王問師云：「今有真僧降否？」師曰：「長耳和尚乃定光佛應身也。」王趨駕參禮。定光云：「彌陀饒舌。」少選，跏趺而化。

陶望齡贊曰：羅千燈於一室，那律不能分其光；合萬派於滄溟，娑竭不能別其濕。諸佛法流，智照恒如焉。之師也，非同現同，非異示異，揭古今時劫爲旦暮，死生人我爲俳優。知此法界一相無相之旨，寧有餘蘊哉？

高麗國王覽師宗鏡等録，遣使航海賫書叙弟子禮，奉金線織成袈裟、紫水晶數珠、金澡罐等。彼國問道之僧，承師印可記莂者三十六人，相繼歸本國，各化一方。

覺範洪禪師曰：永明宗鏡録不獨異國君長讀之，皆望風稱門弟子，即元祐間寶覺和尚宴坐龍山，雖德臘俱高，猶手不釋卷，曰：「吾恨見此書之晚也。今天下名山，莫不有之，而學者終身有未嘗展卷者，唯飽食横眠，游談無根而已。謂之報佛恩乎？負佛恩乎？」

師於開寶七年，復入天台，開菩薩戒，求受者約萬餘人，普獲具佛律儀，謹潔無犯。

秦舜友贊曰：禪師天台説戒之時，測其聖心，當云止非曰戒本。律身範，脩行初步，譬之升高自下，涉遐自邇。求道證聖，未有不由此入也。直恐戒力不勝，遂成魔便。此路謹防，别門俱净，可不信受。果能耳入心受，不違所説，則因戒生定，因定發慧，到此始知勝净明心，本無有非，戒亦妄説。

師每夜普爲六道冥官、九品鬼神説法授戒，并施水陸空行饑餓鬼神法食，爲益實鉅。屠隆贊曰：世之餓夫，冥之饑魂，念等求食，急尤在人。人豈盡濟？暇爲鬼計。善哉導師，爲平等施。人鬼相滅，施無所施。施且無矣，問誰爲與？與者不立，食當誰取？憑此願力，是名法食。空拳作施，飽乎八極。孫孟芳贊曰：人之不食，七日必絶。鬼神饑虚，動止千劫。惟師爲慈，延促等攝。拔以爾啖，充以禪悦。鬼耶？人耶？即生即佛。

師念世間業苦衆生不能解脱，專以念佛勸人同生净土，乃印彌陀塔四十八萬本，勸人禮念。世稱宗門之標準，净業之白眉。天如則禪師曰：多見今之禪者，不究如來之了義，不知達磨之玄機，空腹高心，習爲狂妄。見脩净土，則笑之曰：「彼學愚夫、愚婦之所爲，何其鄙哉！」余嘗論其非鄙愚夫愚婦，乃鄙文殊、普賢、龍樹、馬鳴等也。於是永明和尚剖出心肝，主張净土，既悟達磨直指之禪，又能致身於極樂上品。以此解禪者之執情，以此爲末法之勸信，故余謂其深有功於宗教者也。

永明聽法者衆，師就便地爲九眼圊，犯金神七煞方，衆諫弗聽。有人數晨起，見七人蓬首沐髮湖水中，迫問之，曰：「我七煞神也。壽師營圊吾頂，既不敢移別宫違歲君令，而又不敢殃古佛之徒，日受大小溲，沐去穢耳。」師聞，竟不除圊，蓋定業云。

袁宏道曰：是圊匪穢，吾土非浄。門前湖水，實灌汝頂。惟乾矢橛，蜣蜋一丸，輪轉不停。斯羽翩然，憫彼頑冥。瀆神借佛，竄離溺器，而成骨穴。何以示人？金鎗馬麥。

李日華曰：精粲芳羞，茹退變易。蓮生淤泥，壤壅嘉植。浄穢何性，心自別白。神人趣殊，顛倒則一。五濁之世，唯佛先入。

師行道至武林山東二里，開山演法，即感四王天花下墜。一時緇白歸投，龍象輻輳。淳祐間，賜額永福院。未幾，遂嗣秀王香火。宣德十年，敕賜聖壽禪寺。

懶龍居士李應筠曰：風煙花開，世界成就。霜露果熟，王子誕生。沙劫壞空與無上聖趣，皆是衆生心花，自爲開含。法味、祖味，祇作雨露助發之緣，但能二六時中不潤苦芽，自然優鉢常現，庶不負永明恩德也。

師於開寶八年，每見金臺寶樹，或聞天樂異香。預知時至，殊勝甚多。迨十二月二十四日示疾，越二日，晨起焚香，趺坐而逝。壽七十二，臘四十二。

包世杰贊曰：世之存亡休咎，即讖緯術數之學，皆能預測其端倪，師之預知其時，無足詫者。然而金臺寶樹、天樂異香，此清泰現量境也，頃著娑婆，非悟唯心浄土而念佛功圓者，自在往生之若是耶？噫，師居恒以浄土一門攝人者，徵矣夫！

師既化，荼毗，舍利周身如鱗砌。以開寶九年正月六日建塔葬于大慈山，樹亭志焉。宋太宗皇帝額，額曰「壽寧禪院」。

龔遇春曰：壽師荼毗，傳載其舍利若鱗砌，志多也。及其法嗣璺公出糞壤之遺蜕示余，則又僅僅十數粒，得毋因其少而疑不符耶？不知人惟其心，不惟其物。璺公後壽師六百餘載，一旦欲起而光大之，即是一念莖草可作全身，即是一念瓣香可成七級，又奚必標奇啓信，摻券作合哉？或曰：放光動地，世尊亦不得已而爲之也，盖爲見相者設也。果爾，璺公又何躉于疑哉？

師涅槃後，有僧來自撫州，經年禮拜禪師之塔。人問其故，僧云：「我病入陰府，見殿上供畫僧一幀，閻羅王每日自來頂禮。遂問主吏：『此是何人？』吏曰：『此杭州永明寺壽禪師也。凡人死者，皆經我曹判生，唯此師徑生西方上上品矣。王重其德，故圖像而敬事焉。』」

唐虞盛曰：僧傳閻老瞻像，是夢話，亦是鬼話，何必究其有無？第世人多不信佛而未始不畏閻老，儻聞是語已，亦以閻老之禮禮之，而因知有佛，則地獄一言，未必非接引西方之寶筏矣。雖然，彼斥鷃群羊之馴服，豈亦有畏心哉？人實媿焉。

師身後爲善繼禪師，嘗刺血書華嚴經於姑蘇半塘寺。頃有聽經之雉，一日集堂中，踰時不動。衆驚視之，已瞑目斂翮立化，遂爲築塔寺中。

陳繼儒曰：雉兒塔，今在王百谷半偈菴中。余至半塘壽聖教寺後，落落長松而已。此塔宜還本處，以標靈跡。昔廬州有坐化猫，峽中有坐化胡孫，李公擇家有坐化蛇，韋皐有鸜鵒舍利，無爲軍永寧縣有雀棲于庭，累日不去，取視之，已立化矣。至於僧爽聽經之雞，生公點頭之石，歷歷載在古册，無足怪者，何疑於雉兒塔乎？良由師説法洞入雉兒腹中，有情無情總歸一心法界，若于此處致疑，便成異類。姑與之日，待雉兒重活，與汝究竟此段大事。

宋學士濂，未出母胎，母夢異僧手寫華嚴，來謂母曰：「吾乃永明延壽，願假一室，以終此卷。」母夢覺已，學士即生，因名曰壽。後更名濂。六歲，日記二千餘言。九歲能詩。入青蘿山，盡閱鄭氏所著書數萬卷。其文章如武庫一開，千珍萬寶，光采爛然，有集八十三卷。始見太祖，即勸不嗜殺人，授太子諸王春秋、尚書、大學衍義。每對太祖語漢武、梁武好僊、好佛之失，太祖稱之爲賢，爲君子，爲純臣。天下既定，凡郊廟、山川祠祀，諸大政大令，皆所裁定。海外諸國朝貢，必問安否。爲人篤倫理，行事俯仰無愧，真昭代之真儒也。

學士得法千巖長禪師，撰塔銘三十餘篇，堪續傳燈。其護教編記，則宗鏡之末光也。又發明正一清微大洞甘水仙派及閩龍虎大丹不遺餘力，讚揚張、吴二天師皆有傳。雖梓童玄武，並紀靈蹟，論者謂深得華嚴之旨。云：好騎白牛，夔江坐脱。後頃，有見之終南山者云。沖舉之日，距今僅百年耳。

陶奭齡曰：愚謂禪師脱穎娑婆，棲神安養藏輪，諸傳記鑿鑿可徵也。何猶然決策名場而游心仙籍，爲厭彼極樂，復爲人間之勞乎？登上品者爲有退轉乎？爲師中無實證乎？

雲棲大師曰：師之行道，普賢親授以妙蓮；師之既化，閻魔躬瞻乎寶相。實證之果無疑，似退之益碩大。使果極釋迦，不妨百界之分身；記獲彌陀，正好大慈之填願。勸太祖以不嗜殺人，佐千巖而弘傳法印，所謂至人無己，妙應斯圓。知一鏡虚明而萬象畢現者，差得師之宗本歟？

大壑曰：永明大師，不思議人也。以不思議人示不思議行，惟後世刻畫其跡，譬之紛列群器，囿彼太虚，寧能盡其量哉？宜乎大藏諸傳所載脩證因果，互有同異也。壑慮學者從同異中横起疑情，故總合諸傳，摭其始末行實，凡三十條，目曰永明道跡。仍繪其像并録古今名賢偈贊，用梓流通，使同信向，因知無相之跡，不越是相，有所悟入耳。復合掌稽首，贊以偈曰：

善哉導師，乘宿願輪，示羈繦褓，投地悟親。妙蓮華王，信解實鮮，師當齔髫，誦不釋卷。相彼群羊，蠢蠢異生，亦感慈化，馴跪而聽。長督軍儲，兼徵税務，屢緣放生，漸傾其庫。形臨市曹，心獨逍遥，王慨宥之，世以是逃。天柱入定，九旬爲際，斥鷃巢衣，國師深器。擇法藏鬮，萬善同脩，蓮花冥授，神人夜投。復遯金華，坐忘道樹，大士乘通，灌以甘露。自是咸稱，香象義龍，群魔褫魄，七衆追從。雪竇千尋，危湍萬仞，一喝之餘，夢孰不醒？鷲嶺既荒，猿洞僅存，六環纔振，百廢具興。慧日宏開，五山首寺，浩劫永明，聖皇所賜。師子爲座，宗鏡飛光，無法不攝，靡心弗降。夜遶别峰，不遑寧息，螺貝佛聲，互聞國邑。經彼崇臺，日演三車，虎應獲記，天爲散花。彌陀定光，一佛兩佛，怪汝長耳，嫌師饒舌。風靡異域，遣使來歸，繼之問道，霧擁雲驅。建大法幢，功超萬鏃，遠障狂瀾，永寧越國。恒以浄業，攝念往生，撫期坐逝，仙樂來迎。靈蜕既焚，香薪亦熾，現設利羅，遍身鱗砌。杳杳重泉，夫誰知音？炎魔羅主，覩影歸心。雉塔標奇，鸞坡流譽，一月千江，無來無去。偶逢金骨，迎返湖濱，正猶窮子，歸依所親。刹刹塵塵，在在處處，願此流通，寸裹如是。

永明道跡終

放生贖命，止殺興哀。斷燒煮之殃，釋籠罩之縶，續壽量之海，成慧命之因，遂得水陸全形，息陷網、吞鈎之苦；飛沉任性，脱焚林、竭澤之憂。免使穴罷新胎，巢無舊卵，脂消鼎鑊，肉碎刀砧。

昔有禪師鄧隱峰，未出家時，曾射一猿子墮地而終，須臾猿母亦隨而死，因剖腹開視，腸寸寸斷，遂捨其射業，因此出家。是知人形獸質，受報千差；愛結情根，其類一等。命既無於大小，罪豈隔於賢愚？誤傷、誤殺，尚答餘殃，故作、故爲，寧逃業迹？或受一日戒，或持八關齋，或不噉有情，或永斷葷血，不值三灾之地，能昇六欲之天，既爲長壽之緣，又積大慈之種。

萬曆歲次丙午秋九月霜降日古杭淨慈寺大壑稽首書。

二〇、武林梵志

吴之鯨

慧日永明延壽智覺禪師

餘杭王氏子，總角歸心佛乘，既冠不茹葷，日惟一食。持法華經，七行俱下，六旬悉誦，感群羊跪聽。年二十八，爲華亭鎮將，屬翠巖參禪師遷止龍册寺，大闡玄化。時吴越文穆王知師慕道，乃從其志，遂禮翠巖爲師，執勞供象，都忘身宰。衣不繒纊，食無重味，野蔬布襦，以遺朝夕。尋往天台山天柱峰，九旬習定，有鳥類斥鷃，巢于衣襵中。暨謁韶國師，一見而深器之，密授玄旨，仍謂師曰：「汝與元帥有緣，它日大興佛事。」

初住雪竇，上堂：「雪竇這裏迅瀑千尋，不停纖粟；奇巖萬仞，無立足處。汝等諸人，向甚麽處進步？」僧問：「雪竇一徑，如何履踐？」師曰：「步步寒華結，言言徹底冰。」師有偈曰：「孤猿叫落中巖月，野客吟殘半夜燈。此境此時誰得意，白雲深處坐禪僧。」

建隆元年，忠懿王請開山靈隱新寺。明年，遷永明大道場，衆盈二千。僧問：「如何是永明妙旨？」師曰：「更添香著。」曰：「謝師指示。」師曰：「且喜没交涉。」僧禮拜。師曰：「聽取一偈：欲識永明旨，門前一湖水。日照光明生，風來波浪起。」問：「學人久在永明，爲甚麽不會永明家風？」師曰：「不會處會取。」曰：「不會處如何會？」師曰：「牛胎生象子，碧海起紅塵。」問：「成佛成祖亦出不得，六道輪迴亦出不得，未審出甚麽處不得？」師曰：「出汝問處不得。」問：「教中道一切諸佛及諸佛法，皆從此經出。如何是此經？」師曰：「長時轉不停，非義亦非聲。」曰：「如何受持？」師曰：「若欲受持者，應須著眼聽。」問：「如何是大圓鏡？」師曰：「破砂盆。」

師居永明十五載，度弟子一千七百人。開寳七年，入天台山度戒約萬餘人。常與七衆授菩薩戒，夜施鬼神食，朝放諸生類不可稱筭。六時散華行道，餘力念法華經，計萬三千部。著宗鏡録一百卷，詩偈賦詠凡千萬言，播于海外。高麗國王覽師言教，遣使齎書，叙弟子之禮，奉金線織成袈裟、紫水精珠、金澡瓶等。彼國僧三十六人，皆承印記，前後歸本國，各化一方。

開寳八年十二月示疾，越二日，焚香告衆，跏趺而寂，塔于大慈山焉。（卷九古德機緣浄慈寺條）

二一、禪祖念佛集

慧中

永明延壽禪師

師法眼三世也。同歸序稱師爲阿彌陀佛化身。

師始參天台詔國師，發明心要。次登智者巖，作二鬮：一曰「一心禪定」，二曰「萬行修淨土」。冥心精禱，七拈皆得「淨土」，於是一意專修。後住永明，日課一百八事。夜往別峰，行道念佛，旁人時聞螺貝天樂之音。忠懿王嘆曰：「自古求西方，未有如此專切者也。」乃立西方香嚴殿以成其志。弟子千七百人，常與衆授菩薩戒，施鬼神食，放諸生命，皆悉回向莊嚴淨土，時號「慈氏下生」矣。採往生集。師臨終預知時至，乃有種種殊勝相現甚，至舍利鱗砌于身。武庫曰：趙州和尚舍利多至萬粒。又曰：真淨禪師舍利大如菽，五色晶瑩而又堅剛也。大慧試之，置於鐵砧，舉槌擊之，砧槌俱陷而舍利無損。慧讚曰：「豈非平昔履踐明白、見道超詣所致耶也！」

後有撫州一僧，經年旋繞其塔，人問故，僧曰：「我因病入冥，見有殿左一僧畫像，王勤致禮敬。密詢，人曰：『此杭州永明壽禪師也。凡死者，皆經冥府，此師已徑生西方上上品。王以重其德，故禮敬耳。』」採于淨土或問。

萬善同歸集曰：大集月藏經曰：我末法時中，億億衆生起行修道，未有一得者。當今末法現是五濁惡世，唯有浄土一門可通入路。當知自行難圓，他力易就。如劣士附輪王之勢，飛遊四天；凡質假仙藥之功，昇騰三島。實爲易行之道，疾得相應。慈旨丁寧，須銘肌骨。

又曰：目連所問經曰：我説無量壽佛國易往易取，而人不能修行往生，反事九十六種邪道，我説是人名無眼人，名無耳人。又舉極樂國二十四種樂、三十種益曰：如上略述，法利無邊，聖境非虚，真談匪謬。何乃愛河浪底深溺無憂，火宅燄中焚燒不懼？又曰：若約事論，故非一等一，九品往生，上下俱達。或遊化國，見佛應身；或生報土，覩佛真體。或一夕而便登上地，或經劫而方證小乘。或利根鈍根，或定意散意。或悟遲速，根機不同；或華開早晚，時限有異。今古具載，凡聖俱生，行相照然，明證自驗。又曰：無念念相續之心，有數數間斷之意。恃此懈怠，臨終望往，但爲業障所遮，恐難值其善友。風火逼迫，正念不成。何以故？如今是因，臨終是果，應須因實，果則不虚。聲和則響順，形直則影端故也。如要臨終十念成就，但預辯津梁，合集功德，回向此時，念念不虧，即無慮矣。已上。

雲棲曰：世傳永明大師晝夜念彌陀十萬，予嘗試之，自今初日分至明初日分，足十二時百刻，正傳十萬。所念止是四字名號。若六字，則不及滿矣。採于竹窗三筆。○按善導之書，日課十萬者多矣。又有古師多許疾□而止要常念可考矣。

師覽智度論曰：佛世一老人求出家，舍利弗不許。佛觀此人曩劫採樵，爲虎所逼，上樹失聲，念南無佛，有此微善，遇佛得度，獲羅漢果。仍念世間業繫衆生，不能解脱，惟念佛可以誘化，乃印彌陀塔四十萬本，勸人禮念。採于蓮宗寶鑑。

又作四料揀示之曰：

一曰：「有禪無浄土，十人九錯路。陰境若現前，瞥爾隨他去。」謂但明理性，不願往生，久住娑婆，則有陰境患。如首楞嚴五十種陰魔是也。

二曰：「無禪有浄土，萬修萬人去。但得見彌陀，何愁不開悟？」謂雖未明理性，但一心念佛，發願往生，既見彌陀，自然開悟。今時要路在兹，可修可歡。

三曰：「有禪有浄土，猶如帶角虎。現世爲人師，來生作佛祖。」謂既明理性，又修浄業，此乃世世生生，自利利他，殊因妙果。

四曰：「無禪無浄土，鐵床並銅柱。百劫與千生，没個人依怙。」謂既不明理性，又不願往生，永沈苦海，那有出期？採于浄土旨訣。○謂今時此屬多矣，痛惜而已！

又曰：大雄讚歎，金口丁寧，希從昔賢，恭禀佛敕，定不謬愧也。仍往生傳所載古今高士，事迹顯著非一，宜勤觀覽，以自照知。又當自度，臨命終時，生死去住，定得自在否？自無始以來，惡業重障，定不現前否？此一報身，定脱輪回否？三塗道異類中行，出没自由，定無苦惱否？天上人間十方世界，隨意寄託，定無滯礙否？若其未也，莫以一時貢高卻致永劫沈淪，自失善利，將復尤誰？嗚呼哀哉，何嗟及矣！

又曰：且禪定一法，乃四辨六通之本，是革凡踏聖之因。攝念少時，故稱上善，然須明沈掉消息。知時經曰：如坐禪昏昧，須起行道念佛，或至誠洗懺，以除重障，策發身心。採于歸元直指。

評曰：天如禪師曰：「多見今禪者不究如來之了義，不知達磨之玄機。空腹高心，習爲狂妄，見修净土，則咲之曰：『彼學愚夫愚婦之所爲，何其鄙哉！』余嘗論其非鄙愚夫愚婦也，乃鄙文殊、普賢、龍樹、馬鳴等也。非特自迷正道，自失善根，自喪慧身，自亡佛種，且成謗法之業，又招鄙聖之殃，佛祖視爲可哀憐者。於是永明和尚深憐而痛哀之，剖出心肝，主張净土。既以自修，又以化世矣。」蓮池大師曰：「永明佩西來直指心印，而刻意净土，自利利他，廣大行願，光照於萬世。其下生之慈氏歟？其再生之善導歟？」

（卷上）

二二、天台山方外志

傳燈

永明延壽智覺禪師

餘杭王氏子。初禮翠巖參禪師，暨謁韶國師，一見而深器之，密授玄旨，仍謂曰：「汝與元帥有緣，他日大興佛事。」忠懿王請開山靈隱新寺，明年遷永明大道場，衆盈二千。僧問：「教中道，一切諸佛及諸佛法皆從此出，如何是此經？」師曰：「長時轉不轉，非義亦非聲。」曰：「如何受持？」師曰：「若欲受持者，應須著眼聽。」師居永明十五載，度弟子一千七百人。開寶七年，入天台山度戒約萬餘人。常與七衆授菩薩戒，夜施鬼食，朝放諸生類，不可稱計。六時散行道，餘力念法華經計一萬三千。著宗鏡録一百卷，詩偈賦詠凡千萬言。開寶八年二月示疾，越二日，焚香告衆，跏趺而寂，塔於大慈山。師嘗有偈云：「渴飲半掬水，饑飡一口松。胸中無一事，長日對華峰。」天台固師之家也。

（卷八高僧考第九）

一二三、神僧傳

朱棣

延壽

僧延壽，字沖玄。總角誦法華經，五行俱下，六旬而畢。投四明翠巖禪師出家，衣無繒纊，食無重味。復往參韶國師，發明心要。嘗謂曰：「汝與元帥有緣，他日當大作佛事，惜吾不及見耳。」

初住天台智者巖，九旬習定，有鳥斥鷃巢於衣裓。苦得切。後於國清行法華懺，夜見神人持戟而入，師訶之曰：「何得擅入？」對曰：「久積善業，方到此中。」夜半繞像，見普賢前蓮花在手，遂上智者巖作二鬮：一曰「一生禪定」，二曰「誦經萬善莊嚴浄土」。乃冥心精禱，得「誦經萬善」，乃至七度，於是一意專修浄業。振錫金華天柱峰，誦經三載，禪觀中見觀音以甘露灌其口，遂獲辨才。

初演法於雪竇，建隆元年，忠懿王請住靈隱。二年，遷永明，日課一百八事，未嘗暫廢。學者參問，指心爲宗，以悟爲則。日暮，往別峰行道念佛，旁人聞螺貝天樂之聲。忠懿王嘆曰：「自古求西方者，未有如此之專功也。」乃爲立西方香嚴殿以成其志。居永明十五年，弟子一千七百人。常與衆受菩薩戒，夜施鬼食，晝放生命，皆悉回向莊嚴淨土，時人號爲「慈氏下生」。開寶八年二月二十六日晨起，焚香告衆，加趺而化。

（卷九）

附録四　其他相關資料

一、冥樞會要

祖心

元祐六年夏，龍菴老師閲宗鏡録，怗其要處欲鈔之，以久棄筆墨，兼倦於删擇，莫即成也。七年春，門人惟清敬承師意，適畢上呈，乃奉慈旨，離爲三册，而目之曰冥樞會要集。於是學者争傳，因遂流行。而轉寫滋誤，侍者普燈患之，將丐金鏤版，故來請校勘，爲取京淛二印本，同三四衲子逐一點對，文參理證，反覆精詳，無容誤矣。燈用餙工，乞聊叙夤緣并列施者姓名于其後，是與書之云尔。

紹聖三年二月二十五日惟清謹題。

宗鏡録，智覺壽禪師之所作也。禪經論律與世間文字圓融和會，無心外法，自非妙覺應身集佛大成，孰能與此哉！彦元祐九年痛失慈恃，哀荒中獲見此書，如登寶山聚，如涉華藏海。根羸識陋，莫可測量，惟增重贊歎。非宿植善因，乃至不聞此書名字，何況深解義諦！今晦堂心公所集冥樞會要，實宗鏡録之妙義也。詞約而旨全，門該而帙省，普勸世人受持讀誦，若於一句一義不作文字見，不作理見，不作事見，頓念回光，指忘而月現，則超如來地，入莊嚴門，當知是人決定成佛。願此勝緣資我先妣壽光君明靈不昧，得法浄土。

吴郡朱彦叙。

（卷下）

二、林間録

惠洪

予嘗游東吴，寓於西湖浄慈寺。寺之寢堂東西廡建兩閣，甚崇麗。寺有老衲爲予言：「永明和尚以賢首、慈恩、天台三宗互相冰炭，不達大全，故館其徒之精法義者於兩閣，博閲義海，更相質難，和尚則以心宗之衡準平之。又集大乘經論六十部，西天、此土賢望之言三百家，證成唯心之旨，爲書一百卷傳於世，名曰宗鏡録。」其爲法施之利，可謂博大殊勝矣！今天下名山莫不有之，而學者有終身未嘗展卷者，唯飽食横眠、游談無根而已。謂之報佛恩乎？負佛恩乎？

（卷下）

三、石門文字禪

惠洪

題宗鏡録

右宗鏡録一百卷，智覺禪師所譔。切嘗深觀之，其出入馳騖於方等契經者六十本，參錯通貫此方異域聖賢之論者三百家，領略天台、賢首而深談唯識，率折三宗之異義，而要歸於一源。故其横生疑難，則鉤深賾遠；剖發幽翳，則揮掃偏邪。其文光明玲瓏，縱横放肆，所以開曉衆生自心成佛之宗，而明告西來無傳之的意也。

錢氏有國日，嘗居杭之永明寺，其道大振於吴越。此書初出，其傳甚遠，異國君長讀之，皆望風稱門弟子。學者航海而至，受法而去者，不可勝數。禪師既寂，書厄於講徒，叢林多不知其名。熙寧中，圓照禪師始出之，普告大衆曰：「昔菩薩晦無師智、自然智而專用衆智，命諸宗講師自相攻難，獨持心宗之權衡，以準平其義，使之折中，精妙之至，可以鏡心。」於是衲子争傳誦之。

元祐間，寶覺禪師宴坐龍山，雖德臘俱高，猶手不釋卷，曰：「吾恨見此書之晚也。平生所未見之文，公力所不及之義，備聚其中。」因撮其要處爲三卷，謂之冥樞會要，世盛傳焉。後世無是二大老，叢林無所宗尚。

舊學者日以慵墮，絶口不言；晚至者日以窒塞，游談無根而已。何從知其書、講味其義哉？脱有知之者，亦不以爲意，不過以謂祖師教外别傳、不立文字之法，豈當復刺首文字中耶？彼獨不思達磨已前，馬鳴、龍樹亦祖師也，而造論則兼百本契經之義，泛觀則傳讀龍宫之書。後達磨而興者，觀音、大寂、百丈、斷際亦祖師也，然皆三藏精入，該練諸宗。今其語具在，可取而觀之，何獨達磨之言乎？聖世逾遠，衆生相劣，趣慮褊短，道學苟簡，其所從事，欲安坐而成，譬如農夫，隋於耰耘，垂涎仰食，爲可笑也！

吾聞江發岷山，其盈濫觴，及其至楚，則萬物並流。非夫有本，益之者衆耳。有志於道者，常有取於此，吾徒灰冷世故，安樂雲山，明窗浄几之間，横篆煙而熟讀之，則當見不可傳之妙，而省文字之中，蓋亦無非教外别傳之意也。

題法惠寫宗鏡録

龍勝菩薩曰：衆生心性，猶如利刀，唯用割泥，泥無所成，刀日就損。理體常妙，衆生自麤，能善用心，即合本妙。余觀世之人，疲精神於紙墨者，多從事於無用之學，皆以刀割泥者也。明州翠巖僧法惠，獨施力寫永明所譔宗鏡録一百二十卷，與方廣禪寺大法寶藏。

嗚呼！惠師可謂善用其心者也。夫能使天台、賢首、唯識三宗之旨趣，大乘深經六十卷妙義，西天、此土三百家之法句、雜傳要説契心之至理，鏡爲一心，心之所緣，筆之所及，常在現前。余以謂此道人即入摩訶衍遍知稱性之海，即具普賢一真光明微塵數不思議行門。予幸得托名卷末，願慈氏大士從知足天來主龍華時，同聞此録，知今日自作隨緣，其心非謬也。

（卷二五）

宗曉

四、樂邦文類

永明智覺禪師

七返俱拈淨土鬮，畢生不退事精修。神棲安養因成賦，堪以慈容掛九幽。

（卷五李濟淨土詠史）

五、龍舒增廣浄土文

王日休

杭州永明壽禪師戒無證悟人勿輕浄土

設問曰：但見性悟道，便超生死，何用繫念彼佛，求生他方？答曰：真修行人，應自審察。如人飲水，冷暖自知。今存龜鑑，以破多惑。諸仁者當觀自己行解，見性悟道，受如來記，紹祖師位，能如馬鳴、龍樹否？得無礙辯才，證法華三昧，能知天台智者否？宗說皆通，行解兼修，能如忠國師否？此諸大士，皆明垂言教，深勸往生，蓋是自利、利他，豈肯誤人、自誤？況大雄讚歎，金口丁寧，希從昔賢恭禀佛敕，定不謬誤也。仍往生傳所載古今高士事跡，顯著非一，宜勤觀覽，以自照知。又當自度臨命終時，生死去住，定得自在否？自無始來，惡業重障，定不現前，此一報身，定脱輪迴否？三塗惡道，異類中行，出没自由，定無苦惱否？天上人間十方世界，隨意寄託，定無滯礙否？若也了了自信得及，何善如之！若其未也，莫以一時貢高，卻致永劫沈淪，自失善利，將復尤誰？嗚呼哀哉，何嗟及矣！

右賾禪師語，見禪師勸化集中。智者大師及壽禪師語，見宋朝王敏仲侍郎直指浄土決疑集中。侍郎名古，在搢紳間，爲神仙所知。鍾離真人嘗與諸云：「風燈泡沫兩相悲，未肯遺榮自保持。頷下藏珠當猛取，身中有道更求誰。才高雅稱神仙骨，智照靈如大寶龜。一半青山無賣處，約君攜手話希夷。」由此觀之，可見侍郎爲非凡，且益知西方浄土所宜歸心也。（卷一一）

六、護法録

永明智覺禪師遺像贊有序

宋濂

禪師諱延壽，字沖玄，餘杭王氏子也。得法於天台韶國師，大弘法眼正宗，華夷尊慕，座下弟子至二千人。浄慈禪寺藏其遺像，雖多歷年所，儼若生存。會濂過錢塘，其住持同庵簡公以像求贊，濂因造之而請同庵繕書其上。贊曰：

我聞智覺大導師，進修精明無與等。誦經群羊來跪聽，習定鳥巢衣襵中。一旦撥開光明藏，際天蟠地悉開朗。如揭日月照群迷，無有擿埴索塗者。諸法盡從緣生滅，此實佛語非我語。人知生滅總由緣，庶幾不爲識神惑。因病發藥此爲最，何翅藥王奪命丹？四性寂然本不生，三知廣喻益親切。有如慈母於赤子，煦嫗護持不少忘。性相二宗互矛盾，有礙如來正法輪。更相質難辨異同，折以一心歸覺路。譬猶欲適長安者，道塗紛紜走車馬。或南或北或西東，及其至處見不别。呼爲宗鏡名實稱，萬别千差咸照了。道高非特被真丹，海外之邦尤企豔。金絲伽黎及澡瓶，遣使來施不復吝。我與導師有宿因，般若光中無去來。今觀遺像重作禮，忽悟三世了如幻。靈山一會猶儼然，願證如如大圓智。（卷九）

七、天樂鳴空集

鮑宗肇

謗宗鏡録

衆生垢重神昏，欲强智淺，不思深入大藏，見佛祖言教如山海，畏力量難知，反謗文字無益，指宗鏡爲義學，斥永明爲小乘，多見其不知量也！

夫宗鏡引大藏圓頓之教與諸祖賢聖之言，十居七八，而讚述之言，僅二三耳。若謗毁之，乃謗大藏圓頓，毁佛祖、一切賢聖也。且圓照、晦堂諸公何等人也！皆仰之而手不釋卷，或恨見此書之晚，今豈超過於圓照、晦堂諸公乎？是宗鏡原不毁，特毁自己之宗鏡耳；

永明不受謗，乃謗自己之真如耳。佛、菩薩、聖賢、天龍、鬼神，昭昭擁護，安可欺也？彼其心不過爲名利，欲人歸向，故立奇特高峻之辨以惑之，所得幾何，不有報乎？

再請平其心與永明較。夫永明，七歲誦法華，群羊跪聽，汝輩能乎？永明放生罹法，臨刑不動，汝輩稍涉逆順，則若落湯螃蟹矣！永明九旬入定，鳩鳥巢衣，汝輩心神昏亂，不知當作何狀！永明禮韶國師，親承印記，汝輩有何人印記？永明博綜三藏，内外典籍，洞達無遺，汝輩孤陋如面牆！永明國王禮敬，異國遥崇，若飛埃過目，汝輩稍有小緣，如蛆入糞！永明日課百八事，晝則放諸生命，説法利人，夜則普施鬼食，幽顯獲益，汝輩飽食横眠，唯圖利己！永明説法，四大天王現身擁護，衆常二千餘，汝輩有識應鄙，神鬼吐棄！永明開山靈隱、雪竇、浄慈諸名刹，光明遠燭，汝輩曉夜營求，欲利子孫眷屬！永明臨化，預知時至，闍毘時，舍利鱗砌，今六百餘年後，猶有獲者，汝輩血肉之軀，他日腐敗，不可名狀！永明冥王設像禮敬，汝輩業積而不自知，啖魔必不輕恕！若此概難盡述，凡夫不藉佛祖金言，般若何由明？苦海何由出？

且試讀看，若無利益，則斥之未晚也。再度尋常日用，何勝事能超宗鏡？不讀宗鏡，但放縱六情，馳騁五欲，攀緣外境耳，究將何歸耶？世傳永明乃無量壽佛化現，即阿彌陀佛也，彌陀決不誤人、誑人。手不釋卷而摘冥樞會要，若靈源、覺範諸老，決不惑人。故予亦

不自欺欺人，叨叨爲是説者，誠非得已矣。（卷中）

八、袁中郎全集

袁宏道

南屏

南屏峰巒秀拔，峻壁横披，宛若屏障。浄慈在其下，永明和尚撰宗鏡録處也。永明入處廉纖，欲于文字中求解脱，無有是處，後來念佛修浄土，皆因解脱不出，心地未穩，所以别尋路徑。今宗鏡録中，可商者甚多，一見當知之。或曰：「永明，法眼嫡派，子何得横生異議？」余謂法眼舉動若此，余猶將議之，況其孫耶？夫永明智慧廣大，當時親見作家，末路尚爾如此，吾輩麄根浮器，不曾見得一箇半箇智識，可輕易談佛法哉！（卷八）

九、珂雪齋文集

袁中道

宗鏡攝録序

中郎先生以儀曹請告歸邑，斗湖上有水百畝，碧柳數千株環之，名爲柳浪，畚土爲臺，築室其上，凡三檻，中奉大士，兄及弟各占一室讀誦。癸卯，予北上，中郎塊處，乃日課宗鏡數卷，暇則策蹇至二聖寺寶所禪師晏坐，率以爲常。偶有名僧館于柳浪，見中郎甘卧，至辰常高歌一詩而醒，因竊歎曰：「閻浮提覓此胸中無事人，定不可得也。」既讀宗鏡久，逐句丹鉛，稍汰其煩複，撮其精髓，命侍史抄出，因名爲宗鏡攝録。會寒灰、寄公自吴中來，因住柳浪，取讀之，見其詞約義該，遂自抄一過攜去。中郎逝後，寫本貯于家，亟思流通。而寄公忽以刊本至，詢其由，則寄公手授李公夢白，李公酷愛之，付沈君豫昌捐貲鏤行者也。予歎曰：是書也，減去録中數萬言，而全書畢具；爪甲粗删，血脉自如。今獲行於世，其功德學人不淺，真快事也。龍勝有言：衆生心性，有如利刀，用以切泥，泥無所成，刀日益損。予等逐世緣，並鏤畫世間文字，皆切泥相也。追思中郎，謝去塵囂，高卧柳浪，于貝葉内研究至理，是真善用其利刀者耳。今讀此録，見其心機沉細，想像當日居柳浪閒静光景，不覺

有餘慕焉。雖然，就中尚有一處誵訛，著斯録與節此録者，俱未拈去，請識法者辨之。（卷三）

一〇、靈峰蕅益大師宗論

智旭

較定宗鏡録跋四則

聖賢示現出世，覺悟群迷，不得已而有言。言此無言之旨，即文字非文字，不離文字而説解脱，豈非實相、觀照、文字三般若，本非一異並别可思議哉？永明大師，相傳爲彌陀化身，得法於韶國師，乃法眼嫡孫。宗眼圓明，梵行清白。睹末運宗教分張之失，爰集三宗義學沙門於宗鏡堂，廣辨台、賢、性相旨趣，而衡以心宗，輯爲宗鏡録百卷，不異孔子之集大成也。未百年，法涌諸公擅加增益，於是支離雜説，刺人眼目。致袁中郎輩反疑永明道眼未徹，亦可悲矣。予生也晚，不遇先輩宗匠，但留心已躬下事已三十餘年。又時尋了義至教，頗窺一線。閲此録已經三徧，竊有未安，知過在法涌，決不在永明也。癸巳新秋，删其蕪穢，存厥珍寶。卷仍有百，問答仍有三百四十餘段，一一標其起盡，庶幾後賢覽者，不致望洋之歎、泣岐之苦矣夫！（其一）

西土諸祖，宗説兼通，故能續佛慧命，普利人天。此土如北齊、南嶽、智者、杜順，未嘗不以禪關爲本。達磨、六祖、五宗諸老，未嘗不以聖教爲印。斷未有師心自是可名禪，算沙數寶可名教者也。降至唐末五季，禪教相非，性相角立，台賢互訕，甘露反成毒藥矣。永明大師於是乎懼，爰成宗鏡百卷，以詔後人。雖被法涌雜糅，然具眼者觀之，金沙可立辨也。如百兩真金，投以十兩鋀石，頓失光彩；一斛白粲，投以數升稗穀，遂覺蕪薉。苟去其鋀稗，金之光彩如故，米之精粹不改也。嗟嗟，後賢未獲差別法眼，慎勿於先聖著作妄事增益也哉。予手點此録，於今四徧。每尋討，必有新益，實是觀心之助，斷不可作世間文字道理會也。雖然，愁人莫向無愁説，説向無愁總不知，俟之子期而已。（其二）

古人云，依文解義，三世佛冤，離經一字，即同魔説。蓋至言也！自禪教分門，佛冤魔説徧海内，非古佛現身，實未易救。細讀宗鏡問答、引證，謂非釋迦末法第一功臣，可乎？然唯徹悟無言之宗，乃能曲示有言之教。今人須藉其言，以契無言，始不死於言下。儻直以是爲宗，而不知離指得月，縱解悟了了，仍是三世佛冤耳。昔宋太祖欲伐江南，後主遣一辯士謁見曰：「江南事陛下如事父，奈何以父伐子？」太祖曰：「父子異居，可乎？」辯士愕然，無以爲對。噫，讀宗鏡不悟心，吾恐遇閻老時，其爲愕然者多矣。然設使棄而不讀，又何異因噎廢飯也！（其三）

教下人不肯坐禪，與坐禪人不肯學教，雖其師匠之過，亦由人未發真正大菩提心也。夫大菩提心，未有不知痛爲生死大事者也。果爲生死大事，安肯以文義相對，以暗證自守乎？如欲至長安，口必諏道，足必不停。諏而不走，終不能到，走而不諏，必遭岐曲。今之封文義者，何異諏弗走？守暗證者，何異走弗諏邪？嗚呼，以是求出生死，成無上道，難矣！宗鏡一録，既示厥道，復加痛策，可謂徹底慈悲。設復借之以資談柄，是猶據榻看皇輿考及長安志，廣向村儂誇説途中、都中諸事，非不可惑動愚夫，吾恐一遇曾到長安之人，必不勝慚懼者矣。

（卷七之二）

十八祖像贊并序略

會歸宗鏡，永明大禪師第十五。名延壽，字沖玄。吴越王時爲税務，用官錢放生，當棄市，臨刃色不變。貸命，出家，得法於韶國師。九旬入定，鳥巢衣裓，行法華懺。見普賢執蓮花在手，特上天台智者巖，作甲、乙二鬮：甲「一生禪定」，乙「誦經萬善莊嚴浄土」，七度得乙鬮，於是專修浄業。誦經三載，觀音以甘露灌其口，日課一百八事，未嘗暫廢。師以天台、賢首、慈恩三宗互異，乃館其徒之知法者，博閲義海，更相質難，而衡以心宗。又集大乘經論六十部，兩土聖賢三百家之言，證成唯心之旨，爲宗鏡録百卷，及萬善同歸集等。師坐逝後，有臨川比丘，病入冥，見閻王拜師像，云於西方上品受生矣。贊曰：

法法本唯心，何同復何異？哀哉罔殆流，執語迷實義。各隨遍計情，争立我人幟。

吾師集大成，萬善歸同智。向上最玄機，日課百八事。高登上品蓮，幽冥亦翹企。宗鏡照大千，生盲罕知利。安得師再來，重聞天樂瑞。

（卷九之四）

一一、憨山老人夢遊集

德清

西湖浄慈寺宗鏡堂記

武林西湖有山曰南屏，有寺居其上曰浄慈。宋高宗南渡，崇五山十刹，而首兹焉。寺始於周顯德，吴越錢忠懿王建。初爲永明院，迎智覺壽禪師爲開山第一代住持，改今額。大師得法於天台韶國師，爲法眼的骨孫，妙契單傳心印，博通三藏，達佛一大藏教。特顯三界唯心，萬法唯識之旨。以佛滅後，西域唱導諸師以唯心唯識，立性、相二宗，冰炭相攻，以至分河飲水，破壞正法。及大教東來，不三百年而達摩西來，不立文字，直指人心，見性成佛，是爲禪宗，於是遂有教外別傳之道。六傳至曹溪，而下南岳、青原，次爲五宗，由唐至宋，其道大盛。於是禪教相非，如性相相抵，是皆不達唯心唯識之旨而各立門户。

自梁、唐而宋，四百年來，海内學者，曉曉兢辯，卒不能起大覺以折中之。於是大師愍佛日之昏也，乃集賢首、慈恩、天台三宗義學精於法義者百餘人，館於兩閣，博閱義海，更相質難，師則以心宗之衡準平之。又集大乘經論六十部，西天、此土賢聖之言三百家，證成唯心，爲書百卷，名曰宗鏡録。因以顔堂，意以一心爲宗，照萬法爲鏡，撤三宗之藩籬，顯一心之奥義。其猶縣義象於性天，攝殊流而歸法海。不唯性相雙融，即九流百氏，技藝資生，無不引歸實際，又何教禪之不一，知見之不泯哉？良以衆生之執迷久矣，雖性相教禪，皆顯一心之妙，但佛開遮心病，末後拈花，自語而自異，卒無以一之。由是執筌之徒認指失月，孰能正之？世尊入滅二千年矣，自非大師蹶起而大通之，竊恐終古嘵嘵，究竟了無歸寧之日也。是知大師厥功大矣！集吾法之大成，使釋迦復起，功亦無越於此者。豈非夫子賢於堯舜遠耶？

或曰從前諸祖，皆了悟自心者，乃云向上一著，三世諸佛不許覰著。又曰一大藏經，是指瘡膿故紙。又見世尊初生，指天指地，即要一棒打殺。乃至上堂示衆，未嘗不痛斥文字，不許親近教義。大師今以和會性相，强合一心，豈非有違達摩西來之指耶？抑諸古德有違一心之義耶？

曰：此正以西來大意不明，互起偏見，故作今生之事耳。即古德機緣，皆顯如來之大機大用，未嘗非佛之作略。即如文殊起佛見法見，貶向鐵圍山中，又文殊亦曾持刀殺佛，其諸弟子入維摩丈室，種種受呵，是皆諸祖之機用，但爲遮遣調伏衆生之法藥耳，非實法也。但今初心淺智，不悟如來平等法界，故不能達離相之旨。惟如來説法，以海印三昧印定諸法，謂虚空爲帝青寶，虚明如鏡，大地、山林、草芥、人畜，森羅萬象，靡不現景於空鏡之中。而大海波澄，虚明洞徹，則空鏡之景現於海中，猶如印文。如來説法，以平等大慧圓照法界，衆生心念皆知頭數，閻浮提雨皆知其滴。如此，是名海印三昧。由是觀之，則無一物不是佛心，無一法而非佛事，無一行而非佛行。一切諸法，安有纖毫出於唯心之外者乎？是知宗鏡之稱，以以一心照法〔二〕，泯萬法歸一心，則何法而非祖師心印？又何性相教禪之别乎？是則毁相者不達法性，斥教者不達佛心。不約佛祖之妙用而執爲實法，所以正法眼藏難明也，可不痛哉！

今也寺面西湖，湖水如鏡，四山羅列，六橋花柳，樓船往來，人物妍媸，歌管遠近，鐘鼓相參，晝夜六時，古今不斷於湖上，而殿中如來，安然寂默，如入海印三昧時，未嘗纖毫出於宗鏡。即今松風泉響，蚓吹蛙聲，猶是大師坐宗鏡堂，揮麈會義説法時也，又何庸夫筆舌哉？是知兹山之地甲於中州，寺首於諸刹，法超於教禪，心境最勝。到宗鏡之堂，當與湖山相爲終始矣。大師入滅四百餘年，骨塔没於荒榛。萬歷某年，寺僧大壑求而得之，移置於堂後，斯實大師法身隱而復現，當與兹堂常住不朽矣。堂無記，壑乞予以志之。

（卷二五）

校　注

〔一〕「以以一心照法」，疑當作「以一心照萬法」。

一二、牧雲和尚嬾齋别集

宗鏡節録序

通明

佛滅度後，後五百歲，支那國中有聞達磨西來直指人心、立地成佛之説，曰：吾斯之未能信焉，學者分河飲水，大法幾裂，譬夫一人之身，而左右手足各有相戕之勢。有宋永明智覺禪師於是乎懼，製宗鏡百卷，挈大藏之綱，會經論之文，具精微之辯，折衡性相，吻合宗說。其書出焉，能決學者之疑，而全大法之體。後之作者，遵而循之，由平康正直之道，達廣博嚴麗之域，無泣岐矣。

然古今隨其所好，剔繁就簡，録其要妙，有四家焉。初黄龍庵晦堂禪師者，曰冥樞；後會稽陶石簣先生廣之，曰廣樞。楚之袁中郎先生者，曰攝録；近有海虞陸子平叔者，曰節録。余於宗鏡，未披全文，平叔謂余曰：「三公之採宗鏡，小異而大同，不過在性相屈信之間。黄龍所集甚約，陶廣之，袁彷佛於陶。今不佞參以臆見，一一卷中，全其旨趣之直捷，略其章句之重複，百世之下，似有得乎永明之心，永明其牖我矣。我師其樂爲序之乎？」余唯唯，曰：「夫永明何言哉？本頭自在，迷者狂馳，將求佛於千生。永明蓋欲悉破學者之深疑而扶其正信，所謂以慈悲之故，有落草之談也，永明何言哉？永明苟無言，則子亦未嘗節斯録，余又惡乎序之？」平叔曰：「『舉一心爲宗，照萬法如鏡』，斯永明之大旨也，序之可乎？」余曰：「是方便也。昔裴河東得法於黄檗，嘗書所見一編呈於檗，檗接置之，問曰：『會乎？若便會得，猶較些子。若也形于紙墨，何有吾宗？』即永明，亦自言之矣：『幻人問化士，谷響答泉聲。欲達吾宗旨，泥牛水上行。』如是章句，爲心耶？爲法耶？將惡乎序之？」

余獨思夫黄龍、石簣、中郎三公，一爲大宗師，二皆博雅大儒，道德文章傳播海内，而獨傾信于永明，則知宗鏡之書，誠爲甘露門矣。陸子亦儒者，少年時，伯仲翩翩爲佳公子，咸以文章世其家，英華勃發，視青紫如拾芥，邑中大人先生與之游而恒避其鋒。然性喜奉瞿曇氏，余剃染，遂相識。世居五渠之舍上，鄉譽嘖嘖，意其圖南必九萬里。

自余出破山行脚，相隔二十餘年，歸則陸子居然道服矣。余奇之，身臞如鶴，道韻若老衲，向之豪邁之氣化爲精進，宴處一小閣，梵唄清絶，見方外流相，親如骨肉。齋中屏去聲色，軒榭之間，惟修竹老梅相對，所給侍不過一蒼頭。然亦喜閲宗鏡，溽暑祈寒無間，心有所得，手自録之，積有歲月，累成四册，是謂節録也。

余以意度之，夫嘗一臠即知全鼎，此上機也。黄龍所集也，雖然有種種問，斯破種種疑，百疑不破，則百信不生，此永明不惜繁其詞而廣之、攝之，均有不得已也。雖然，懼割截也。若夫批郤導窾，猶全牛也，則陸子得之。

戊子秋，余過勺菴，一訪其伯仲，繾綣杖履，靡間夙夜，因有詩贈之云：「法緣夙結瞿曇氏，世相全空般若經。」則陸子者，信亦奇士也。

一三、恬致堂集

浄慈寺宗鏡堂募藏宗鏡録板疏

李日華

昔齊桓公讀書堂上，輪扁釋椎參其議論曰：君所讀者，陳言耳，其人與骨則已朽矣。蓋謂古人有必朽者，有必不朽者。得其必不朽者，則朽者亦不朽；不得其必不朽者，則不朽者亦朽。言處朽不朽之間，固其所重也。

永明壽，古佛也，其合三宗之徒，編貫經論，一斷以西來的意，蓋佛言之最盛者，謂之宗鏡録，實結集於此堂。師行道祕蹟與荼毗不壞之物，亦近藏此山中。更狐兔窟穴，言之潸然。玄津壑公力復其靈蜕，構塔嵬峩，出青林之杪。又日夜聚緇白善侶，弘大師之道。塔未合縫時，人人得觀五色舍利，是世所謂必朽者，亦且永不朽矣。矧夫大師心靈所寄，攬酥酪、醍醐以療百千萬刼沉頓之疴，而續無上慧命若宗鏡者乎？

爰有大心居士屠君家鏤是板，欣然許舁歸是堂，衹取半值以償剞劂。夫佛法喜者隨之，捨者助之，半者滿之，如添鉢飯，如積屋籌，前後衆多，紛然成辦，入宗鏡不思議光中，混泯無際，是凡是聖，是僞是真。有絲毫信根者，自然顯現，在人自認取而已。能自取則骨毛爪齒俱有靈以不朽於世，又況餐玄言之微，超乎有得於心，作無上正因者哉？如其未能，且請於宗鏡堂内喫茶，聽一轉、兩轉語，其於甘苦疾徐，心手相應，父子不能喻者，大須睁挫，毋爲斲輪者所笑。

（卷二七）